好一本真题:
中级财务管理

西木 著

全国会计专业技术资格考试辅导用书

北京理工大学出版社
BEIJING INSTITUTE OF TECHNOLOGY PRESS

版权专有　侵权必究

图书在版编目（CIP）数据

好一本真题：中级财务管理 / 西木著 . -- 北京：北京理工大学出版社, 2024.12.（2025.4 重印）
ISBN 978-7-5763-4536-0

Ⅰ . F275

中国国家版本馆 CIP 数据核字第 2024ED7864 号

责任编辑： 王晓莉　　**文案编辑：** 王晓莉
责任校对： 刘亚男　　**责任印制：** 施胜娟

出版发行 / 北京理工大学出版社有限责任公司
社　　址 / 北京市丰台区四合庄路 6 号
邮　　编 / 100070
电　　话 /（010）68944451（大众售后服务热线）
　　　　　（010）68912824（大众售后服务热线）
网　　址 / http://www.bitpress.com.cn

版 印 次 / 2025 年 4 月第 1 版第 2 次印刷
印　　刷 / 三河市华骏印务包装有限公司
开　　本 / 787 mm×1092 mm　1/16
印　　张 / 15.25
字　　数 / 360 千字
定　　价 / 59.00 元

图书出现印装质量问题，请拨打售后服务热线，负责调换

目录 Contents

基础篇 板块 1　总论

- 母题大做 1：企业及其组织形式 / 002
- 母题大做 2：财务管理目标理论 / 003
- 母题大做 3：利益冲突与协调 / 004
- 母题大做 4：企业财务管理体制的模式选择 / 006
- 母题大做 5：通货膨胀对企业财务活动的影响 / 007
- 母题大做 6：货币市场与资本市场的比较 / 008
- 本章子题速练答案解析 / 009

基础篇 板块 2　财务管理基础

- 母题大做 1：货币时间价值的计算 / 012
- 母题大做 2：利率的计算 / 014
- 母题大做 3：资产的收益与收益率的计算 / 015
- 母题大做 4：资产收益与风险的衡量指标 / 016
- 母题大做 5：风险管理对策 / 017
- 母题大做 6：相关系数取值的含义 / 019
- 母题大做 7：资本资产定价模型 / 021
- 母题大做 8：成本性态分析 / 022
- 本章子题速练答案解析 / 023
- 必会主观题 / 027
- 本章必会主观题答案解析 / 029

基础篇 板块 3　预算管理

- 母题大做 1：预算的编制方法 / 031
- 母题大做 2：销售预算的编制 / 032
- 母题大做 3：生产预算的编制 / 033
- 母题大做 4：直接材料预算的编制 / 034
- 母题大做 5：资金预算的编制 / 035
- 母题大做 6：预计财务报表的编制 / 035
- 本章子题速练答案解析 / 037
- 必会主观题 / 039
- 本章必会主观题答案解析 / 041

精通篇 板块 1　筹资管理（上）

- 母题大做 1：筹资方式 / 043
- 母题大做 2：筹资的分类 / 044
- 母题大做 3：长期借款的保护性条款 / 045

目录 Contents

  母题大做 4：银行借款的分类 / 046
  母题大做 5：银行借款筹资的特点 / 047
  母题大做 6：发行公司债券的筹资特点 / 048
  母题大做 7：租赁筹资 / 049
  母题大做 8：债务筹资的优缺点 / 051
  母题大做 9：发行普通股股票 / 052
  母题大做 10：留存收益筹资 / 053
  母题大做 11：股权筹资 vs 债务筹资 / 054
  母题大做 12：可转换债券 / 055
  母题大做 13：优先股与认股权证 / 057
  本章子题速练答案解析 / 059
  必会主观题 / 063
  本章必会主观题答案解析 / 064

✱ 精通篇 板块 2　筹资管理（下）

  母题大做 1：因素分析法 / 066
  母题大做 2：销售百分比法 / 066
  母题大做 3：资本成本的含义与作用 / 067
  母题大做 4：个别资本成本的计算 / 068
  母题大做 5：平均资本成本的计算 / 070
  母题大做 6：经营杠杆效应 / 071
  母题大做 7：财务杠杆效应 / 073
  母题大做 8：总杠杆效应 / 074
  母题大做 9：资本结构理论 / 075
  母题大做 10：资本结构优化 / 077
  本章子题速练答案解析 / 079
  必会主观题 / 082
  本章必会主观题答案解析 / 084

✱ 精通篇 板块 3　投资管理

  母题大做 1：项目现金流量 / 087
  母题大做 2：各种评价指标优缺点 / 088
  母题大做 3：各评价指标计算方法 / 090
  母题大做 4：各评价指标之间的关系 / 092
  母题大做 5：独立投资方案决策 / 093
  母题大做 6：互斥投资方案决策 / 094
  母题大做 7：固定资产更新决策 / 095

目录 Contents

  母题大做 8：证券投资的风险 / 096
  母题大做 9：债券投资 / 097
  母题大做 10：股票投资 / 099
  母题大做 11：期权投资 / 100
  本章子题速练答案解析 / 102
  必会主观题 / 106
  本章必会主观题答案解析 / 108

✱ 精通篇 板块 4   营运资金管理

  母题大做 1：营运资金管理概念 / 110
  母题大做 2：营运资金管理策略 / 111
  母题大做 3：现金持有动机 / 113
  母题大做 4：目标现金余额的确定 / 114
  母题大做 5：现金收支日常管理 / 116
  母题大做 6：应收账款信用政策决策 / 117
  母题大做 7：最优存货量经济订货基本模型 / 119
  母题大做 8：保险储备 / 120
  母题大做 9：短期借款 / 121
  母题大做 10：商业信用 / 123
  本章子题速练答案解析 / 124
  必会主观题 / 128
  本章必会主观题答案解析 / 131

✱ 精通篇 板块 5   成本管理

  母题大做 1：单一产品本量利分析 / 135
  母题大做 2：多种产品盈亏平衡分析 / 136
  母题大做 3：边际贡献 / 137
  母题大做 4：安全边际分析 / 138
  母题大做 5：目标利润分析及应用 / 139
  母题大做 6：变动成本差异分析 / 140
  母题大做 7：固定制造费用成本差异分析 / 142
  母题大做 8：作业成本法的应用程序 / 143
  母题大做 9：作业成本管理 / 145
  母题大做 10：责任中心及其考核 / 146
  母题大做 11：内部转移定价 / 149
  本章子题速练答案解析 / 150
  必会主观题 / 154

目录 Contents

  本章必会主观题答案解析 / 157

进阶篇 板块 1 收入与分配管理

  母题大做 1：销售预测分析 / 160
  母题大做 2：销售定价管理 / 161
  母题大做 3：股利分配理论 / 163
  母题大做 4：股利分配政策 / 164
  母题大做 5：股票股利 / 166
  母题大做 6：股票分割 / 168
  母题大做 7：股票回购 / 169
  母题大做 8：股权激励 / 171
  本章子题速练答案解析 / 172
  必会主观题 / 176
  本章必会主观题答案解析 / 177

进阶篇 板块 2 财务分析与评价

  母题大做 1：短期偿债能力分析 / 179
  母题大做 2：长期偿债能力分析 / 180
  母题大做 3：营运能力 / 182
  母题大做 4：发展能力分析 / 183
  母题大做 5：现金流量分析 / 184
  母题大做 6：每股收益、每股股利 / 185
  母题大做 7：杜邦分析体系 / 187
  母题大做 8：经济增加值法 / 188
  本章子题速练答案解析 / 189
  必会主观题 / 193
  本章必会主观题答案解析 / 197

财务管理 必会综合题

  必会综合题 / 202
  必会综合题答案解析 / 222

会计专业技术（中级）资格考试备考指南

会计专业技术中级资格考试包括《中级会计实务》《财务管理》《经济法》三个科目，考生需在连续2个考试年度内通过全部科目的考试，方可获得中级会计职称证书。

考试一般分为3个批次，每个批次中《中级会计实务》科目考试时长为165分钟，《财务管理》科目考试时长为135分钟，《经济法》科目考试时长为120分钟，具体如下表：

考试形式	考试科目	考试批次 （具体日期以准考证为准）	考试时间 （具体时间以准考证为准）
无纸化考试	《中级会计实务》	9月 （分3天3个批次）	8：30 — 11：15
	《经济法》		13：30 — 15：30
	《财务管理》		17：45 — 20：00

考试题型

题型	题量	分值	判分标准
单项选择题	20题	1.5分×20＝30分	4选1，错选、不选均不得分
多项选择题	10题	2分×10＝20分	4选多，至少两个正确答案，全部选对得满分，少选得相应分值，多选、错选、不选均不得分
判断题	10题	1分×10＝10分	错答、不答均不得分，也不扣分
计算分析题	3题	5分×3＝15分	按点给分，步骤和计算结果会得相应的分值；凡要求说明理由的，必须有相应的文字阐述
综合题	2题	共25分	

注：如有变化以官方通知为准。

各章分值及重要程度

章节	预计分值	重要程度	难度
基础篇 板块1：总论	3分	★	★
基础篇 板块2：财务管理基础	11分	★★	★★
基础篇 板块3：预算管理	10分	★★	★★
精通篇 板块1：筹资管理（上）	9分	★	★★

续表

章节	预计分值	重要程度	难度
精通篇 板块2：筹资管理（下）	10分	★★★	★★★
精通篇 板块3：投资管理	14分	★★★	★★★
精通篇 板块4：营运资金管理	13分	★★★	★★
精通篇 板块5：成本管理	10分	★★★	★★
进阶篇 板块1：收入与分配管理	10分	★★	★★
进阶篇 板块2：财务分析与评价	10分	★★★	★★

《好一本真题：中级财务管理》学习须知

欢迎各位同学开启中级会计职称考试的学习之旅，请按照报名后收到的短信提示操作，可加助教老师微信，领取随本书赠送的直播讲座。直播内容安排如下：

时间	形式	时间	内容
第一天	直播课	财务管理	揭开财管这只纸老虎的面纱
第二天	直播课	中级会计实务	深入揭秘会计实务套路
第三天	直播课	经济法	听故事，轻松搞定经济法

本书使用说明

本书设置了五大模块，通过"母题大做""西木指引""避坑图鉴""拓展延伸""子题速练"的形式，帮助你熟悉中级会计考试真题的出题套路，实现举一反三，出题思路全把握，解题方法全掌握。

1. 母题大做：重构刷题新方式。万变不离其宗，精选代表性强、综合性强的考试真题，通过对母题的练习及详解，链接相关知识，做到举一反三，会做相同或相似类型的习题。

2. 西木指引：链接高频考点，题点融会贯通。将母题涉及的知识点总结提炼，直观了解真题考查的对应及关联知识点。

3. 避坑图鉴：列出常见易混淆、易出错的知识点，分析考试坑点，杜绝考试陷阱。

4. 拓展延伸：拓展相关知识点，以线及面，总结与母题有高关联度的重要知识点。

5. 子题速练：巩固母题相关考点，精选与母题同源同系的考试真题，夯实基础，巩固考点，熟悉考试命题套路。母子题结合，查漏补缺，覆盖相关题型。

基础篇 板块 1 总论

财务管理 基础篇 板块 1 总论 主要内容

本章主要介绍了企业与企业财务管理、财务管理目标、财务管理原则、财务管理环节、财务管理体制和财务管理环境六个方面的内容。主要以客观题形式考查。

学习进度解锁 5%

好一本真题 · 中级财务管理

母题大做 1：企业及其组织形式

难易程度 ★☆☆

【2020 单选题】与个人独资企业相比，下列各项中属于公司制企业特点的是（　　）。
A. 企业股东承担无限债务责任
B. 企业可以无限存续
C. 企业融资渠道较少
D. 企业所有权转移困难

【答案】B

【解析】公司制企业的优点：容易转让所有权、有限债务责任、可以无限存续、融资渠道较多；公司制企业的缺点：组建公司的成本高、存在代理问题、双重课税，选项 B 正确。

【西木指引】企业组织形式及其优缺点

考查频次 ●●●○○

组织形式		举例	优点	缺点
非法人	个人独资企业	个体户	①创立容易 ②经营管理灵活自由 ③不需要缴纳企业所得税	①业主承担无限责任 ②难以从外部获得大量资金 ③所有权转移比较困难 ④企业生命有限，随着业主的死亡而自动消亡
	合伙企业	普通合伙企业、有限合伙企业	①合伙企业的生产经营所得和其他所得，由合伙人分别缴纳所得税 ②普通合伙人：对企业债务承担无限连带责任 ③有限合伙人：以其认缴的出资额为限对企业债务承担责任 ④合伙人转让其所有权时需要取得其他合伙人同意，有时甚至还需要修改合伙协议	
法人	公司制企业	有限责任公司、股份有限公司	①容易转让所有权 ②有限债务责任 ③无限存续 ④融资渠道较多	①组建公司的成本高 ②存在代理问题 ③双重课税（个人所得税、企业所得税）

子题速练

【子题 1.1 · 2022 单选题】下列各项中，不属于公司制企业缺点的是（　　）。
A. 导致双重课税
B. 组建公司的成本高
C. 存在代理问题
D. 股东须承担无限连带责任

母题大做 2：财务管理目标理论

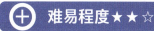

【2021 多选题】关于企业价值最大化财务管理目标，下列说法正确的有（　　）。
A. 以股东财富最大化为基础
B. 有助于克服企业追求利润的短期行为
C. 考虑了收益的时间价值
D. 考虑了风险与收益的关系
【答案】ABCD
【解析】各种财务管理目标，都以股东财富最大化为基础，选项 A 正确。企业价值最大化的优点：（1）考虑了货币时间价值；（2）考虑了风险与收益的关系；（3）将企业长期、稳定的发展和持续的获利能力放在首位，克服企业的短期行为；（4）用价值代替价格，避免了过多外界市场因素的干扰，选项 B、C、D 正确。

【西木指引】财务管理目标的特点　　 考查频次 ●●●●●●

目标	利润最大化	股东财富最大化	企业价值最大化	相关者利益最大化
时间价值	×	√	√	√
风险问题	×	√	√	√
长短期行为	短期	长期	长期	长期
特点	①未考虑利润与投入资本的关系 ②另一种表现方式是每股收益最大化（将利润和股东投入结合起来）	①各种财务管理目标的基础 ②最直观的指标是股价 ③更多强调股东利益，对其他相关者的利益重视不够 ④股票价格受众多因素影响	①价值替代了价格，避免了过多外界市场因素的干扰 ②过于理论化，不易操作	强调股东的首要地位

子题速练

【子题 2.1 · 2018 单选题】与企业价值最大化财务管理目标相比，股东财富最大化目标的局限性是（　　）。
A. 对债权人的利益重视不够
B. 容易导致企业的短期行为
C. 没有考虑风险因素
D. 没有考虑货币时间价值

【子题 2.2 · 2019 单选题】若上市公司以股东财富最大化作为财务管理的目标，则衡量股东财富最大化的最直观的指标是（　　）。
A. 股票价格　　　　B. 每股收益　　　　C. 净资产收益率　　　　D. 净利润

【子题 2.3 · 2023 单选题】下列企业财务管理目标中，没有考虑风险问题的是（　　）。
A. 利润最大化　　　B. 相关者利益最大化　　C. 股东财富最大化　　D. 企业价值最大化

【子题 2.4 · 2021 判断题】与企业价值最大化目标相比，股东财富最大化目标的局限性在于未能克服企业追求利润的短期行为。（　　）

【子题 2.5 · 2019 判断题】对于以相关者利益最大化为财务管理目标的公司来说，最为重要的利益相关者应当是公司员工。（　　）

【子题 2.6 · 2022 判断题】没有股东财富最大化的目标，利润最大化、企业价值最大化以及相关者利益最大化的目标也就难以实现。（　　）

【子题 2.7 · 2023 判断题】在企业财务管理目标理论中，利润最大化与股东财富最大化都没有考虑时间价值因素。（　　）

母题大做 3：利益冲突与协调

难易程度 ★☆☆

【2021 多选题】为了缓解公司债权人和股东之间的利益冲突，债权人可以采取的措施有（　　）。
A. 设置借债担保条款　　　　B. 不再给予新的借款
C. 限制支付现金股利　　　　D. 事先规定借债用途
【答案】ABCD
【解析】协调股东与债权人的利益冲突，可以通过以下方式解决：（1）限制性借债，选项 A、D 正确；（2）收回借款或停止借款，选项 B 正确。此外，在长期借款的保护性条款中，限制支付现金股利属于一般性保护条款的内容，也可以视为缓解公司债权人和股东之间利益冲突的措施，选项 C 正确。

【西木指引】利益冲突与协调

考查频次 ●●●○○

1. 所有者和经营者利益冲突与协调

冲突的原因	协调
（1）所有者：以较小的代价实现更多的财富 （2）经营者：在为股东创造财富的同时，能够获取更多的报酬或享受，并避免各种风险	（1）解聘（股东约束经营者） （2）接收（市场约束经营者，经营者决策失误、经营不力、绩效不佳，该企业就可能被其他企业强行接收或吞并） （3）激励

2. 大股东与中小股东之间的利益冲突与协调

冲突的原因	协调
大股东侵害中小股东利益的主要形式： （1）利用关联交易转移上市公司的资产。 （2）非法占用上市公司巨额资金，或以上市公司的名义进行担保和恶意筹资。 （3）通过发布虚假信息进行股价操纵，欺骗中小股东。 （4）为大股东委派的高管支付不合理的报酬及特殊津贴。 （5）采用不合理的股利政策，掠夺中小股东的既得利益	（1）完善上市公司的治理结构： ①增强中小股东的投票权和知情权。 ②提高董事会中独立董事的比例。 ③建立健全监事会，并赋予监事会更大的监督与起诉权。 （2）规范上市公司的信息披露制度： ①完善会计准则体系和信息披露规则。 ②加大对信息披露违规行为的处罚力度，加强对信息披露的监管

3. 所有者和债权人利益冲突与协调

冲突	协调
（1）改变举债资金的原定用途，将其用于风险更高的项目（增加经营风险）。 （2）举借新债（增加财务风险）	（1）限制性借债（债权人事先规定借债用途、担保条款和信用条件）。 （2）收回借款或停止借款

子题速练

【子题 3.1 · 2015 多选题】公司制企业可能存在经营者和股东之间的利益冲突，解决这一冲突的方式有（　　）。

A. 解聘　　　　　　　　　　　　　　　B. 接收

C. 收回借款　　　　　　　　　　　　　D. 授予股票期权

【子题 3.2 · 2023 多选题】下列各项中，属于大股东侵犯中小股东利益的有（　　）。

A. 上市公司出售具有严重质量问题的产品　　B. 上市公司为大股东的债务提供担保

C. 大股东利用关联方关系转移上市公司的资产　D. 大股东非法侵占上市公司巨额资金

【子题 3.3 · 2023 单选题】下列各项中，不能用于协调股东与管理层之间利益冲突的措施是（　　）。

A. 限制企业借款用于高风险项目　　　　　B. 授予管理层股票期权

C. 解聘企业高管　　　　　　　　　　　　D. 企业被强行征收

【子题 3.4 · 2022 判断题】如果某上市公司不存在控股股东，则该公司不存在股东与债权人之间的利益冲突。（　　）

母题大做 4：企业财务管理体制的模式选择

难易程度 ★☆☆

【2022 单选题】关于企业财务管理体制的模式选择，下列说法错误的是（ ）。
A. 若企业处于初创阶段，经营风险高，则更适合采用分权型财务管理体制
B. 若企业管理者的素质高、能力强，则可以采用集权型财务管理体制
C. 若企业面临的环境是稳定的、对生产经营的影响不显著，则更适合采用集权型财务管理体制
D. 若企业规模小，财务管理工作量少，则更适合采用集权型财务管理体制
【答案】A
【解析】选项 A 错误，初创阶段，企业经营风险高，财务管理宜偏重集权模式。

【西木指引】影响企业财务管理体制集权与分权选择的因素   考查频次 ●●○○○

影响因素	模式选择
企业生命周期	初创 → 集权
企业战略	实施纵向一体化战略，业务联系密切 → 集权
企业所处市场环境	环境稳定 → 集权；反之分权
企业规模	规模小、工作量小、简单 → 集权；反之分权
企业管理层素质	素质高，能力强 → 集权
信息网络系统	及时、准确传递信息的网络系统 → 集权

【拓展延伸】企业财务管理体制的一般模式及其优缺点

模式	优点	缺点
集权型	①降低资金成本和风险损失，使决策统一化、制度化。 ②有利于在整个企业内部优化配置资源、实行内部调拨价格。 ③有利于内部采取避税措施及防范汇率风险等	①使各所属单位缺乏主动性、积极性，丧失活力。 ②因决策程序相对复杂而失去适应市场的弹性，丧失市场机会
分权型	①及时作出有效决策，因地制宜。 ②分散经营风险。 ③促进所属单位管理人员和财务人员的成长	①各所属单位缺乏全局观念和整体意识。 ②可能导致资金管理分散、资金成本增大、费用失控、利润分配无序

续表

模式	优点	缺点
集权与分权相结合型	①在制度上，应制定统一的内部管理制度，明确财务权限及收益分配方法，各所属单位应遵照执行，并根据自身的特点加以补充。 ②在管理上，利用企业的各项优势，对部分权限集中管理。 ③在经营上，充分调动各所属单位的生产经营积极性。 ④重大事项：集权；日常经营：分权	

【避坑图鉴】财务管理体制与企业组织体制

企业组织体制主要有 U 型（集权）、H 型（分权）和 M 型（集权和分权结合）三种基本组织形式，财务管理体制应当与企业组织体制相适应。

企业组织体制按照集权程度从大到小的排序为 U 型、M 型、H 型。

 子题速练

【子题 4.1 · 2021 单选题】某企业集团经过多年的发展，已初步形成从原料供应、生产制造到物流服务上下游密切关联的产业集群，当前集团总部管理层的素质较高，集团内部信息化管理的基础较好。据此判断，该集团最适宜的财务管理体制类型是（　　）。

A. 集权型　　　　　　B. 分权型　　　　　　C. 自主型　　　　　　D. 集权与分权相结合型

【子题 4.2 · 2017 单选题】集权型财务管理体制可能导致的问题是（　　）。

A. 削弱所属单位主动性　　B. 资金管理分散　　C. 利润分配无序　　D. 资金成本增大

【子题 4.3 · 2024 判断题】根据财务管理理论，集权比分权体制更有利于企业内部优化资源配置。（　　）

母题大做 5：通货膨胀对企业财务活动的影响

难易程度 ★★☆

【2019 多选题】为了应对通货膨胀给企业的不利影响，可以采用（　　）。

A. 放宽信用期限　　　　　　　　　　B. 减少企业债权
C. 签订长期购货合同　　　　　　　　D. 取得长期负债

【答案】BCD

【解析】为了减轻通货膨胀对企业造成的不利影响，企业应当采取措施予以防范。在通货膨胀初期，货币面临着贬值的风险，这时企业进行投资可以避免风险，实现资本保值。与客户应签订长期购货合同，以减少物价上涨造成的损失（选项 C）。取得长期负债，保持资本成本的稳定（选项 D）。在通货膨胀持续期，企业可以采用比较严格的信用条件，减少企业债权（选项 B）。调整财务政策，防止和减少企业资本流失等。

【西木指引】通货膨胀的应对措施　　考查频次 ●●●○○

初期	持续期间
①进行投资，可以避免风险，实现资本保值。 ②签订长期购货（不是销货）合同。 ③取得长期负债，保持资本成本的稳定。	①采用较严格的信用条件，减少企业债权。 ②调整财务政策，防止和减少企业资金流失等

【拓展延伸】通货膨胀产生的影响

1. 从投资和日常营运角度：资金占用增加，引起资金需求增加。
2. 从筹资角度：
（1）利率上升，加大企业筹资成本。
（2）证券价格下跌，增加企业筹资难度。
（3）资金供应紧张，加大企业筹资难度。
3. 从利润分配角度：利润虚增，资金因利润分配而流失。

子题速练

【子题 5.1 · 2018 判断题】不考虑其他因素的影响，通货膨胀一般导致市场利率下降，从而降低了企业的筹资难度。（　　）

母题大做 6：货币市场与资本市场的比较

难易程度 ★☆☆

【2018 多选题】与货币市场相比，资本市场的特点有（　　）。
A. 投资收益较高　　　B. 融资期限较长　　　C. 投资风险较大　　　D. 价格波动较小

【答案】ABC

【解析】选项 ABC 正确，资本市场融资期限长，至少 1 年以上，最长可达 10 年甚至更长时间；融资目的是解决长期投资性资本的需要；资本借贷量大；收益较高但风险也较大；选项 D 错误，是货币市场的特征。

【西木指引】货币市场与资本市场的种类及特点　　考查频次 ●●●○○

期限	货币市场：短期	资本市场：长期
种类	同业拆借市场、票据市场、大额定期存单市场、短期债券市场 注：历年真题中考核过银行承兑汇票	债券市场、股票市场、期货市场、融资租赁市场 注：历年真题中考核过优先股、可转换债券、银行长期贷款

续表

特点	关键字为"短""小" ①融资期限短。 ②解决短期资金周转。 ③具有较强的"货币性"，流动性强、价格平稳、风险较小	关键字为"长""大" ①融资期限长。 ②解决长期投资性资本的需要。 ③资本借贷量大。 ④收益较高但风险也较大

子题速练

【子题 6.1 · 2022 单选题】 金融市场按期限标准可划分为货币市场和资本市场。下列各项中，不属于资本市场的是（　　）。

A. 短期债券市场　　　B. 股票市场　　　C. 期货市场　　　D. 融资租赁市场

【子题 6.2 · 2023 多选题】 金融市场分为货币市场和资本市场两种类型，下列各项中属于资本市场类型的有（　　）。

A. 票据市场　　　B. 期货市场　　　C. 同业拆借市场　　　D. 股票市场

【子题 6.3 · 2024 多选题】 金融市场包括货币市场和资本市场，下列选项中，属于资本市场的有（　　）。

A. 银行间同业拆借市场　　　B. 股票市场　　　C. 大额定期存单市场　　　D. 融资租赁市场

本章子题速练答案解析

1.1 【答案】D

【解析】选项 D 不属于，公司制企业股东以出资额为限承担有限责任，合伙企业中普通合伙人对合伙企业债务承担无限连带责任。

2.1 【答案】A

【解析】选项 A 符合题意，股东财富最大化的缺点：①通常只适用于上市公司，非上市公司难以应用；②股价受众多因素影响，股价不能完全准确反映企业财务管理状况；③强调得更多的是股东利益，对其他相关者的利益重视不够。选项 BCD 不符合题意，利润最大化的缺点包括：①没有考虑利润实现时间和资金时间价值；②没有考虑风险因素；③没有反映创造的利润与投入资本之间的关系；④可能导致企业短期财务决策倾向，影响企业长远发展。

2.2 【答案】A

【解析】股东财富最大化是指企业财务管理以实现股东财富最大为目标。在上市公司，股东财富是由其所拥有的股票数量和股票市场价格两方面决定的。在股票数量一定时，股票价格达到最高，股东财富也就达到最大。因此衡量股东财富大小最直观的指标是股价。

2.3 【答案】A

【解析】利润最大化没有考虑风险，没有考虑利润取得时间，没有考虑投入与产出的关系，而且容易造成企业短期行为。

2.4 【答案】错误

【解析】股东财富最大化在一定程度上能避免企业短期行为，因为不仅目前的利润会影响股票价格，预期未来的利润同样会对股价产生重要影响。只有利润最大化存在短期行为。

2.5【答案】错误

【解析】相关者利益最大化强调股东的首要地位，并强调企业与股东之间的协调关系。

2.6【答案】正确

【解析】利润最大化、企业价值最大化以及相关者利益最大化等各种财务管理目标，都以股东财富最大化为基础，没有股东财富最大化的目标，其他目标也就无法实现。

2.7【答案】错误

【解析】利润最大化没有考虑时间价值因素。股东财富最大化考虑了时间价值因素。

3.1【答案】ABD

【解析】协调所有者与经营者利益冲突的方式包括：解聘、接收和激励。其中激励分为股票期权和绩效股两种，因此ABD正确。收回借款是所有者与债权人之间的利益冲突，因此选项C错误。

3.2【答案】BCD

3.3【答案】A

【解析】选项A属于协调股东与债权人之间利益冲突的措施。

3.4【答案】错误

【解析】股东属于公司的所有者，即使不存在控股股东，股东的目标也可能与债权人的目标发生矛盾，从而使二者发生利益冲突，所以股东与债权人之间的利益冲突与股东是否控股无关。

4.1【答案】A

【解析】该企业业务联系密切，管理层的素质较高，信息化管理的基础较好，说明该集团适宜采用集权型管理体制，选项A正确。

4.2【答案】A

4.3【答案】正确

【解析】集权型财务管理体制的优点：(1)降低资金成本和风险损失，使决策统一化、制度化；(2)有利于在整个企业内部优化配置资源、实行内部调拨价格；(3)有利于内部采取避税措施及防范汇率风险等。

5.1【答案】错误

【解析】通货膨胀会引起利率上升，加大企业的筹资成本，增加企业的筹资难度。

6.1【答案】A

6.2【答案】BD

【解析】资本市场又称长期金融市场，是指以期限在1年以上的金融工具为媒介，进行长期资金交易活动的市场，包括股票市场、债券市场、期货市场和融资租赁市场。

6.3【答案】BD

【解析】资本市场又称长期金融市场，是指以期限在1年以上的金融工具为媒介，进行长期资金交易活动的市场，包括股票市场、债券市场、期货市场和融资租赁市场，选项BD正确，选项AC属于货币市场。

基础篇 板块 2
财务管理基础

财务管理 基础篇 板块 2 财务管理基础 主要内容

本章是财务管理基础，主要介绍了货币时间价值、收益与风险和成本性态等内容。主要给后面章节打基础，以客观题和主观题形式考查。

学习进度解锁 14%

母题大做 1：货币时间价值的计算

难易程度 ★★☆

【2020 单选题】（P/F, i, 9）与（P/F, i, 10）分别表示 9 年期和 10 年期的复利现值系数，关于二者的数量关系，下列表达式正确的是（　　）。
A.（P/F, i, 10）=（P/F, i, 9）- i
B.（P/F, i, 10）=（P/F, i, 9）×（1 + i）
C.（P/F, i, 9）=（P/F, i, 10）×（1 + i）
D.（P/F, i, 10）=（P/F, i, 9）+ i

【答案】C

【解析】（P/F, i, 10）= $1/(1+i)^{10}$，（P/F, i, 9）= $1/(1+i)^{9}$，即（P/F, i, 9）=（P/F, i, 10）×（1 + i），选项 C 正确。

【西木指引】货币时间价值计算公式

考查频次 ●●●●●

项目		终值	现值
复利（一笔款项）		$F = P \times (1+i)^n = P \times (F/P, i, n)$ 复利终值系数：(F/P, i, n)	$P = F/(1+i)^n = F \times (P/F, i, n)$ 复利现值系数：(P/F, i, n)
有多笔款项折算	普通年金	$F = A \times \dfrac{(1+i)^n - 1}{i}$ $= A \times (F/A, i, n)$ 年金终值系数：(F/A, i, n)	$P = A \times \dfrac{1 - (1+i)^{-n}}{i}$ $= A \times (P/A, i, n)$ 年金现值系数：(P/A, i, n)
	预付年金	$F = A \times (F/A, i, n) \times (1+i)$ $= A \times [(F/A, i, n+1) - 1]$	$P = A \times (P/A, i, n) \times (1+i)$ $= A \times [(P/A, i, n-1) + 1]$
	递延年金	$F = A \times (F/A, i, n)$	$P = A \times (P/A, i, n) \times (P/F, i, m)$
	永续年金	无	$P = A/i$

【拓展延伸】普通年金与预付年金的辨析

在期数相同的情况下：

①普通年金与预付年金的年金个数相同，而二者的区别仅在于收付款时间的不同：

普通年金：收付款发生于各期期末（1 时点至 n 时点），在 0 时点没有发生额；

预付年金：收付款发生于各期期初（0 时点至 n - 1 时点），在 n 时点没有发生额。

②预付年金的每一笔收付款时间相较于普通年金均早一期发生，因此预付年金的总价值（无论终值还是现值）均高于普通年金，一律在计算普通年金终值或现值的基础上再"×（1 + i）"。

③预付年金现值系数 = 普通年金现值系数基础上期数 n - 1，系数 + 1；

预付年金终值系数 = 普通年金终值系数基础上期数 n + 1，系数 - 1；

规律：终值往后折，故期数 n 需要 + 1，其他关联记忆即可。

【避坑图鉴】互为倒数关系的系数

①复利终值系数与复利现值系数互为倒数。
②偿债基金系数与年金终值系数互为倒数。（年终偿债）
③资本回收系数与年金现值系数互为倒数。（年现回收）

子题速练

【子题 1.1 · 2021 单选题】 某项银行贷款本金为 100 万元，期限为 10 年、利率为 8%，每年年末等额偿还本息，则每年偿还额的计算式为（ ）。

A.100/（F/A，8%，10）
B.100×（1+8%）/（F/A，8%，10）
C.100×（1+8%）/（P/A，8%，10）
D.100/（P/A，8%，10）

【子题 1.2 · 2019 单选题】 某年金在前 2 年无现金流入，从第 3 年开始连续 5 年每年年初现金流入 300 万元，则该年金按 10% 的年利率折现的现值为（ ）万元。

A.300×（P/A，10%，5）×（P/F，10%，1）
B.300×（P/A，10%，5）×（P/F，10%，2）
C.300×（P/F，10%，5）×（P/A，10%，1）
D.300×（P/F，10%，5）×（P/A，10%，2）

【子题 1.3 · 2022 单选题】 某投资者从现在开始存入第一笔款项，随后每年存款一次，共存款 10 次，每次存款金额相等，利率为 6%，复利计息，该投资者期望在 10 年后一次性取得 100 万元，则其每次存款金额的计算式为（ ）。

A.100/（F/A，6%，10）
B.100/（F/P，6%，10）
C.100/[（F/A，6%，10）×（1+6%）]
D.100/[（F/P，6%，10）×（1+6%）]

【子题 1.4 · 2021 单选题】 某公司预存一笔资金，年利率为 i，从第六年开始连续 10 年可在每年年初支取现金 200 万元，则预存金额的计算正确的是（ ）。

A.200×（P/A，i，10）×（P/F，i，5）
B.200×（P/A，i，10）×[（P/F，i，4）+1]
C.200×（P/A，i，10）×（P/F，i，4）
D.200×（P/A，i，10）×[（P/F，i，5）-1]

【子题 1.5 · 2017 单选题】 下列各项中，与普通年金终值系数互为倒数的是（ ）。

A. 预付年金现值系数
B. 普通年金现值系数
C. 偿债基金系数
D. 资本回收系数

【子题 1.6 · 2023 多选题】 有一投资机会，从第 4 年年末开始，连续 5 年每年年末能收到 100 万元，则按 10% 的年利率折现的现值为（ ）。

A.100×[（P/A，10%，8）-（P/A，10%，4）]
B.100×[（P/A，10%，8）-（P/A，10%，3）]
C.100×（P/A，10%，5）×（P/F，10%，3）
D.100×（P/A，10%，5）×（P/F，10%，4）

【子题 1.7 · 2020 多选题】 某公司取得 3 000 万元的贷款，期限为 6 年，年利率 10%，每年年初偿还等额本息，则每年年初应支付金额的计算正确的有（ ）。

A.3 000/[（P/A，10%，5）+1]
B.3 000/[（P/A，10%，7）-1]
C.3 000/[（P/A，10%，6）/（1+10%）]
D.3 000/[（P/A，10%，6）×（1+10%）]

【子题 1.8 · 2020 判断题】 永续年金由于收付款的次数无穷多，所以其现值无穷大。（ ）

【子题 1.9 · 2023 判断题】 在期数不变的情况下，复利终值系数随利率的变动而反向变动。（ ）

母题大做 2：利率的计算

难易程度 ★☆☆

【2020 单选题】某公司取得借款 500 万元，年利率为 6%，每半年支付一次利息，到期一次还本，则该借款的实际利率为（　）。

A.6%　　　　　　B.6.09%　　　　　　C.12%　　　　　　D.12.24%

【答案】B

【解析】选项 B 正确，实际利率＝（1＋票面利率 r／一年内复利次数 m）^{一年内复利次数m}－1＝（1＋6%/2）^{2}－1＝6.09%。

【西木指引】一年多次计息时实际利率计算

考查频次 ●●●○○

一年多次计息时的实际利率 $i = (1 + r/m)^m - 1$

其中，i 为实际利率，r 为名义利率，m 为每年复利计息的次数。

结论：在一年多次计息时，实际利率高于名义利率，并且在名义利率相同的情况下，一年计息次数越多，实际利率越大。

【避坑图鉴】通货膨胀情况下名义利率与实际利率计算

实际利率＝（1＋名义利率）/（1＋通货膨胀率）－1

名义利率＝（1＋实际利率）×（1＋通货膨胀率）－1

结论：如果通货膨胀率小于名义利率，则实际利率大于 0；

如果通货膨胀率大于名义利率，则实际利率小于 0。

【拓展延伸】纯粹利率的定义

纯利率是指在没有通货膨胀、无风险情况下资金市场的平均利率。

 子题速练

【子题 2.1 · 2018 单选题】已知银行存款利率为 3%，通货膨胀率为 1%，则实际利率为（　）。

A.1.98%　　　　　B.3%　　　　　　C.2.97%　　　　　　D.2%

【子题 2.2 · 2023 单选题】某企业向银行借款，年名义利率为 8%，按季度付息，则年实际利率为（　）。

A.10%　　　　　　B.8.16%　　　　　C.8%　　　　　　　D.8.24%

【子题 2.3 · 2023 单选题】某商业银行一年期存款利率为 2.5%，若通货膨胀率为 2%，则年实际利率为（　）。

A.2.45%　　　　　B.0.49%　　　　　C.0.45%　　　　　D.0.42%

【子题 2.4 · 2023 判断题】如果通货膨胀率小于名义利率，则实际利率为负数。（　）

【子题 2.5·2022 判断题】纯利率是指在没有通货膨胀、无风险情况下资金市场的最低利率。（　）

【子题 2.6·2024 单选题】某债券的名义利率为 6.5%，通货膨胀率为 2.5%，则该债券的实际利率为（　）。

A.6.34%　　　　B.3.76%　　　　C.4.28%　　　　D.3.90%

【子题 2.7·2024 判断题】一年内复利计息次数越多，实际利率越高。（　）

母题大做 3：资产的收益与收益率的计算

【2020 判断题】无风险收益率由纯粹利率和通货膨胀补偿率组成。（　）

【答案】正确

【解析】无风险收益率也称无风险利率，它是指无风险资产的收益率，它的大小由纯粹利率和通货膨胀补偿率两部分组成。

【西木指引】资产收益率的类型　　　　　　　考查频次 ●●○○○

1. 实际收益率——"现实"：已经实现或者确定可以实现的资产收益率。

注：当存在通胀时，还应当扣除通货膨胀率的影响。

2. 期望收益率（或预期收益率）——"理想"：在不确定的条件下，预测的某资产未来可能实现的收益率。一般按照加权平均法计算期望收益率。

3. 必要收益率（最低必要收益率、最低要求的收益率）——"最低要求"：投资者对某资产合理要求的最低收益率。

必要收益率＝无风险收益率（无风险利率）＋风险收益率

无风险收益率＝纯粹利率＋通货膨胀补偿率

【拓展延伸】三种收益率之间的关系

1. 实际收益率 vs 预期收益率：

实际收益率与预期收益率之间的偏离程度反映投资项目的风险水平。

2. 预期收益率 vs 必要收益率：

预期收益率≥必要收益率，投资项目具有财务可行性；

预期收益率＜必要收益率，投资项目不具有财务可行性。

子题速练

【子题 3.1 · 2018 单选题】 若纯粹利率为 3%，通货膨胀补偿率为 2%，某投资债券公司要求的风险收益率为 6%，则该债券公司的必要收益率为（　）。
A.9%　　　　　　　B.11%　　　　　　　C.5%　　　　　　　D.7%

【子题 3.2 · 2019 单选题】 已知当前市场的纯利率为 1.8%，通货膨胀补偿率为 2%，若某证券资产的风险收益率为 4%，则该资产的必要收益率为（　）。
A.8%　　　　　　　B.7.8%　　　　　　C.9.6%　　　　　　D.9.8%

【子题 3.3 · 2023 判断题】 纯利率是指在无通货膨胀、无风险情况下资金市场的平均利率。（　）

母题大做 4：资产收益与风险的衡量指标

难易程度 ★☆☆

【2020 单选题】 项目 A 投资收益率为 10%，项目 B 投资收益率为 15%，则比较项目 A 和项目 B 风险的大小，可以用（　）。
A. 两个项目的收益率方差　　　　　　B. 两个项目的收益率的标准差
C. 两个项目的投资收益率　　　　　　D. 两个项目的标准差率

【答案】 D

【解析】 选项 AB 错误，选项 D 正确，方差和标准差的可比性比较弱，只有在项目投资收益率相同的时候，才可用于项目风险的比较，由于两个项目的投资收益率不同，所以应使用标准差率比较风险的大小；选项 C 错误，投资收益率可以用于衡量收益，不能用于衡量风险。

【西木指引】资产收益与风险衡量指标

考查频次 ●●○○○

	相关指标	说明
收益	期望值	①各种情形的收益率按概率的加权平均。 ②组合期望收益率等于各单项资产的期望收益率按价值比重加权平均
风险	整体风险：方差、标准差、标准差率（标准差率＝标准差/期望值） 系统风险：β 系数	①期望值相同时，方差和标准差越大，风险越大。 ②期望值不同时，用标准差率衡量。 ③β 是市场组合系统风险的倍数。 ④两项资产组合的收益率方差满足以下关系式： $\sigma_{1,2}^2 = w_1^2\sigma_1^2 + w_2^2\sigma_2^2 + 2w_1w_2\rho_{1,2}\sigma_1\sigma_2$ ⑤组合 β 系数等于所有单项资产 β 系数按价值比重加权平均

子题速练

【子题 4.1 · 2022 单选题】甲、乙两个投资项目的期望收益率分别为 10% 和 14%，收益率标准差均为 3.2%，则下列说法正确的是（ ）。
A. 乙项目的风险高于甲项目　　　　　　　B. 无法判断两者风险的高低
C. 甲项目的风险高于乙项目　　　　　　　D. 甲项目与乙项目的风险相同

【子题 4.2 · 2023 单选题】有 A、B 两种方案，各期望收益率为 10%、15%，标准差分别为 5%、5%，下列说法正确的是（ ）。
A.A 的风险大于 B　　B.A 的风险等于 B　　C.A 的风险小于 B　　D. 无法判断

【子题 4.3 · 2022 单选题】某投资组合由 A、B 两种股票构成，权重分别为 40%、60%，两种股票的期望收益率分别为 10%、15%，两种股票收益率的相关系数为 0.7，则该投资组合的期望收益率为（ ）。
A.12.5%　　　　　　　B.9.1%　　　　　　　C.13%　　　　　　　D.17.5%

【子题 4.4 · 2021 多选题】关于两项证券资产的风险比较，下列说法正确的有（ ）。
A. 期望值相同的情况下，标准差率越大，风险程度越大
B. 期望值不同的情况下，标准差率越大，风险程度越大
C. 期望值不同的情况下，标准差越大，风险程度越大
D. 期望值相同的情况下，标准差越大，风险程度越大

母题大做 5：风险管理对策

难易程度 ★☆☆

【2018 单选题】某公司购买一批贵金属材料，为避免资产被盗而造成的损失，向财产保险公司进行了投保，则该公司采取的风险对策是（ ）。
A. 规避风险　　　　B. 接受风险　　　　C. 转移风险　　　　D. 减少风险
【答案】C
【解析】转移风险，指的是企业以一定代价（如保险费、盈利机会、担保费和利息等），采取某种方式（如参加保险、信用担保、租赁经营、套期交易、票据贴现等），将风险损失转嫁给他人承担，以避免可能给企业带来的灾难性损失。

【西木指引】风险管理对策　　　　　　　　　　　　　　

对策	含义	举例
风险规避	回避、停止或退出蕴含某一风险的商业活动或商业环境，避免成为风险的所有人	退出某一市场以避免激烈竞争；拒绝与信用不好的交易对手进行交易；禁止各业务单位在金融市场上进行投机

续表

对策	含义	举例
风险承担	企业对所面临的风险采取接受的态度，从而承担风险带来的后果	—
风险转移	通过合同将风险转移到第三方，企业对转移后的风险不再拥有所有权，转移风险不会降低其可能的严重程度，只是从一方移除后转移到另一方	购买保险；采取合营方式实现风险共担
风险转换	通过战略调整等手段将企业面临的风险转换成另一个风险	通过放松交易客户信用标准增加了应收账款，但扩大了销售
风险对冲	引入多个风险因素或承担多个风险，使得这些风险能互相冲抵。风险对冲不是针对单一风险，而是涉及风险组合	资产组合使用、多种外币结算的使用和战略上的多种经营
风险补偿	对风险可能造成的损失采取适当的措施进行补偿，形式包括财务补偿、人力补偿、物资补偿	企业自身的风险准备金或应急资本等
风险控制	控制风险事件发生的动因、环境、条件等，来达到减轻风险事件发生时的损失或降低风险事件发生概率的目的 注：风险控制对象一般是可控风险	多数运营风险，如质量、安全和环境风险以及法律风险中的合规性风险

【避坑图鉴】风险规避 vs 风险转换 vs 风险对冲辨析

类型	手段	风险承担情况
风险规避	回避、停止、退出	该风险消失
风险转换	战略调整或使用衍生品	风险A转换为风险B，总风险基本不变
风险对冲	引入多因素	风险A和风险B互相抵消，总风险降低

子题速练

【子题 5.1 · 2020 单选题】企业计提资产减值准备，从风险管理对策上看属于（　　）。
A. 风险补偿　　　　　B. 风险控制　　　　　C. 风险转移　　　　　D. 风险规避

母题大做 6：相关系数取值的含义

【2021 多选题】在两种证券构成的投资组合中，关于两种证券收益率的相关系数，下列说法正确的有（   ）。
A. 当相关系数为 0 时，两种证券的收益率不相关
B. 相关系数的绝对值可能大于 1
C. 当相关系数为 -1 时，该投资组合能最大限度地降低风险
D. 当相关系数为 0.5 时，该投资组合不能分散风险
【答案】AC
【解析】选项 A 正确，当相关系数为 0 时，两种证券的收益率不相关；选项 B 错误，相关系数的取值范围为 [-1, 1]，不可能大于 1；选项 C 正确，当相关系数为 -1 时可以最大限度降低风险；选项 D 错误，只要相关系数不为 1，就可以分散风险。

【西木指引】相关系数 ρ 取值的含义   考查频次 ●●●○○

取值	相关性	说明	分散风险程度	
$\rho = 1$	完全正相关	两项资产收益率变化方向和变化幅度完全相同	风险完全不能互相抵消，不能分散任何风险	风险分散功能由小变大
$0 < \rho < 1$	正相关	两项资产收益率变动方向一致	可以分散风险	
$\rho = 0$	零相关	两项资产收益率变化缺乏相关性	可以分散风险	
$-1 < \rho < 0$	负相关	两项资产收益率变动方向相反	可以分散风险	
$\rho = -1$	完全负相关	两项资产收益率变化方向相反，变化幅度相同	风险可以最大限度地抵消，无法分散全部风险	

【避坑图鉴】系统风险与非系统风险

1. 系统风险
（1）含义：系统风险也称不可分散风险、市场风险，是指影响所有资产、不能通过资产组合而消除的风险。
（2）举例：政策风险、利率风险、购买力风险（通货膨胀风险）、市场风险等。
注：证券资产投资的系统风险包括价格风险（怕利率上升）、再投资风险（怕利率下降）和购买力风险（受通货膨胀影响，对有收款权的资产影响更大）。
2. 非系统风险
（1）含义：非系统风险也称可分散风险、特有风险、特殊风险，是指发生于个别公司的特有事件造成的风险。

（2）举例：经营风险、财务风险、信用风险、道德风险等。
注：证券资产投资的非系统风险包括违约风险、变现风险、破产风险。

【拓展延伸】β 系数

1. 单项资产的系统风险系数 β。

某资产的 β 系数表达的含义是该资产的系统性风险相当于市场组合系统性风险的倍数。通俗地说，用 β 系数对风险进行量化时，以市场组合的系统风险为基准，认为市场组合的 β 系数为1。

2. 证券资产组合的系统风险系数 β_p。

对于证券资产组合来说，其所含的系统风险的大小可以用组合 β 系数来衡量，计算公式为：

$$\beta_p = \sum_{i=1}^{n}(\beta_i \times W_i)$$

式中：β_p 是证券资产组合的 β 系数；W_i 为第 i 项资产在组合中所占的价值比例；β_i 为第 i 项资产的 β 系数。

子题速练

【子题 6.1·2020 单选题】 关于两种证券组合的风险，下列表述正确的是（　　）。

A. 若两种证券收益率的相关系数为 –0.5，该证券组合能够分散部分风险

B. 若两种证券收益率的相关系数为 0，该证券组合能够分散全部风险

C. 若两种证券收益率的相关系数为 –1，该证券组合无法分散风险

D. 若两种证券收益率的相关系数 1，该证券组合能够分散全部风险

【子题 6.2·2019 单选题】 关于系统风险和非系统风险，下列表述错误的是（　　）。

A. 证券市场的系统风险不能通过证券组合予以消除

B. 若证券组合中各证券收益率之间负相关，则该组合能分散非系统风险

C. 在资本资产定价模型中，β 系数衡量的是投资组合的非系统风险

D. 某公司新产品开发失败的风险属于非系统风险

【子题 6.3·2020 单选题】 某公司拟购买甲股票和乙股票构成的投资组合，两种股票各购买50万元，β 系数分别为 2 和 0.6，则该投资组合的 β 系数为（　　）。

A.1.2　　　　　　B.2.6　　　　　　C.1.3　　　　　　D.0.7

【子题 6.4·2023 多选题】 投资风险有系统性风险和非系统性风险之分，关于非系统性风险，下列表述正确的有（　　）。

A. 由非预期的、随机发生的事件所引起　　B. 可以通过资产组合予以分散

C. 一般用 β 系数进行衡量　　　　　　　D. 是指发生在个别公司的特有事件造成的风险

【子题 6.5·2020 多选题】 下列各项中，属于公司股票面临的系统性风险的有（　　）。

A. 公司业绩下滑　　B. 市场利率波动　　C. 宏观经济政策调整　　D. 公司管理层变更

【子题 6.6·2023 多选题】 在证券投资中，下列各项因素引起的风险，投资者可以通过投资组合予以分散的有（　　）。

A. 税制改革　　　　　　　　　　B. 公司失去重要的销售合同

C. 公司新产品开发失败　　　　　D. 公司诉讼失败

【子题 6.7·2018 判断题】企业投资于某公司证券可能因该公司破产而引发无法收回其本金的风险，这种风险属于非系统风险。（　　）

【子题 6.8·2022 判断题】证券资产组合的 β 系数不仅受组合中各单项资产 β 系数的影响，还会受到各种资产价值在证券资产组合中所占比例的影响。（　　）

【子题 6.9·2020 判断题】两项资产的收益率具有负相关时，才能分散组合的投资风险。（　　）

【子题 6.10·2024 判断题】某资产组合当中，若不存在收益率完全正相关的资产，则增加资产组合种类，组合风险下降。（　　）

【子题 6.11·2024 多选题】在两种证券构成的投资组合中，关于两种证券收益率的相关系数，下列说法正确的有（　　）。
A. 当相关系数为 1 时，该投资组合不能降低任何风险
B. 相关系数的绝对值可能大于 1
C. 当相关系数为 -1 时，该投资组合能最大限度地降低风险
D. 当相关系数为 0 时，该投资组合不能分散风险

母题大做 7：资本资产定价模型

难易程度 ★★☆

【2019 单选题】有甲、乙两个证券，甲的必要收益率是 10%，乙要求的风险收益率是甲的 1.5 倍，如果无风险收益率是 4%，根据资本资产定价模型，乙的必要收益率为（　　）。
A.16%　　　　　　B.12%　　　　　　C.15%　　　　　　D.13%
【答案】D
【解析】必要收益率＝无风险收益率＋风险收益率。则：10% = 4% ＋甲的风险收益率，甲的风险收益率 = 6%，而乙的风险收益率为甲的 1.5 倍，则乙的必要收益率 = 4% ＋ 1.5×6% = 13%。

【西木指引】资本资产定价模型公式　　考查频次 ●●●○○

资本资产定价模型是"必要收益率＝无风险收益率＋风险收益率"的具体化。

计算公式：$R = R_f + \beta \times (R_m - R_f)$

参数	常见表述
R_f	无风险收益率，通常用短期国债的利率近似地代替无风险收益率
R_m	市场平均收益率、市场组合平均收益率、市场组合要求收益率、股票市场平均收益率 注：没有"风险"二字
$R_m - R_f$	市场风险溢价、市场组合的风险收益率、平均风险收益率、平均风险补偿率 注：市场或平均＋风险
$\beta \times (R_m - R_f)$	股票的风险溢价、股票的风险收益率、股票的风险补偿率 注：股票＋风险

子题速练

【子题 7.1 · 2020 单选题】 某公司股票的必要收益率为 R，β 系数为 1.5，市场平均收益率为 10%，假设无风险收益率和该公司股票的 β 系数不变，则市场平均收益率上升到 15% 时，该股票的必要收益率为（　　）。

A. $R + 7.5\%$ B. $R + 12.5\%$ C. $R + 10\%$ D. $R + 5\%$

【子题 7.2 · 2021、2024 判断题】 根据资本资产定价模型，如果 A 证券的系统性风险是 B 证券的 2 倍，则 A 证券的必要收益率也是 B 证券的 2 倍。（　　）

母题大做 8：成本性态分析

难易程度 ★☆☆

【2019 多选题】 在一定期间及特定的业务量范围内，关于成本与业务量之间的关系，下列说法正确的有（　　）。

A. 固定成本总额随业务量的增加而增加
B. 单位固定成本随业务量的增加而降低
C. 变动成本总额随业务量的增加而增加
D. 单位变动成本随业务量的增加而降低

【答案】 BC

【解析】 固定成本的基本特征是：在一定业务量范围内，固定成本总额不因业务量的变动而变动，但单位固定成本会与业务量的增减呈反向变动（选项 B 正确）。变动成本的基本特征是：在一定业务量范围内，变动成本总额因业务量的变动而成正比例变动，但单位变动成本不变（选项 C 正确）。

【西木指引】固定成本 vs 变动成本的分类

考查频次 ●●●○○

分类		特征	举例
固定成本	约束性固定成本	管理当局的短期经营决策行动不能改变其具体数额；企业的生产能力一经形成就必然要发生的最低支出	房屋租金、设备折旧、管理人员的基本工资、车辆交强险等
	酌量性固定成本	管理当局的短期经营决策行动能改变其数额；并非可有可无，它关系到企业的竞争能力	广告费、职工培训费、新产品研究开发费用等
变动成本	技术性（约束性）变动成本	由技术或设计关系所决定的变动成本，只要生产就必然会发生，如果不生产，则不会发生；经理人员不能决定技术性变动成本的发生额	直接材料
	酌量性变动成本	通过管理当局的决策行动可以改变单位变动成本的发生额；其效用主要是提高竞争能力或改善企业形象	按销售收入的百分比支付的销售佣金、新产品研制费、技术转让费等

【拓展延伸】混合成本

混合成本可进一步细分为半变动成本、半固定成本、延期变动成本和曲线变动成本。

半变动成本 vs 延期变动成本：

1. 半变动成本：固定成本的部分和销量无关，只要有销量，就是变动成本的部分，该成本图像呈斜线。

2. 延期变动成本：固定成本的部分和销量有一定关系，在一定的销量内，成本固定不变，超过这个范围就是变动成本的部分，该成本图像呈折线。

子题速练

【子题 8.1 · 2023 单选题】 某手机话费套餐为每月固定支付 30 元，可免费通话 300 分钟，超出 300 分钟的部分，每分钟支付 0.15 元通话费，根据成本性态，该手机话费属于（　）。

A. 延期变动成本　　B. 半固定成本　　C. 半变动成本　　D. 曲线变动成本

【子题 8.2 · 2021 单选题】 基于成本性态，下列各项中属于技术性变动成本的是（　）。

A. 按销量支付的专利使用费　　　　B. 加班加点工资
C. 产品销售佣金　　　　　　　　　D. 产品耗用的主要零部件

【子题 8.3 · 2023 单选题】 根据成本性态，下列固定成本中属于约束性固定成本的是（　）。

A. 职工培训费　　B. 厂房租金　　C. 专家咨询费　　D. 广告费

【子题 8.4 · 2018 多选题】 下列各项中，一般属于酌量性固定成本的有（　）。

A. 新产品研发费　　B. 广告费　　C. 职工培训费　　D. 设备折旧费

【子题 8.5 · 2023 判断题】 在成本性态中，技术性变动成本的特点在于其单位变动成本发生额可由企业最高管理层决定。（　）

【子题 8.6 · 2024 多选题】 根据成本性态，下列选项中，属于企业约束性固定成本的有（　）。

A. 广告费　　B. 研发支出　　C. 车辆交强险　　D. 厂房折旧费

【子题 8.7 · 2024 单选题】 某用户话费结构如下："每月 29 元，免 1 000 分钟通话，超出部分按 0.1 元 / 分计价"，按成本性态分类，该成本属于（　）。

A. 半变动成本　　B. 固定成本　　C. 延期变动成本　　D. 半固定成本

本章子题速练答案解析

1.1【答案】D

【解析】贷款本金 100 万元，即现在拿到的 100 万元为现值，求每年年末等额偿还本息，本息是年金，本题为已知现值求本金。A×（P/A，8%，10）= 100，A = 100/（P/A，8%，10），选项 D 正确。

1.2【答案】A

【解析】由于第 3 年开始连续 5 年每年年初现金流入 300 万元，即可以视为第 2 年开始连续 5 年每年年末流入 300 万元，故转换为递延期 1 年，期数 5 年的递延年金，P = 300×（P/A，10%，5）×（P/F，10%，1）。

1.3 【答案】C

【解析】选项BD错误，每年存一笔，故使用年金系数而不是复利系数；选项A错误，选项C正确，由于从现在开始存入第一笔款项，所以该年金类型为预付年金，要在普通年金终值系数的基础上乘（1＋6%），得出[（F/A，6%，10）×（1＋6%）]作为预付年金终值系数进行计算。

1.4 【答案】C

【解析】本题为递延年金现值的计算，第一笔付款在第六年年初，可视为第五年年末，则一系列付款看作每期期末付款的递延年金，递延期为4期，期限为10期。现值P＝200×（P/A，i，10）×（P/F，i，4）。

1.5 【答案】C

【解析】普通年金终值系数与偿债基金系数互为倒数，普通年金现值系数与资本回收系数互为倒数。

1.6 【答案】BC

【解析】选项BC正确，从第4年年末起，连续5年年末能收到100万元，因此递延期为3年。

1.7 【答案】AD

【解析】选项A正确，每年年初等额支付，为预付年金。取得3 000万元贷款为现值，即预付年金求现值。假设每年年初应支付金额为A万元。选项A正确，如果把第2笔支付至第6笔支付的金额看成是普通年金，则有：A＋A×（P/A，10%，5）＝3 000，求得A＝3 000/[（P/A，10%，5）＋1]；选项D正确，A×（P/A，10%，6）×（1＋10%）＝3 000，求得A＝3 000/[（P/A，10%，6）×（1＋10%）]。

1.8 【答案】错误

【解析】永续年金现值＝A/i，可以计算出具体数值，不是无穷大。

1.9 【答案】错误

【解析】复利终值系数＝$(1+i)^n$，在期数不变的情况下，利率i越大则$(1+i)^n$越大。因此在期数不变的情况下，复利终值系数随利率的变动而同向变动。

2.1 【答案】A

【解析】实际利率＝（1＋名义利率）/（1＋通货膨胀率）－1，因此，实际利率＝（1＋3%）÷（1＋1%）－1＝1.98%。

2.2 【答案】D

【解析】年实际利率＝$(1+8\%/4)^4-1$＝8.24%。

2.3 【答案】B

【解析】年实际利率＝（1＋2.5%）/（1＋2%）－1＝0.49%。

2.4 【答案】错误

【解析】实际利率＝（1＋名义利率）/（1＋通货膨胀率）－1，公式表明，如果通货膨胀率大于名义利率，则实际利率为负数。

2.5 【答案】错误

【解析】纯利率是指在没有通货膨胀、无风险情况下资金市场的平均利率，而不是最低利率。

2.6 【答案】D

【解析】实际利率=（1+名义利率）/（1+通货膨胀率）−1=（1+6.5%）/（1+2.5%）−1=3.90%

2.7【答案】正确

【解析】一年内多次付息的实际利率 $i=（1+名义利率/每年复利计息次数）^{每年复利计息次数}−1$，所以付息次数越多，实际利率越高。

3.1【答案】B

【解析】必要收益率=无风险收益率+风险收益率=纯粹利率+通货膨胀补偿率+风险收益率=3%+2%+6%=11%，选项B正确。

3.2【答案】B

【解析】必要收益率=纯粹利率+通货膨胀补偿率+风险收益率=1.8%+2%+4%=7.8%

3.3【答案】正确

4.1【答案】C

【解析】选项C正确，标准差率=标准差/期望收益率，它以相对数反映决策方案的风险程度。甲标准差率=3.2%/10%=32%，乙标准差率=3.2%/14%=22.86%；期望值不同的情下，标准差率越大，风险越大。

4.2【答案】A

【解析】A、B两种方案的期望值不同，所以要比较标准差率，A方案的标准差率=5%/10%=50%，B方案的标准差率=5%/15%=33.33%，A方案的标准差率大于B方案，所以A方案的风险大于B方案。

4.3【答案】C

【解析】选项C正确，该投资组合的期望收益率=10%×40%+15%×60%=13%。

4.4【答案】ABD

【解析】标准差是一个绝对数，只能在期望值相同的情况下衡量风险，标准差越大，风险越大，选项C错误、选项D正确；标准差率是相对指标，无须考虑期望值是否相同，标准差率越大，风险越大，选项A、B正确。

5.1【答案】A

【解析】风险补偿是指企业对风险可能造成的损失采取适当的措施进行补偿，形式包括财务补偿、人力补偿、物资补偿。题目当中计提资产减值准备属于风险补偿中的财务补偿，选项A正确。

6.1【答案】A

【解析】选项A正确，选项B错误，若两种证券收益率的相关系数小于1且大于−1，表明该证券组合能够分散风险，但不能完全消除风险；选项C错误，若两种证券收益率的相关系数为−1，表明该证券组合能够最大限度地降低风险；选项D错误，若两种证券收益率的相关系数为1，表明该证券组合不能降低任何风险。

6.2【答案】C

【解析】选项A表述正确，证券市场的系统风险不能通过证券组合予以消除，而只有非系统风险可以通过资产组合分散掉；选项B表述正确，在证券资产组合中，除资产的收益率完全正相关外，该资产组合就具有风险分散功能。因此若证券组合中各证券收益率之间负相关，则该组合能分散非系统风险；选项 C 表述错误，在资本资产定价模型中，计算风险收益率时只考虑了系统风险，没有考虑非系统风险，β 系数衡量系统风险的大小；选项 D 表述正确，某公司新产品研发失败属于非系统风险。

6.3【答案】C

【解析】该投资组合的 β 系数 = $2 \times 50\% + 0.6 \times 50\% = 1.3$。

6.4【答案】ABD

【解析】系统性风险一般用 β 系数进行衡量，选项 C 错误。

6.5【答案】BC

【解析】系统性风险又被称为市场风险或不可分散风险，是影响所有资产的，不能通过资产组合来消除的风险。选项 AD 错误，公司业绩下滑和公司管理层变更，属于公司的特有风险，故归于非系统性风险；选项 BC 正确，市场利率变动和宏观经济政策调整，属于系统性风险。

6.6【答案】BCD

【解析】可以通过投资组合予以分散的风险是非系统性风险。非系统性风险是指发生于个别公司的特有事件造成的风险。例如，一家公司的工人罢工、新产品开发失败、失去重要的销售合同、诉讼失败或者宣告发现新矿藏、取得一个重要合同等。选项 BCD 正确，选项 A 会引起系统性风险。

6.7【答案】正确

【解析】非系统风险是指发生于个别公司的特有事件造成的风险。某一证券公司破产导致无法收回投资本金，属于非系统风险。

6.8【答案】正确

【解析】证券资产组合的 β 系数是所有单项资产 β 系数的加权平均数，权数为各种资产在证券资产组合中所占的价值比例。

6.9【答案】错误

【解析】只要相关系数不为1，就可以分散组合的风险。

6.10【答案】正确

【解析】当相关系数 $\rho = -1$ 时，表示完全负相关，表明两项资产的收益率变化方向完全相反，变化幅度完全相同，风险可以最大限度地抵消，无法分散全部风险；当相关系数 $\rho = 1$ 时，表示完全正相关，表明两项资产的收益率变化方向和变化幅度完全相同，风险完全不能互相抵消，不能分散任何风险。当相关系数 $-1 < \rho < 1$ 时，均可以分散风险。所以，只要相关系数 $\rho < 1$，投资组合就可以分散风险。

6.11【答案】AC

【解析】理论上，相关系数介于区间 $[-1, 1]$ 内，因此绝对值不会大于1，选项 B 错误。在取值范围内，只要相关系数不等于1，就可以在一定程度上分散风险，选项 D 错误。

7.1【答案】A

【解析】选项 A 正确，当市场平均收益率为10%时，式①$R = R_f + 1.5 \times (10\% - R_f)$，当市场风险收益率为15%时，式②$R_1 = R_f + 1.5 \times (15\% - R_f)$，式②－式①得：$R_1 = R + 7.5\%$。

7.2【答案】错误

【解析】$\beta_A = 2\beta_B$，A 证券的必要收益率 $= R_f + \beta_A \times (R_m - R_f) = R_f + 2\beta_B \times (R_m - R_f)$，因为 R_f 没有 2 倍的关系，所以 A 证券的必要收益率不是 B 证券的 2 倍。

8.1【答案】A

【解析】延期变动成本在一定的业务量范围内有一个固定不变的基数，当业务量增长超出了这个范围，与业务量的增长呈正比例变动。本题中在通话 300 分钟内每月固定支付 30 元，超过 300 分钟后，话费随通话时长的增长呈正比例变动，因此该手机话费属于延期变动成本。

8.2【答案】D

【解析】技术性变动成本也称约束性变动成本，是指由技术或设计关系所决定的变动成本，管理层无法改变的单位变动成本。选项 ABC 作为单位变动成本都是管理层可以施加影响的，属于酌量性变动成本。

8.3【答案】B

【解析】约束性固定成本是指管理当局对短期经营决策行动不能改变其具体数额的固定成本。例如：房屋租金、固定的设备折旧、管理人员的基本工资、车辆交强险等。

8.4【答案】ABC

【解析】酌量性固定成本是指管理当局的短期经营决策行动能改变其数额的固定成本。例如：广告费、职工培训费、新产品研究开发费用等，选项 ABC 正确。设备折旧费属于约束性固定成本，选项 D 错误。

8.5【答案】错误

【解析】技术性变动成本是指由技术或设计关系所决定的变动成本。经理人员不能决定技术性变动成本的发生额。酌量性变动成本是指通过管理当局的决策行动可以改变的变动成本。

8.6【答案】CD

【解析】约束性固定成本是指管理当局对短期经营决策行动不能改变其具体数额的固定成本。例如：房屋租金、固定的设备折旧、管理人员的基本工资、车辆交强险等，选项 C、D 正确，选项 A、B 属于酌量性固定成本。

8.7【答案】C

【解析】延期变动成本在一定的业务量范围内有一个固定不变的基数，当业务量增长超出了这个范围，与业务量的增长呈正比例变动。本题中在通话 1 000 分钟内每月固定支付 29 元，超过 1 000 分钟后，话费随通话时长的增长呈正比例变动，因此该手机话费属于延期变动成本。

必会主观题

【主观题 1·2022 计算分析题】甲公司当前持有一个由 X、Y 两只股票构成的投资组合，价值总额为 300 万元，X 股票与 Y 股票的价值比重为 4∶6，β 系数分别为 1.8 和 1.2。为了进一步分散风险，公司拟将 Z 股票加入投资组合，价值总额不变，X、Y、Z 三只股票的投资比重调整为 2∶4∶4，Z 股票的系统性风险是 Y 股票的 0.6 倍。公司采用资本资产定价模型确定股票投资的必要收益率，当前无风险收益率为 3%，市场平均收益率为 8%。
要求：

（1）计算当前由 X、Y 两只股票构成的投资组合的 β 系数。

（2）计算 Z 股票的风险收益率与必要收益率。

（3）计算由 X、Y、Z 三只股票构成的投资组合的必要收益率。

【主观题 2 · 2023 计算分析题】甲公司拟投资一项证券资产组合，该组合包含 A、B 两种股票，权重分别为 20% 和 80%，市场可能出现好、中、差三种情况，概率分别为 20%、30% 和 50%，A 股票在三种市场情况下的收益率分别为 25%、20% 和 10%。B 股票的预期收益率为 12%，假设资本资产定价模型成立，A、B 两种股票的 β 系数分别为 1.6 和 1.4，无风险收益率为 3%，市场组合收益率为 8%。

要求：

（1）计算 A 股票的预期收益率。

（2）计算该资产组合的预期收益率。

（3）计算该资产组合的 β 系数。

（4）计算该资产组合必要收益率。

【主观题 3 · 2019 计算分析题】甲公司现有一笔闲置资金，拟投资于某证券组合，该组合由 X、Y、Z 三只股票构成，资金权重分别为 40%、30% 和 30%，β 系数分别为 2.5、1.5 和 1，其中 X 股票投资收益率的概率分布如下表所示：

状况	概率	投资收益
行情较好	30%	20%
行情一般	50%	12%
行情较差	20%	5%

Y、Z 股票的预期收益率分别为 10% 和 8%，当前无风险利率为 4%，市场组合的必要收益率为 9%。

要求：

（1）计算 X 股票的预期收益率。

（2）计算该证券组合的预期收益率。

（3）计算该证券组合 β 系数。

（4）利用资本资产定价模型计算该证券组合的必要收益率，并据以判断该证券组合是否值得投资。

【主观题 4 · 2018 计算分析题】2018 年年初，某公司购置一条生产线，有以下四种付款方案。

方案一：2020 年年初一次性支付 100 万元。

方案二：2018 年至 2020 年每年年初支付 30 万元。

方案三：2019 年至 2022 年每年年初支付 24 万元。

方案四：2020 年至 2024 年每年年初支付 21 万元。

已知：市场平均收益率为 10%。

n	1	2	3	4	5
(P/F, 10%, n)	0.909 1	0.826 4	0.751 3	0.683 0	0.620 9
(P/A, 10%, n)	0.909 1	1.735 5	2.486 9	3.169 9	3.790 8

要求：

（1）计算方案一付款方式下，支付价款的现值；

（2）计算方案二付款方式下，支付价款的现值；

（3）计算方案三付款方式下，支付价款的现值；

（4）计算方案四付款方式下，支付价款的现值；

（5）选择哪种付款方式更有利于公司？

 本章必会主观题答案解析

1.【答案】

（1）由 X、Y 两只股票构成的投资组合的 β 系数 = 1.8×4/（4 + 6）+ 1.2×6/（4 + 6）= 1.44

（2）Z 股票的 β 系数 = 1.2×0.6 = 0.72

Z 股票的风险收益率 = 0.72×（8% − 3%）= 3.6%

Z 股票的必要收益率 = 3% + 3.6% = 6.6%

（3）由 X、Y、Z 三只股票构成的投资组合的 β 系数 = 1.8×2/（2 + 4 + 4）+ 1.2×4/（2 + 4 + 4）+ 0.72×4/（2 + 4 + 4）= 1.128

由 X、Y、Z 三只股票构成的投资组合的必要收益率 = 3% + 1.128×（8% − 3%）= 8.64%

2.【答案】

（1）A 股票的预期收益率 = 20%×25% + 30%×20% + 50%×10% = 16%

（2）该资产组合的预期收益率 = 20%×16% + 80%×12% = 12.8%

（3）该资产组合的 β 系数 = 20%×1.6 + 80%×1.4 = 1.44

（4）该资产组合必要收益率 = 3% + 1.44×（8% − 3%）= 10.2%

3.【答案】

（1）X 股票的预期收益率 = 30%×20% + 50%×12% + 20%×5% = 13%

（2）该证券组合的预期收益率 = 40%×13% + 30%×10% + 30%×8% = 10.6%

（3）该证券组合 β 系数 = 40%×2.5 + 30%×1.5 + 30%×1 = 1.75

（4）该证券组合的必要收益率 = 4% + 1.75×（9% − 4%）= 12.75%

由于该证券组合的必要收益率 12.75% 大于该证券组合的预期收益率 10.6%，所以该证券组合不值得投资。

4.【答案】

（1）100×（P/F, 10%, 2）= 100×0.826 4 = 82.64（万元）

（2）30×（P/A, 10%, 3）×（1 + 10%）= 30×2.486 9×1.1 = 82.07（万元）

（3）24×（P/A, 10%, 4）= 24×3.169 9 = 76.08（万元）

（4）21×（P/A, 10%, 5）×（P/F, 10%, 1）= 21×3.790 8×0.909 1 = 72.37（万元）

（5）由于方案四的现值最小，所以应该选择方案四。

基础篇 板块 3
预算管理

★ **财务管理 基础篇 板块 3 预算管理 主要内容**

本章主要介绍了预算管理概述、预算的编制方法与程序、预算编制及预算的执行与考核等四个方面。本章可以考查客观题，也会在主观题中出现。

★ **学习进度解锁** 24%

基础篇 板块 3 · 预算管理

母题大做 1：预算的编制方法

难易程度 ★☆☆

【2021 单选题】在分析业务量与预算项目之间数量依存关系的基础上，分别确定不同业务量及其相应预算项目金额的预算编制方法是（ ）。
A. 定期预算法　　　　B. 滚动预算法　　　　C. 固定预算法　　　　D. 弹性预算法
【答案】D
【解析】弹性预算法，是指企业在分析业务量与预算项目之间数量依存关系的基础上，分别确定不同业务量及其相应预算项目所消耗资源的预算编制方法。

【西木指引】预算的编制方法　　　　　　　　　　　　　　考查频次 ●●●○○

分类依据	类型
出发点的特征不同	增量预算法
	零基预算法
业务量基础的数量特征不同	固定预算法
	弹性预算法
预算期的时间特征不同	定期预算法
	滚动预算法

【拓展延伸】弹性预算公式法的运用

公式法是运用总成本性态模型，测算预算期的成本费用数额，并编制成本费用预算的方法。根据成本性态，成本与业务量之间的数量关系可用公式表示为：$y = a + bx$

式中，y 表示某项预算成本总额，a 表示该项成本中的固定基数，b 表示与业务量相关的弹性定额，x 表示预计业务量。

子题速练

【子题 1.1 · 2019 单选题】某企业当年实际销售费用为 6 000 万元，占销售额的 30%。企业预计下年销售额增加 5 000 万元，于是就将下年销售费用预算简单地确定为 7 500 万元（6 000 + 5 000 × 30%）。从中可以看出，该企业采用的预算编制方法为（ ）。
A. 弹性预算法　　　　B. 零基预算法　　　　C. 滚动预算法　　　　D. 增量预算法
【子题 1.2 · 2020 单选题】相对于增量预算，下列关于零基预算的表述中错误的是（ ）。
A. 预算编制成本相对较高　　　　　　　　B. 预算编制工作量相对较少
C. 以零为起点编制预算　　　　　　　　　D. 不受历史期不合理因素的影响

【子题 1.3 · 2022 单选题】预算编制方法按其业务量基础的数量特征不同，可以分为（ ）。
A. 定期预算法与滚动预算法
B. 增量预算法与零基预算法
C. 固定预算法与弹性预算法
D. 增量预算法与定期预算法

【子题 1.4 · 2021 单选题】某公司采用弹性预算法编制修理费预算，该修理费为混合成本，业务量为 100 件时，费用预算 5 000 元；业务量为 200 件时，费用预算为 7 000 元。则当业务量为 180 件时，修理费预算为（ ）元。
A.6 600 B.6 300 C.7 200 D.9 000

【子题 1.5 · 2020 单选题】公式法编制财务预算时，固定制造费用为 1 000 元，如果业务量为 100% 时，变动制造费用为 3 000 元；如果业务量为 120%，则总制造费用为（ ）元。
A.3 000 B.4 000 C.4 600 D.3 600

【子题 1.6 · 2023 单选题】某项修理费属于混合成本，经分解，每月的固定成本是 18 000 元，修理工时和变动成本呈正比例关系。2023 年 5 月份的修理工时为 60 小时，修理费总额为 33 000 元。预计 6 月份的修理工时为 70 小时，则 6 月份的预计修理总额是（ ）元。
A.35 500 B.51 000 C.58 500 D.38 500

【子题 1.7 · 2022 多选题】某公司采用弹性预算法编制制造费用预算，制造费用与工时密切相关，若业务量为 500 工时，制造费用预算为 18 000 元，若业务量为 300 工时，制造费用预算为 15 000 元，则下列说法中，正确的有（ ）。
A. 若业务量为 0，则制造费用为 0
B. 若业务量为 320 工时，则制造费用为 15 300 元
C. 制造费用中固定部分为 10 500 元
D. 单位变动制造费用预算为 15 元/工时

【子题 1.8 · 2020 判断题】以历史期实际经济活动及其预算为基础，结合预算期经济活动及相关影响因素变动情况编制预算的方法是零基预算法。（ ）

【子题 1.9 · 2023 判断题】在滚动预算法下，如果预算编制周期为 1 年，并采取逐月滚动方式，则预算期将逐月缩短。（ ）

母题大做 2：销售预算的编制

难易程度 ★ ☆ ☆

【2020 单选题】某企业各季度销售收入有 70% 于本季度收到现金，30% 于下季度收到现金。已知 2019 年年末应收账款余额为 600 万元，2020 年第一季度预计销售收入 1 500 万元，则 2020 年第一季度预计现金收入为（ ）万元。
A.1 650 B.2 100 C.1 050 D.1 230

【答案】A

【解析】第一季度预计现金收入 = 第一季度销售收入 ×70% + 期初应收账款 = 1 500×70% + 600 = 1 650（万元）。

【西木指引】销售预算编制思路

 考查频次 ●●○○○

销售预算的主要内容是销售数量、销售单价和销售收入。

销售数量是根据市场预测或销货合同并结合企业生产能力确定的;销售单价是通过定价决策确定的;销售收入是两者的乘积,在销售预算中计算得出。

计算公式:销售收入 = 销售单价 × 销售数量

子题速练

【子题 2.1 · 2021 单选题】 某公司 1 月、2 月、3 月的预计销售额分别为 20 000 元、25 000 元、22 000 元。每月销售额在当月收回 30%,次月收回 70%。预计 3 月末的应收账款余额为( )。

A.14 100 元　　　　B.13 500 元　　　　C.20 100 元　　　　D.15 400 元

【子题 2.2 · 2019 单选题】 下列各项中不属于销售预算编制内容的是( )。

A. 销售收入　　　　B. 单价　　　　C. 销售费用　　　　D. 销售量

母题大做 3:生产预算的编制

难易程度 ★☆☆

【2022 单选题】 下列各项预算中,不以生产预算作为编制基础的是( )。

A. 直接人工预算　　B. 直接材料预算　　C. 销售费用预算　　D. 变动制造费用预算

【答案】C

【解析】直接人工预算、直接材料预算、变动制造费用预算需要以生产预算为基础来编制。销售费用预算以销售预算为基础,根据费用计划编制。

【西木指引】生产预算编制思路

 考查频次 ●●●○○

生产预算是在销售预算的基础上编制的,其主要内容有销售量、期初和期末产成品存货(量)、生产量。

在生产预算中,只涉及实物量指标,不涉及价值量指标。具体而言,既没有货币金额,也不涉及现金流量,不影响资金预算。

计算公式:预计生产量 = 预计销售量 + 预计期末产成品存货 − 预计期初产成品存货

子题速练

【子题 3.1 · 2018 单选题】 某公司预计第一季度和第二季度产品销量分别为 140 万件和 200 万件,第一季度期初产品存货量为 14 万件,预计期末存货量为下季度预计销量的 10%,则第一季度的预计生产量( )万件。

A.146　　　　B.154　　　　C.134　　　　D.160

【子题 3.2 · 2020 单选题】某企业每季度预计期末产成品存货为下一季度预计销售量的 10%，已知第二季度预计销售量为 2 000 件，第三季度预计销售量为 2 200 件，则第二季度产成品预计产量为（ ）件。
A.2 020　　　　　B.2 000　　　　　C.2 200　　　　　D.2 220

【子题 3.3 · 2020 判断题】在预算编制过程中，企业销售预算一般应当在生产预算的基础上编制。（ ）

【子题 3.4 · 2024 判断题】生产预算在"管理费用预算"的基础上进行编制。（ ）

母题大做 4：直接材料预算的编制

难易程度 ★ ☆ ☆

【2017 单选题】某企业 2019 年度预计生产某产品 1 000 件，单位产品耗用材料 15 千克，该材料期初存量为 1 000 千克，预计期末存量为 3 000 千克，则全年预计采购量为（ ）千克。
A.18 000　　　　　B.16 000　　　　　C.15 000　　　　　D.17 000

【答案】D

【解析】生产需用量＝预计生产量×单位产品材料耗用量＝1 000×15＝15 000（千克）
预计采购量＝生产需用量＋期末存量－期初存量＝15 000＋3 000－1 000＝17 000（千克）

【西木指引】直接材料预算　　　　　　　　　　　　考查频次 ●●●○○

直接材料预算以生产预算为基础编制，同时要考虑原材料存货水平。
预计采购量＝生产需用量＋期末存量－期初存量
生产需用量＝预计生产量×单位产品材料用量

子题速练

【子题 4.1 · 2023 单选题】在预测材料采购量时不需要考虑的项目是（ ）。
A. 上期的生产量　　B. 预测期的生产需用量　　C. 预测期的期初库存　　D. 预测期的期末库存

【子题 4.2 · 2023 单选题】某企业预计 7 月、8 月材料需用量分别为 600 吨、700 吨，各月末材料存量为下个月预计需用量的 15%，7 月预计材料采购量是（ ）吨。
A.600　　　　　B.705　　　　　C.615　　　　　D.500

【子题 4.3 · 2021 单选题】企业在编制直接材料预算时，一般不需要考虑的项目是（ ）。
A. 预计生产量　　B. 预计期末存量　　C. 预计生产成本　　D. 预计期初存量

【子题 4.4 · 2024 单选题】某企业 7 月初原材料存量 50 吨，预计 7 月份和 8 月份的生产需用量为 500 吨和 600 吨，各月月末原材料存量为下月预计生产需用量的 10%，则 7 月份预计采购量为（ ）吨。
A.490　　　　　B.510　　　　　C.450　　　　　D.560

【子题 4.5 · 2024 多选题】下列各项中，属于产品成本预算编制依据的有（ ）。
A. 销售预算　　B. 生产预算　　C. 直接材料预算　　D. 制造费用预算

母题大做 5：资金预算的编制

难易程度 ★★★

【2021、2024 单选题】某公司在编制资金预算时，期末现金余额要求不低于 10 000 元，资金不足则向银行借款，借款要求为 10 000 元的整数倍。若"现金余缺"为 −55 000 元，则应向银行借款的金额为（　）元。

A.40 000　　　　　B.70 000　　　　　C.60 000　　　　　D.50 000

【答案】B

【解析】设借款额为 A，$-55\,000 + A \geq 10\,000$，则 $A \geq 65\,000$，借款要求为 10 000 元的整数倍，所以应向银行借款金额为 70 000 元。

【西木指引】资金预算编制思路

考查频次 ●●●●●

资金预算是以经营预算和专门决策预算为依据编制的。

编制思路：

第一步：可供使用的现金＝期初现金余额＋现金收入

第二步：现金余缺＝可供使用现金－现金支出

第三步：期末现金余额＝现金余缺＋现金筹措－现金运用

当现金余缺＜理想期末现金余额时，表明现金短缺，需要筹措现金，如出售有价证券或借入短期借款。

当现金余缺＞理想期末现金余额时，表明现金溢余，需要运用现金，如偿还短期借款或购入有价证券。

子题速练

【子题 5.1 · 2021 多选题】企业编制预算时，下列各项中，属于资金预算编制依据的有（　）。

A. 制造费用预算　　B. 直接材料预算　　C. 销售预算　　D. 专门决策预算

母题大做 6：预计财务报表的编制

难易程度 ★☆☆

【2020 多选题】在企业编制的下列预算中，属于财务预算的有（　）。

A. 制造费用预算　　B. 资本支出预算　　C. 预计资产负债表　　D. 预计利润表

【答案】CD

【解析】财务预算是指与企业资金收支、财务状况或经营成果等有关的预算，包括资金预算、预计资产负债表、预计利润表等。选项 A 属于经营预算，选项 B 属于专门决策预算。

【西木指引】预计利润表的具体格式与数据来源　　考查频次●●●○○

项目	数据来源
销售收入	销售预算
销售成本	产品成本预算
毛利	销售收入－销售成本
销售及管理费用	销售及管理费用预算
利息	资金预算
利润总额	—
所得税费用	估计的
净利润	—

子题速练

【子题 6.1·2022 单选题】 关于预计资产负债表的编制，下列说法错误的是（　　）。

A. 预计资产负债表的编制需以计划期开始日的资产负债表为基础

B. 预计资产负债表编制时需用到计划期预计利润表信息

C. 预计资产负债表综合反映企业在计划期的预计经营成果

D. 预计资产负债表是编制全面预算的终点

【子题 6.2·2019 单选题】 制造业企业在编制利润表预算时，"销售成本"项目数据来源是（　　）。

A. 销售预算　　　B. 生产预算　　　C. 直接材料预算　　　D. 产品成本预算

【子题 6.3·2019 单选题】 关于资产负债表预算，下列说法正确的是（　　）。

A. 利润表预算编制应当先于资产负债表预算编制而完成

B. 编制资产负债表预算的目的在于了解企业预算期的经营成果

C. 资本支出的预算结果不会影响到资产负债表预算的编制

D. 资产负债表预算是现金预算编制的起点和基础

【子题 6.4·2021 多选题】 在企业的全面预算体系中，下列项目属于预计利润表编制内容的有（　　）。

A. 所得税费用　　　B. 毛利　　　C. 未分配利润　　　D. 利息

本章子题速练答案解析

1.1 【答案】D

【解析】增量预算法是指以历史期实际经济活动及其预算为基础，结合预算期经济活动及其相关影响因素的变动情况，通过调整历史期经济活动项目及金额形成预算的预算编制方法。

1.2 【答案】B

【解析】零基预算法的优点之一是以零为起点，不受历史期经济活动中的不合理因素影响；缺点之一是预算编制工作量大、成本较高，选项 A、C、D 说法正确，选项 B 说法错误。

1.3 【答案】C

【解析】选项 C 正确，编制预算的方法按其业务量基础的数量特征不同，可分为固定预算法和弹性预算法；按出发点的特征不同，编制预算的方法分为增量预算法和零基预算法；按预算期的时间特征不同，编制预算的方法分为定期预算法和滚动预算法。

1.4 【答案】A

【解析】本题用公式法编制弹性预算，修理费 $y = a + bx$，根据条件可建立方程组：① $5\,000 = a + b \times 100$，② $7\,000 = a + b \times 200$，解得：$a = 3\,000$，$b = 20$；当业务量 $x = 180$ 时，修理费预算 $y = 180 \times 20 + 3\,000 = 6\,600$（元）。

1.5 【答案】C

【解析】根据成本性态，成本与业务量之间的数量关系可用公式表示为：$y = a + bx$。业务量为基准量的 100% 时，变动制造费用 $= 100\% \times b = 3\,000$（元），可知 $b = 3\,000$（元），$x = 120\%$ 时，制造费用总额 $= 1\,000 + 3\,000 \times 120\% = 4\,600$（元）。

1.6 【答案】A

【解析】单位变动成本 $=$（33 000 $-$ 18 000）/60 $= 250$（元/时），6 月份的预计修理总额 $= 18\,000 + 70 \times 250 = 35\,500$（元）。

1.7 【答案】BCD

【解析】运用公式法，$18\,000 = a + 500 \times b$，$15\,000 = a + 300 \times b$，解得 $a = 10\,500$（选项 C 正确），$b = 15$（选项 D 正确）。业务量为 0 时，制造费用是 10 500 元（选项 A 错误），业务量为 320 时，制造费用 $= 10\,500 + 320 \times 15 = 15\,300$（元）（选项 B 正确）。

1.8 【答案】错误

【解析】零基预算法，是指企业不以历史期经济活动及其预算为基础，以零为起点，从实际需要出发分析预算期经济活动的合理性，经综合平衡，形成预算的预算编制方法。

1.9 【答案】错误

【解析】如果预算编制周期为 1 年，逐月滚动预算使预算期始终保持 12 个月，每过 1 个月，立即在期末增列 1 个月的预算，逐期往后滚动，因而在任何一个时期都使预算保持为 12 个月的时间长度。本题表述错误。

2.1 【答案】D

【解析】3 月末的应收账款余额 $= 22\,000 \times 70\% = 15\,400$（元）。

2.2 【答案】C

【解析】销售预算指在销售预测的基础上编制的，用于规划预算期销售活动的一种经营预算。销售预算是整个预算的编制起点，其他预算的编制都以销售预算作为基础。销售预算的主要内容有三项：①销量；②单价；③销售收入。

3.1 【答案】A

【解析】因为预计期末存量为下季度销售量的10%，所以第一季度期末产品存货量=第二季度销售量×10% = 200×10%。第一季度的预计生产量=第一季度预计产品销售量+预计期末产成品存货-预计期初产成品存货= 140 + 200×10% - 14 = 146（万件）。

3.2 【答案】A

【解析】第二季度的期末产成品数量=第三季度预计销售量×10% = 2 200×10% = 220（件）。第二季度的期初产成品数量=第一季度的期末产成品数量=第二季度预计销售量×10% = 2 000×10% = 200（件）。第二季度产成品预计产量=本期销售量+期末产成品数量-期初产成品数量= 2 000 + 2 200×10% - 2 000×10% = 2 020（件）。

3.3 【答案】错误

【解析】生产预算是在销售预算的基础上编制的。

3.4 【答案】错误

【解析】生产预算是以"销售预算"为基础进行编制的。

4.1 【答案】A

【解析】选项A不考虑，预计材料采购量=生产需用量+期末材料存量-期初材料存量。

4.2 【答案】C

【解析】7月月初材料存量= 600×15% = 90（吨），7月月末材料存量= 700×15% = 105（吨），7月预计材料采购量= 600 + 105 - 90 = 615（吨）。

4.3 【答案】C

【解析】选项C不考虑，依据公式：预计采购量=生产需用量+期末存量-期初存量，可得需要考虑的是选项ABD。

4.4 【答案】B

【解析】预计材料采购量=生产需用量+期末材料存量-期初材料存量= 500 + 600×10% - 50 = 510(吨)。选项B当选。

4.5 【答案】ABCD

【解析】产品成本预算，是销售预算、生产预算、直接材料预算、直接人工预算、制造费用预算的汇总。其主要内容是产品的单位成本和总成本。单位产品成本的有关数据，来自直接材料预算、直接人工预算和制造费用预算。生产量、期末存货量来自生产预算，销售量来自销售预算。

5.1 【答案】ABCD

【解析】资金预算以专门决策预算（选项D）和经营预算（选项ABC）为编制依据。

6.1 【答案】C

【解析】选项C错误，预计资产负债表用来反映企业在计划期期末预计的财务状况，预计利润表用来综合反映企业在计划期的预计经营成果。

6.2 【答案】D

【解析】销售成本项目的数据来自产品成本预算，而产品成本预算的内容包括单位成本、生产成本、期末存货成本和销货成本。

6.3 【答案】A

【解析】选项 B 错误，预计利润表用来综合反映企业在计划期的预计经营成果。选项 C 错误，资本支出的预算结果会影响资产负债表预算的非流动资产项目。选项 D 错误，资金预算是以经营预算和专门决策预算为依据编制，资产负债表预算是编制全面预算的终点。

6.4【答案】ABD

【解析】预计利润表编制内容包括销售收入、销售成本、毛利、销售及管理费用、利息、利润总额、所得税费用、净利润等。

必会主观题

【主观题 1·2018 计算分析题】甲公司编制资金预算的相关资料如下：

资料一：甲公司预计 2018 年每季度的销售收入中，有 70% 在本季度收到现金，30% 在下一季度收到现金，不存在坏账。2017 年年末应收账款余额为零。不考虑增值税及其他因素的影响。

资料二：甲公司 2018 年各季度的资金预算如下表所示：

单位：万元

季度	一	二	三	四
期初现金余额	500	（B）	1 088	1 090
预计销售收入	2 000	3 000	4 000	3 500
现金收入	（A）	2 700	（C）	3 650
现金支出	1 500	*	3 650	1 540
现金余缺	*	-700	*	（D）
向银行借款	*	*	*	*
归还银行借款及利息	*	*	*	*
期末现金余额	1 000	*	*	*

注：表内的 * 为省略的数值。

要求：

（1）计算 2018 年年末预计应收账款余额。

（2）计算表中字母代表的数值。

【主观题 2·2022 计算分析题】甲公司生产销售 A 产品，公司在 2021 年年末编制 2022 年一季度的经营预算，有关资料如下：

（1）第一季度 A 产品销售单价为 500 元/件，每月销售额中有 60% 在当月收回现金，剩余 40% 在下月收回，已知 1 月份月初应收账款余额为 2 400 000 元。

（2）第一季度 A 产品各月预计销售量分别为 12 000 件、10 000 件和 14 000 件，A 产品每月月末库存量预计为下月销售量的 15%，已知 1 月初库存存量为 1 800 件。

（3）生产 A 产品的工时标准为 3 小时/件，变动制造费用标准分配率为 40 元/小时。

要求：

（1）计算 1 月份的预计生产量。

（2）计算 2 月份的预计现金收入。

（3）计算 2 月份的变动制造费用预算总额。

（4）计算 3 月末的预计应收账款余额。

【主观题 3 · 2017 计算分析题】甲公司编制销售预算的相关资料如下：

资料一：甲公司预计每季度销售收入中，有 70% 在本季度收到现金，30% 于下一季度收到现金，不存在坏账。2016 年年末应收账款余额为 6 000 万元。假设不考虑增值税及其影响。

资料二：甲公司 2017 年的销售预算如下表所示。

甲公司 2017 年销售预算金额					
季度	一	二	三	四	全年
预计销售量 / 万件	500	600	650	700	2 450
预计单价 /（元·件$^{-1}$）	30	30	30	30	30
预计销售收入 / 万元	15 000	18 000	19 500	21 000	73 500
预计现金收入					
上年应收账款	*				*
第一季度	*	*			*
第二季度		（B）	*		*
第三季度			*	（D）	*
第四季度				*	*
预计现金收入合计 / 万元	（A）	17 100	（C）	20 550	*

要求：

（1）确定表格中字母所代表的数值（不需要列示计算过程）。

（2）计算 2017 年年末预计应收账款余额。

【主观题 4 · 2024 计算分析题】甲公司运用弹性预算法预测制造费用，成本性态 $Y = a + bX$，当机器工时为 7 000 小时的时候，制造费用为 730 000 元，当机器工时为 7 500 小时的时候，制造费用为 750 000 元。当机器工时在 4 500 到 9 500 小时之间时，固定制造费用不变。当机器工时在 9 500 至 12 000 小时之间时，固定制造费用增加 50 000 元。单位变动制造费用不变。

要求：

（1）求预算固定制造费用 a 和预算单位变动制造费用 b。

（2）机器工时 8 000 小时的时候，计算预算费用总额。

（3）机器工时 10 000 小时的时候，计算预算费用总额。

【主观题 5 · 2024 计算分析题】甲公司预计 2024 年第一季度到第四季度产品销量为 5 000 件、5 200 件、6 000 件、6 400 件。每件单价 50 元，分两期收款，本季度收款 60%，下季度收款 40%。每季度期末产品库存为下季度预计销量的 10%，采购产品的单价为 35 元 / 件，每季度采购量当期付现 30%，下季度付现 70%。

要求：

（1）计算第三季度的预计现金收入。

（2）计算第三季度的预计采购量、应付款项期末余额。

（3）计算第三季度因为采购而预计支付现金支出。

本章必会主观题答案解析

1.【答案】

（1）2018年年末预计应收账款余额 = 3 500×30% = 1 050（万元）

（2）A = 2 000×70% = 1 400（万元）

B = 1 000（万元）

C = 3 000×30% + 4 000×70% = 3 700（万元）

D = 1 090 + 3 650 − 1 540 = 3 200（万元）

2.【答案】

（1）1月份的预计生产量 = 12 000 + 10 000×15% − 1 800 = 11 700（件）

（2）2月份的预计现金收入 = 10 000×500×60% + 12 000×500×40% = 5 400 000（元）

（3）2月份的预计生产量 = 10 000 + 14 000×15% − 10 000×15% = 10 600（件）

2月份的变动制造费用预算总额 = 10 600×3×40 = 1 272 000（元）

（4）3月末的预计应收账款余额 = 14 000×500×40% = 2 800 000（元）

3.【答案】

（1）A = 16 500（万元）；B = 12 600（万元）；C = 19 050（万元）；D = 5 850（万元）

A = 15 000×70% + 6 000 = 16 500（万元）

B = 18 000×70% = 12 600（万元）

C = 19 500×70% + 18 000×30% = 19 050（万元）

D = 19 500×30% = 5 850（万元）

（2）2017年年末预计应收账款余额 = 21 000×30% = 6 300（万元）

4.【答案】

（1）预算单位变动制造费用 b = (750 000 − 730 000) / (7 500 − 7 000) = 40（元/小时）

固定制造费用 a = 730 000 − 40×7 000 = 450 000（元）

（2）当机器工时在4 500到9 500小时之间时，成本性态模型为 Y = 450 000 + 40X

当机器工时8 000小时，预算费用总额 = 450 000 + 40×8 000 = 770 000（元）

（3）当机器工时在9 500至12 500小时之间时，成本性态模型为 Y = (450 000 + 50 000) + 40X；当机器工时10 000小时，预算费用总额 = 500 000 + 40×10 000 = 900 000（元）

5.【答案】

（1）第三季度和收入相关的现金：6 000×50×60% + 5 200×50×40% = 284 000（元）

（2）第三季度的预计采购量 = 6 000 + 6 400×10% − 6 000×10% = 6 040（件）

应付款项期末余额 = 6 040×35×70% = 147 980（元）

（3）第二季度的预计采购量：5 200 + 6 000×10% − 5 200×10% = 5 280（件）

第三季度因为采购而预计支付现金 = 5 280×35×70% + 6 040×35×30% = 192 780（元）

精通篇 板块 1
筹资管理（上）

财务管理 精通篇 板块 1 筹资管理（上）主要内容

本章主要阐述筹资方式，介绍了筹资管理概述、债务筹资、股权筹资、衍生工具筹资和筹资实务创新五个方面的内容。主要以客观题形式考查。

学习进度解锁 33%

母题大做1：筹资方式

难易程度 ★☆☆

【2020 单选题】下列筹资方式中，属于债务筹资方式的是（ ）。
A. 吸收直接投资　　B. 租赁　　C. 留存收益　　D. 发行优先股
【答案】B
【解析】选项 A、C 属于股权筹资，选项 D 属于衍生工具筹资。

【西木指引】筹资方式

考查频次 ●●○○○

筹资方式	具体形式
股权筹资	吸收直接投资、发行股票、留存收益
债务筹资	发行债券、向金融机构借款、租赁、商业信用
衍生工具筹资	发行可转换债券、发行优先股、发行认股权证

筹资动机

创立性筹资动机	企业创立时，为取得资本金并形成开展经营活动的基本条件而产生的筹资动机
支付性筹资动机	为了满足经营业务活动的正常波动所形成的支付需要而产生的筹资动机，例如：购买材料、发放工资、偿还借款、发放股利等
扩张性筹资动机	企业因扩大经营规模或满足对外投资需要而产生的筹资动机
调整性筹资动机	企业因调整资本结构而产生的筹资动机，其产生调整性筹资动机的具体原因，大致有两种：一是优化资本结构，合理利用财务杠杆效应；二是偿还到期债务，债务结构内部调整
混合性筹资动机	企业既为扩大规模又为调整资本结构而产生的筹资动机，称为混合性筹资动机，即这种混合性筹资动机中兼容了扩张性筹资和调整性筹资两种筹资动机的特性

 子题速练

【子题1.1·2018 单选题】某航空公司为开通一条国际航线，需增加两架空客飞机，为尽快形成航运能力，下列筹资方式中，该公司通常会优先考虑（ ）。
A. 普通股筹资　　B. 债券筹资　　C. 优先股筹资　　D. 租赁筹资

【子题1.2·2018 多选题】下列各项中属于债务筹资方式的有（ ）。
A. 商业信用　　B. 融资租赁　　C. 优先股　　D. 普通股

【子题1.3·2024 单选题】某企业有一笔长期借款，即将到期，企业虽有足够的偿还能力，但为了维持现有的资本结构，决定举借新债偿还旧债，该筹资动机属于（ ）。
A. 扩张性筹资动机　　B. 调整性筹资动机　　C. 支付性筹资动机　　D. 创立性筹资动机

母题大做 2：筹资的分类

难易程度 ★☆☆

【2019 单选题】关于直接筹资与间接筹资，下列表述中，错误的是（ ）。
A. 租赁属于间接筹资
B. 发行股票属于直接筹资
C. 直接筹资的筹资费用较高
D. 直接筹资仅可筹集股权资金

【答案】D

【解析】按是否借助于金融机构为媒介来获取社会资金，企业筹资可分为直接筹资和间接筹资两种类型。直接筹资是企业直接与资金供应者协商融通资金的筹资活动，主要有发行股票（选项 B 正确）、发行债券、吸收直接投资等。直接筹资既可以筹集股权资金，也可以筹集债务资金（选项 D 错误）；相对来说，直接筹资的筹资手续比较复杂，筹资费用较高（选项 C 正确）；但筹资领域广阔，能够直接利用社会资金，有利于提高企业的知名度和资信度。间接筹资是企业借助于银行和非银行金融机构而筹集资金。间接筹资的基本方式是银行借款，此外还有租赁等方式（选项 A 正确）。

【西木指引】筹资的分类

考查频次 ●●●○○

分类标准	分类	筹资方式
按企业所取得资金的权益特性不同	股权筹资	吸收直接投资、发行股票、留存收益等
	债务筹资	发行债券、向金融机构借款、租赁、商业信用等
	衍生工具筹资	我国上市公司目前最常见的混合融资方式有可转换债券融资和优先股筹资，最常见的其他衍生工具融资是认股权证融资
按是否借助于金融机构为媒介来获取社会资金	直接筹资	发行股票、发行债券、吸收直接投资等
	间接筹资	银行借款、租赁等
按资金的来源范围不同	内部筹资	留存收益
	外部筹资	吸收直接投资、发行股票、发行债券、银行借款、租赁、商业信用等
按所筹集资金的使用期限不同	长期筹资	吸收直接投资、发行股票、长期借款、发行债券、租赁等
	短期筹资	商业信用、短期借款、保理业务等

【避坑图鉴】直接 / 间接筹资 vs 投资

	直接	间接
筹资	发行股票、发行债券、吸收直接投资等	银行借款、租赁等
投资	将资金直接投放于形成生产经营能力的实体性资产，直接谋取经营利润的企业投资	将资金投放于股票、债券等权益性资产上的企业投资，获取股利或利息收入

子题速练

【子题 2.1 · 2021 多选题】下列各项中，属于直接筹资方式的有（ ）。
A. 发行公司债券　　B. 银行借款　　C. 租赁　　D. 发行股票

【子题 2.2 · 2022 多选题】下列各项中，属于间接筹资方式的有（ ）。
A. 发行股票　　B. 杠杆租赁　　C. 发行债券　　D. 银行借款

【子题 2.3 · 2023 多选题】混合筹资方式兼有股权筹资和债务筹资性质，下列各项中，属于混合筹资方式的有（ ）。
A. 发行优先股　　B. 商业信用筹资　　C. 租赁筹资　　D. 发行可转换债券

【子题 2.4 · 2020 判断题】公司发行的永续债由于没有明确的到期日或期限非常长，因此在实质上属于股权资本。（ ）

【子题 2.5 · 2023 判断题】公司发行股票、发行债券，均属于直接筹资方式。（ ）

【子题 2.6 · 2024 多选题】下列筹资方式中，一般属于间接筹资方式的有（ ）。
A. 杠杆租赁　　B. 银行借款　　C. 发行永续债　　D. 发行优先股

【子题 2.7 · 2024 判断题】购买股票属于直接投资。（ ）

母题大做 3：长期借款的保护性条款

难易程度 ★☆☆

【2022 单选题】对于长期借款合同，债权人通常会附加各种保护性条款。以下属于一般性保护条款的是（ ）。
A. 限制公司增加举债规模　　　　　　B. 不准贴现应收票据或出售应收账款
C. 不准将资产用作其他承诺的担保或抵押　　D. 借款用途不得改变
【答案】A
【解析】选项 A 属于，一般性保护条款是对企业资产的流动性及偿债能力等方面的要求条款，应用于大多数借款合同；选项 BC 不属于，均为例行性保护条款；选项 D 不属于，其为特殊性保护条款。

【西木指引】长期借款的保护性条款——保护债权人　　考查频次 ●●○○○

条款类型	具体内容
例行性保护条款	例行常规，在大多数借款合同中都会出现。主要包括： ①定期向提供贷款的金融机构提交公司财务报表； ②保持存货储备量； ③及时清偿债务； ④不准以资产作其他承诺的担保或抵押； ⑤不准贴现应收票据或出售应收账款，以避免或有负债等

续表

条款类型	具体内容
一般性保护条款 "1保护4限制"	对企业资产的流动性及偿债能力等方面的要求条款，应用于大多数借款合同。 主要包括： ①保持企业的资产流动性； ②限制企业非经营性支出； ③限制企业资本支出的规模； ④限制公司再举债规模； ⑤限制公司的长期投资
特殊性保护条款	针对某些特殊情况而出现在部分借款合同中的条款，只有在特殊情况下才能生效。主要包括： ①要求公司的主要领导人购买人身保险； ②借款的用途不得改变； ③违约惩罚条款

子题速练

【子题 3.1 · 2017 判断题】长期借款的例行性保护条款、一般性保护条款、特殊性保护条款可结合使用，有利于全面保护债权人的权益。（　　）

母题大做 4：银行借款的分类

难易程度 ★☆☆

【2023 单选题】下列各项中，不属于担保贷款类型的是（　　）。
A. 保证贷款　　　　B. 信用贷款　　　　C. 抵押贷款　　　　D. 质押贷款
【答案】B
【解析】担保贷款是指由借款人或第三方依法提供担保而获得的贷款。担保包括保证责任、财产抵押、财产质押，由此，担保贷款包括保证贷款、抵押贷款和质押贷款三种基本类型。按机构对贷款有无担保要求，分为信用贷款和担保贷款。担保贷款包括保证贷款（选项A）、抵押贷款（选项C）和质押贷款（选项D）。

【西木指引】银行借款的种类　　　　考查频次 ●●●○○

1. 按提供贷款的机构分类：政策性银行贷款、商业银行贷款、其他金融机构贷款。
2. 按担保要求分类：
（1）信用贷款：风险较高，银行通常要收取较高的利息，往往还要附加一定的限制条件。
（2）担保贷款：

种类	含义
保证贷款	以第三方作为保证人承诺在借款人不能偿还借款时，按约定承担一定的保证责任或连带责任而取得的贷款

续表

种类	含义
抵押贷款	以借款人或第三方的财产作为抵押物而取得的贷款,如果贷款到期,借款企业不能或不愿偿还贷款,银行可取消企业对抵押品的赎回权
质押贷款	以借款人或第三方的动产或财产权利作为质押物而取得的贷款,债务人不履行债务时,债权人有权以该动产或财产权利作为债权的担保 【注】质押品,可以是汇票、支票、债券、存款单、提单等信用凭证,可以是依法可以转让的股份、股票等有价证券,也可以是依法可以转让的商标专用权、专利权、著作权中的财产权等,不动产不能用于质押

子题速练

【子题 4.1 · 2023 单选题】某企业从银行取得一笔中长期贷款,第三方张某承诺,该企业到期不能偿还贷款时,由张某代为清偿,不考虑其他因素,该贷款类型属于( )。
A. 质押贷款　　　　B. 保证贷款　　　　C. 抵押贷款　　　　D. 信用贷款

【子题 4.2 · 2022 单选题】企业可以将某些资产作为质押品向商业银行申请质押贷款,下列各项中,不可以作为质押品的是( )。
A. 依法可以转让的股票　　　　　　　B. 依法可以转让的商标专用权
C. 依法可以转让的厂房　　　　　　　D. 依法可以转让的债券

母题大做 5：银行借款筹资的特点

难易程度 ★☆☆

【2020 多选题】相对于普通股筹资,属于银行借款筹资特点的有( )。
A. 财务风险低　　B. 不分散公司控制权　　C. 可以利用财务杠杆　　D. 筹资速度快
【答案】BCD
【解析】银行借款属于债务筹资,所以财务风险高,但可以利用财务杠杆,选项 A 错误、选项 C 正确；银行借款筹资不会增加普通股股数,不分散公司控制权,选项 B 正确；银行借款的程序相对简单,公司可以迅速获得所需资金,选项 D 正确。

【西木指引】银行借款筹资的特点　　　　　考查频次 ●●●●●

	特点描述	原因
优点	筹资速度快	相比于其他债务筹资方式,借款程序相对简单
	资本成本较低（最低）	与发债、租赁相比,利息负担更低；无须支付证券发行费用、租赁手续费用等筹资费用
	筹资弹性较大	可与贷款机构直接商定贷款的时间、数量和条件；可以提前偿还本息

续表

	特点描述	原因
缺点	限制条款多	与发行公司债券相比,合同对借款用途有明确规定(例行性保护、一般性保护、特殊性保护)
	筹资数额有限	受贷款机构资本实力的制约

子题速练

【子题 5.1 · 2019 单选题】下列筹资方式中,筹资速度较快,但筹集资金使用的限制条件较多的是( )。
A. 银行借款　　　　　B. 债券筹资　　　　　C. 股权筹资　　　　　D. 租赁

【子题 5.2 · 2017 单选题】与发行公司债券相比,银行借款筹资的优点是( )。
A. 资本成本较低
B. 资金使用的限制条件少
C. 能提高公司的社会声誉
D. 单次筹资数额较大

母题大做 6：发行公司债券的筹资特点

难易程度 ★☆☆

【2022 多选题】与银行借款相比,公司发行债券筹资的特点有( )。
A. 一次性筹资数额较大
B. 资本成本较低
C. 降低了公司财务杠杆水平
D. 筹集资金的使用具有相对的自主性

【答案】AD
【解析】选项 AD 正确,选项 B 错误,发行公司债券的筹资特点:一次筹资数额大,筹资使用限制少,资本成本较高,可以提高公司社会声誉;选项 C 错误,银行借款与发行债券均会提高财务杠杆。

【西木指引】发行公司债券的筹资特点　　考查频次 ●●●●●

	特点描述	原因
优点	一次筹资数额大	与银行借款、租赁等债务筹资方式相比,可通过资本市场筹集大额的资金
	提高公司的社会声誉	公司债券的发行主体有严格的资格限制,通过发行公司债券可以扩大公司的社会影响
	筹资使用限制少	与银行借款相比,募集的资金在使用上具有相对的灵活性和自主性
缺点	资本成本负担较高	与银行借款相比,利息负担、筹资费用均较高,且不能进行债务展期

【拓展延伸】债券的偿还

债券偿还时间按其实际发生与规定的到期日之间的关系,分为提前偿还与到期偿还两类,其中后者又包括分批偿还和一次偿还两种。

1. 提前偿还

（1）提前偿还所支付的价格通常要高于债券的面值,并随到期日的临近而逐渐下降。具有提前偿还条款的债券可使公司筹资有较大的弹性。

（2）当公司资金有结余时,可提前赎回债券;当预测利率下降时,也可提前赎回债券,而后以较低的利率来发行新债券。

2. 到期分批偿还

因为各批债券的到期日不同,它们各自的发行价格和票面利率也可能不相同,从而导致发行费较高;但由于这种债券便于投资人挑选最合适的到期日,因而便于发行。

3. 到期一次偿还

子题速练

【子题 6.1 · 2022 单选题】多数情况下,发行债券的公司在债券到期日,一次性归还债券本金,并结算债券利息。关于公司债券的提前偿还条款,下列表述正确的是（　　）。
A. 提前偿还条款降低了公司筹资的灵活性
B. 提前偿还所支付的价格通常随着到期日的临近而上升
C. 提前偿还所支付的价格通常低于债券面值
D. 当预测利率下降时,公司可提前赎回债券,而后以较低利率发行新债券

【子题 6.2 · 2024 判断题】在各种债务资金筹集方式中,租赁和发行公司债券的资本成本负担较高。（　　）

【子题 6.3 · 2024 判断题】相比于向银行借款,发行债券的资本成本通常较高。（　　）

母题大做 7：租赁筹资

难易程度 ★★☆

【2023 单选题】关于租赁筹资方式,表述错误的是（　　）。
A. 与银行借款相比,租赁筹资成本较高　　B. 是一种债务筹资行为
C. 不会给企业带来财务杠杆效应　　　　　D. 是将融资与融物相结合的一种特定筹资方式

【答案】C

【解析】租赁筹资属于债务筹资,会给企业带来财务杠杆效应,选项 C 错误。

【西木指引】租赁

考查频次 ●●●●●

1. 概述

（1）特征。

①所有权与使用权相分离。资产出租人仍保有资产的所有权，但使用权因收取租金而让渡给承租方；

②融资与融物相结合。租赁是借物还钱，并以分期支付租金的方式来体现，使银行信贷和财产信贷融合在一起；

③租金的分期支付。对于承租方，通过租赁可以提前获得资产的使用价值，分期支付租金便于分期规划未来的现金流出量；对于出租方，资金一次投入，分期收回。

（2）基本形式：直接租赁、售后回租和杠杆租赁。

2. 租金

（1）构成。

设备原价及预计残值、利息、租赁手续费和利润。

（2）计算公式。

折现率＝利率＋租赁手续费率

残值归属	残值归出租人	残值归承租人
租金在每期期末支付	每期租金＝$\dfrac{租赁设备价值－残值 \times (P/F, i, n)}{(P/A, i, n)}$	每期租金＝$\dfrac{租赁设备价值}{(P/A, i, n)}$
租金在每期期初支付	每期租金＝$\dfrac{租赁设备价值－残值 \times (P/F, i, n)}{(P/A, i, n) \times (1+i)}$	每期租金＝$\dfrac{租赁设备价值}{(P/A, i, n) \times (1+i)}$

3. 筹资特点

特点	内容
无需大量资金就能迅速获得资产	集"融资"与"融物"于一身，租赁使企业在资金短缺的情况下引进设备成为可能
财务风险小，财务优势明显	①能够避免一次性支付的负担，而且租金支出是未来的、分期的，企业无须一次筹集大量资金偿还；②还款时，租金可以通过项目本身产生的收益来支付，是一种基于未来的"借鸡生蛋、卖蛋还钱"的筹资方式
筹资限制条件少	相比于股票、债券、长期借款等筹资方式，租赁筹资的限制条件很少
能延长资金融通的期限	租赁的融资期限可接近全部使用寿命期限；并且其金额随设备价款金额而定，无融资额度的限制
资本成本负担较高	租赁的租金通常比银行借款或发行债券所负担的利息高得多，租金总额通常要比设备价值高出 30%

子题速练

【子题 7.1 · 2021 单选题】某企业向租赁公司租入一套设备，价值 200 万元，租期 10 年。租赁期满时预计残值 10 万元，归租赁公司所有。年利率 7%，年租赁手续费率 2%。租金在每年年初支付一次，对于年租金的计算，正确的是（　　）。
A.[200 − 10 × (P/F, 9%, 10)]/[(P/A, 9%, 10) × (1 + 9%)]
B.[200 − 10 × (P/F, 7%, 10)]/(P/A, 7%, 10)
C.[200 − 10 × (P/F, 7%, 10)]/[(P/A, 7%, 10) × (1 + 7%)]
D.[200 − 10 × (P/F, 9%, 10)]/(P/A, 9%, 10)

【子题 7.2 · 2021 单选题】 某租赁公司购进设备并出租，设备价款为 1 000 万元。该公司出资 200 万元，余款通过设备抵押贷款解决，并用租金偿还贷款，该租赁方式是（　　）。
A. 售后租回　　　　B. 经营租赁　　　　C. 杠杆租赁　　　　D. 直接租赁

【子题 7.3 · 2020 单选题】 承租人既是资产出售者又是资产使用者的融资租赁方式是（　　）。
A. 杠杆租赁　　　　B. 直接租赁　　　　C. 售后回租　　　　D. 经营租赁

【子题 7.4 · 2022 单选题】 某企业年初从租赁公司租入一套设备，价值 40 万元，租期 5 年，租赁期满时预计残值为 5 万元，归租赁公司所有。租金每年年末等额支付，年利率 8%，租赁年手续费率为 2%。有关货币时间价值系数如下：(P/F, 8%, 5) = 0.680 6；(P/F, 10%, 5) = 0.620 9；(P/A, 8%, 5) = 3.992 7；(P/A, 10%, 5) = 3.790 8。则每年的租金为（　　）万元。
A.10.55　　　　B.10.02　　　　C.9.17　　　　D.9.73

【子题 7.5 · 2017 单选题】 下列各项中，不计入融资租赁租金的是（　　）。
A. 租赁手续费　　　　　　　　　　B. 承租公司的财产保险费
C. 租赁公司垫付资金的利息　　　　D. 设备的买价

【子题 7.6 · 2017 单选题】 某公司从租赁公司融资租入一台设备，价格为 350 万元，租期为 8 年，租赁期满时预计净残值 15 万元归租赁公司所有，假设年利率为 8%，租赁手续费为每年 2%，每年年末等额支付租金，则每年租金为（　　）万元。
A. [350 − 15 × (P/A, 8%, 8)] / (P/F, 8%, 8)
B. [350 − 15 × (P/F, 10%, 8)] / (P/A, 10%, 8)
C. [350 − 15 × (P/F, 8%, 8)] / (P/A, 8%, 8)
D. [350 − 15 × (P/A, 10%, 8)] / (P/F, 10%, 8)

母题大做 8：债务筹资的优缺点

难易程度 ★☆☆

【2018 单选题】 下列各项中，不属于债务筹资优点的是（　　）。
A. 可形成企业稳定的资本基础　　　　B. 筹资弹性较大
C. 筹资速度较快　　　　　　　　　　D. 筹资成本负担较轻

【答案】 A

【解析】 债务筹资优点有：①筹资速度快；②筹资弹性大；③资本成本负担较轻；④可以利用财务杠杆；⑤稳定公司控制权。选项 A 错误，股权筹资是企业稳定的资本基础。

【西木指引】债务筹资的优缺点

考查频次 ●●●●●

	特点描述	原因
优点	筹资速度较快	与股权筹资相比,无须经过复杂的审批手续和证券发行程序
	筹资弹性较大	可灵活商定债务条件,控制筹资数量和安排取得资金的时间
	资本成本负担较轻	资本成本(包括筹资费用和用资费用)低于股权筹资,利息等资本成本可以在税前支付
	可以利用财务杠杆	当企业的资本收益率(息税前利润率)高于债务利率时,债务筹资会增加普通股股东的每股收益,提高净资产收益率,提升企业价值
	稳定公司的控制权	债权人无权参加企业的经营管理,不会改变和分散股东对公司的控制权
缺点	不能形成企业稳定的资本基础	有固定的到期日,到期需偿还(补充性资本来源)
	财务风险较大	有固定的到期日、固定的债息负担,担保方式取得的债务在使用上可能会有特别限制
	筹资数额有限	除发行债券方式外,筹资数额往往受到贷款机构资本实力制约

子题速练

【子题8.1·2020判断题】相对于股权资本,债务资本通常具有较高财务风险和较低资本成本。( )

母题大做9:发行普通股股票

难易程度 ★☆☆

【2023单选题】下列各项中,不属于普通股股东拥有的权利是( )。
A. 优先认股权　　B. 优先分配收益权　　C. 股份转让权　　D. 剩余财产要求权
【答案】B
【解析】普通股股东拥有的权利包括公司管理权、收益分享权、股份转让权、优先认股权和剩余财产要求权。选项B属于优先股股东拥有的权利。

【西木指引】发行普通股股票

考查频次 ●●●●●

1. 股票特点

永久性、流通性、风险性、参与性

2. 股东权利

公司管理权、收益分享权、股份转让权、优先认股权、剩余财产要求权

3. 股票上市

（1）上市目的。

①便于筹措新资金；②促进股权流通和转让；③便于确定公司价值

（2）上市不利影响。

①上市成本较高，手续复杂严格；

②公司将负担较高的信息披露成本；

③信息公开的要求可能会暴露公司的商业秘密；

④股价有时会歪曲公司的实际情况，影响公司声誉；

⑤可能会分散公司的控制权，造成管理上的困难。

4. 发行普通股股票的筹资特点

优点	①两权分离，有利于公司自主经营管理：公司的所有权和经营权相分离； ②能增强公司的社会声誉，促进股权流通和转让：股票的流通性强，有利于市场确认公司的价值
缺点	①资本成本较高：股票投资的风险较大，投资者要求较高的风险补偿； ②不易及时形成生产能力：普通股筹资吸收的一般都是货币资金，还需要再购买设备形成生产经营能力

子题速练

【子题 9.1 · 2018 单选题】下列各项中，不属于普通股股东权利的是（　　）。
A. 剩余财产要求权　　　B. 固定收益权　　　C. 转让股份权　　　D. 参与决策权

【子题 9.2 · 2020 单选题】下列关于公司股票上市的说法中，错误的是（　　）。
A. 发行股票能够保护商业秘密　　　　　　　B. 发行股票筹资有利于公司自主经营管理
C. 留存收益筹资的途径之一是未分配利润　　D. 股权筹资的资本成本负担较重

【子题 9.3 · 2021 多选题】下列各项中，属于公司股票上市目的的有（　　）。
A. 促进股权流通和转让　　B. 巩固公司的控制权　　C. 拓宽筹资渠道　　D. 降低信息披露成本

【子题 9.4 · 2017 多选题】股票上市对公司可能的不利影响有（　　）。
A. 商业机密容易泄露　　B. 公司价值不易确定　　C. 资本结构容易恶化　　D. 信息披露成本较高

【子题 9.5 · 2020 判断题】上市公司满足短期融资需求时，一般采用发行股票方式进行融资。（　　）

母题大做 10：留存收益筹资

难易程度 ★☆☆

【2020 多选题】关于留存收益筹资的特点，下列表述正确的有（　　）。
A. 不发生筹资费用　　　　　　　　B. 没有资本成本
C. 筹资数额相对有限　　　　　　　D. 不分散公司的控制权

【答案】ACD
【解析】选项ACD正确，利用留存收益的筹资特点：①不用发生筹资费用；②维持公司的控制权分布；③筹资数额有限。选项B错误，留存收益的本质是所有者向企业追加的投资，是有资本成本的。

【西木指引】留存收益

考查频次●●●○○

性质	留存收益包括盈余公积和未分配利润，属于所有者权益
筹资途径	①提取盈余公积金：我国公司法规定企业每年要按**净利润10%**提取法定公积金，目的就是保护债权人利益和企业可持续发展，防止企业将全部利润分配出去； ②未分配利润：这部分利润未限定用途，将来可以用于企业未来经营发展、转增股本（实收资本）、弥补经营亏损、以后年度利润分配
筹资特点	①不用发生筹资费用； ②维持公司的控制权分布； ③筹资数额有限

子题速练

【子题10.1·2022多选题】与发行普通股筹资相比，下列各项中，属于留存收益筹资特点的有（ ）。
A. 不会发生筹资费用　　B. 筹资金额相对有限　　C. 分散公司的控制权　　D. 资本成本相对较低

【子题10.2·2018多选题】与增发新股筹资相比，留存收益筹资的优点有（ ）。
A. 筹资成本低
B. 有助于增强公司的社会声誉
C. 有助于维持公司的控制权分布
D. 筹资规模大

母题大做11：股权筹资 vs 债务筹资

难易程度★★☆

【2020多选题】与债务筹资相比，股权筹资的优点有（ ）。
A. 股权筹资是企业稳定的资本基础
B. 股权筹资的财务风险比较小
C. 股权筹资构成企业的信誉基础
D. 股权筹资的资本成本比较低
【答案】ABC
【解析】①股权筹资是企业稳定的资本基础（选项A）；②股权筹资是企业良好的信誉基础（选项C）；③股权筹资的财务风险较小（选项B）。选项D错误，一般而言，股权筹资的资本成本要高于债务筹资。

【西木指引】股权筹资的优缺点

考查频次 ●●●●●

优点	①股权筹资是企业稳定的资本基础； ②股权筹资是企业良好的信誉基础，是其他方式筹资的基础，为债务筹资提供信用保障； ③股权筹资的财务风险较小
缺点	①资本成本负担较重； ②控制权变更可能影响企业长期稳定发展； ③信息沟通与披露成本较大

子题速练

【子题 11.1 · 2019 单选题】与银行借款筹资相比，下列属于普通股筹资特点的是（　　）。
A. 资本成本较低　　　B. 筹资速度较快　　　C. 筹资数额有限　　　D. 财务风险较小

【子题 11.2 · 2017 单选题】与发行债务筹资相比，发行普通股股票筹资的优点是（　　）。
A. 可以稳定公司的控制权　　　　　　B. 可以降低资本成本
C. 可以利用财务杠杆　　　　　　　　D. 可以形成稳定的资本基础

【子题 11.3 · 2021 多选题】与银行借款相比，公开发行股票筹资的特点有（　　）。
A. 资本成本较低　　　　　　　　　　B. 增强公司的社会声誉
C. 不受金融监管政策约束　　　　　　D. 信息披露成本较高

【子题 11.4 · 2023 多选题】关于股权筹资，下列表述正确的有（　　）。
A. 股权筹资的资本成本低于债务筹资的资本成本　B. 股权筹资没有还本付息的财务压力
C. 股权筹资为债务筹资提供了信用保障　　　　　D. 股权筹资是企业稳定的资本基础

【子题 11.5 · 2019 多选题】下列筹资方式中，可以降低财务风险的有（　　）。
A. 银行借款筹资　　　B. 留存收益筹资　　　C. 普通股筹资　　　D. 租赁筹资

【子题 11.6 · 2021 多选题】与普通股筹资相比，下列各项中，属于银行借款筹资优点的有（　　）。
A. 公司的财务风险较低　　　　　　　B. 可以发挥财务杠杆作用
C. 资本成本较低　　　　　　　　　　D. 筹资弹性较大

母题大做 12：可转换债券

难易程度 ★☆☆

【2019 单选题】关于可转换债券，下列表述正确的是（　　）。
A. 可转换债券的赎回条款有利于降低投资者的持券风险
B. 可转换债券的转换权是授予持有者的一种买入期权
C. 可转换债券的转换比率为标的股票市值与转换价格之比
D. 可转换债券的回售条款有助于可转换债券顺利转换成股票

【答案】B

【解析】选项AD错误,回售条款是指债券持有人有权按照事先约定的价格将债券卖回给发债公司的条件规定。回售一般发生在公司股票价格在一段时期内连续低于转股价格达到某一幅度时。回售对于投资者而言实际上是一种卖权,有利于降低投资者的持券风险。选项C错误,转换比率为债券面值与转换价格之比。

【西木指引】可转换债券的基本要素　　考查频次●●●○○

1. 转换价格
将可转换债券转换为普通股的每股普通股的价格。

2. 转换比率
每一张可转换债券在既定的转换价格下能转换为普通股股票的数量。

转换比率＝债券面值 ÷ 转换价格

3. 赎回条款
发债公司按事先约定的价格买回未转股债券的条件规定,赎回一般发生在公司股票价格在一段时期内连续高于转股价格达到某一幅度时。

赎回条款的功能为:

①强制债券持有者积极行使转股权,亦称加速条款。

②使发债公司避免在市场利率下降后,继续向债券持有人按较高的票面利率支付利息所蒙受的损失。

4. 回售条款
债券持有人有权按照事先约定的价格将债券卖回给发债公司的条件规定,回售一般发生在公司股票价格在一段时期内连续低于转股价格达到某一幅度时。

5. 强制性转换条款
在某些条件具备之后,债券持有人必须将可转换债券转换为股票,无权要求偿还债券本金的条件规定。

【避坑图鉴】赎回条款 vs 回售条款

情形	适用情况	保护谁的利益
赎回条款	股价连续高于转股价格	发债公司
回售条款	股价连续低于转股价格	债券持有人（投资人）

子题速练

【子题 12.1 · 2022 单选题】某可转换债券面值为 100 元,转换价格为 20 元／股,当前标的股票的市价为 25 元／股,则该可转换债券的转换比率为(　　)。

A.5　　　　　　　　B.25　　　　　　　　C.0.8　　　　　　　　D.4

【子题 12.2 · 2021 单选题】公司债券发行中约定有提前赎回条款的，下列表述恰当的是（　　）。
A. 当预测利率下降时，可提前赎回债券　　　B. 提前赎回条款增加了公司还款的压力
C. 当公司资金紧张时，可提前赎回债券　　　D. 提前赎回条款降低了公司筹资的弹性

【子题 12.3 · 2022 单选题】对于可转换债券的投资者而言，有助于降低持券风险的条款是（　　）。
A. 强制性转换条款　　　B. 回售条款　　　C. 赎回条款　　　D. 限制转让条款

【子题 12.4 · 2022 多选题】若公司发行债券的契约中设有提前赎回条款，则下列表述正确的有（　　）。
A. 当预测利率下降时，公司可提前赎回债券，然后以较低的利率发行新债券
B. 提前赎回条款降低了公司筹资的弹性
C. 提前赎回条款会增加公司的还款压力
D. 当公司资金有结余时，可以提前赎回债券，以减轻利息负担

【子题 12.5 · 2024 单选题】某企业发行的可转换债券面值为每张 100 元，目前市场价格为每张 95 元，每份可转换债券可以转换为 10 股股票，则该可转换债券的转换价格为（　　）元。
A.9.5　　　　　B.95　　　　　C.10　　　　　D.100

母题大做 13：优先股与认股权证

难易程度 ★☆☆

【2020 多选题】相对于普通股而言，优先股的优先权包含的内容有（　　）。
A. 股利分配优先权　　　　　　B. 配股优先权
C. 剩余财产分配优先　　　　　D. 表决优先权
【答案】AC
【解析】优先股的优先权利主要表现在股利分配优先权和剩余财产分配优先权。

【西木指引】优先股的基本性质

考查频次 ●●●○○

1. 约定股息
事先约定、相对固定，不会根据公司经营情况而变化。
2. 权利优先
在年度利润分配方面优先于普通股股东。在剩余财产方面，优先股的清偿顺序先于普通股而次于债权人。
3. 权利范围小
没有选举权和被选举权，对股份公司的重大经营事项无表决权，仅就与优先股股东自身利益直接相关的特定事项具有有限表决权。

认股权证

项目	要点
含义	认股权证属于认购权证,是一种由上市公司发行的证明文件,持有人有权在一定时间内以约定价格认购该公司发行的一定数量的股票,认股权证本身是一种期权,没有普通股的红利收入,也没有普通股相应的投票权
基本性质	期权性、投资性
筹资特点	①认股权证是一种融资促进工具; ②有助于改善上市公司的治理结构; ③有利于推进上市公司的股权激励机制

子题速练

【子题 13.1 · 2020 单选题】参与优先股中的"参与",指优先股股东除按确定股息率获得股息外,还能与普通股股东一起参与( )。
A. 剩余税后利润分配 B. 认购公司增发的新股 C. 剩余财产清偿分配 D. 公司经营决策

【子题 13.2 · 2019 单选题】与普通股筹资相比,下列属于优先股筹资优点的是( )。
A. 有利于降低公司财务风险 B. 优先股股息可以抵减所得税
C. 有利于保障普通股股东的控制权 D. 有利于减轻公司现金支付的财务压力

【子题 13.3 · 2022 多选题】关于债券和优先股的共同特点,下列表述正确的有( )。
A. 优先股股息和债券利息都属于公司的法定债务
B. 在分配剩余财产时,优先股股东和债权的清偿顺序都先于普通股股东
C. 优先股股息和债券利息都会产生所得税抵减效应
D. 都不会影响普通股股东对公司的控制权

【子题 13.4 · 2021 判断题】如果公司增发普通股,则公司的优先股股东具有优先于普通股股东认购新股的权利。( )

【子题 13.5 · 2022 判断题】优先股股东在股东大会上没有表决权,但在重大经营管理决策上与普通股股东具有同样的权利。( )

【子题 13.6 · 2024 单选题】下列关于认股权证的表述中,不正确的是( )。
A. 认股权证的持有者无权分享股利收入
B. 认股权证的持有者享有普通股的投票权
C. 认股权证本质上是一种股票期权,属于衍生金融工具
D. 认股权证对于发行人而言是一种融资促进工具

【子题 13.7 · 2024 单选题】关于优先股分类中,针对参与优先股和非参与优先股,下列表述正确的有( )。
A. 非参与优先股股东无权同普通股股东一起参与剩余财产清偿
B. 非参与优先股股东无权同普通股股东参与任何重大事项决策

C. 参与优先股股东有权同普通股股东一起参与经营
D. 参与优先股股东有权同普通股股东分享公司的剩余收益

【子题 13.8 · 2024 判断题】优先股的优先权，体现在优先表决权。（ ）

本章子题速练答案解析

1.1 【答案】D

【解析】本题中由于增加两架飞机需要快速形成航运能力，就需要进行筹资，而租赁筹资在资金缺乏的情况下，能够迅速获得所需资产，因此通常会优先考虑租赁筹资。

1.2 【答案】AB

【解析】选项AB符合题意，债务筹资形成企业的债务资金，债务资金是企业通过向金融机构借款、向社会发行公司债券、融资租赁等方式筹集和取得的资金。银行借款、发行债券和融资租赁，是债务筹资的三种基本形式。选项C不符合题意，优先股属于衍生工具筹资。选项D不符合题意，普通股属于股权筹资。

1.3 【答案】B

【解析】调整性筹资动机是指企业因调整资本结构而产生的筹资动机。企业产生调整性筹资动机的原因有两个：（1）优化资本结构，合理利用财务杠杆效应；（2）偿还到期债务，债务结构内部调整。题干属于调整性筹资动机的第（2）种情况，选项B符合题意。

2.1 【答案】AD

2.2 【答案】BD

2.3 【答案】AD

【解析】我国上市公司目前最常见的混合融资方式有可转换债券融资和优先股筹资。商业信用筹资、租赁筹资属于债务筹资方式。

2.4 【答案】错误

【解析】永续债没有明确的到期日或期限非常长，投资者不能在确定的时间点得到本金，但是可以定期获取利息，因此，永续债实质是一种介于债权和股权之间的融资工具。

2.5 【答案】正确

2.6 【答案】AB

【解析】间接筹资，是企业通过银行等金融机构以信贷关系间接从社会取得资金。间接筹资方式主要是银行借款和租赁等，选项AB正确，选项CD属于直接筹资方式。

2.7 【答案】错误

【解析】购买股票、债券属于间接投资。直接投资是指将资金直接投放于形成生产经营能力的实体性资产，直接谋取经营利润的企业投资。

3.1 【答案】正确

【解析】长期借款的保护性条款包括例行性保护条款、一般性保护条款和特殊性保护条款。上述各项条款结合使用，将有利于全面保护银行等债权人的权益。

4.1【答案】B

【解析】保证贷款是指以第三方作为保证人承诺在借款人不能偿还借款时，按约定承担一定保证责任或连带责任而取得的贷款。

4.2【答案】C

【解析】不动产不能用于质押，因此选项C不可以作为质押品。

5.1【答案】A

【解析】银行借款的筹资特点包括：①筹资速度快；②资本成本较低；③筹资弹性较大；④限制条款多。这里的银行借款通常是长期借款，除借款合同的基本条款之外，债权人通常在借款合同中附加各种保护性条款，以确保企业按要求使用借款和按时足额偿还借款。而其他的筹资方式使用限制条件相对较少。

5.2【答案】A

【解析】与发行公司债券相比，银行借款筹资的优点：①筹资速度快；②资本成本较低；③筹资弹性较大。

6.1【答案】D

【解析】选项A错误，具有提前偿还条款的债券可使公司筹资有较大的弹性；选项BC错误，提前偿还所支付的价格通常要高于债券的面值，并随到期日的临近而逐渐下降。

6.2【答案】正确

【解析】资本成本高低排名：吸收直接投资＞发行股票＞留存收益＞优先股＞可转换债券＞租赁＞发行债券＞银行借款。

6.3【答案】正确

【解析】发行债券与银行借款相比，利息负担、筹资费用均较高，且不能进行债务展期。

7.1【答案】A

【解析】①租赁费率＝7%＋2%＝9%；②租金在每年年初支付一次，属于预付年金；③残值归租赁公司所有，所以每年的租金＝[租赁设备价值－残值×(P/F, i, n)]/(P/A, i, n)×(1＋i)＝[200－10×(P/F, 9%, 10)]/[(P/A, 9%, 10)×(1＋9%)]。

7.2【答案】C

【解析】租赁公司通过抵押贷款获得资金，购买资产后出租，属于杠杆租赁。

7.3【答案】C

【解析】售后回租是指承租方由于急需资金等各种原因，将自己的资产售给出租方，然后以租赁的形式从出租方原封不动地租回资产的使用权。此时承租人既是资产出售者又是资产使用者。

7.4【答案】D

【解析】本题租赁的折现率＝2%＋8%＝10%，残值归属于租赁公司，承租人支付的租金总额中应扣除残值现值。租金在每年年末等额支付，则设每年租金为A，40－5×(P/F, 10%, 5)＝A×(P/A, 10%, 5)，解出A＝9.73（万元）。

7.5【答案】B

【解析】融资租赁每期租金的多少，取决于以下几项因素：①设备原价及预计残值。包括设备买价（选项D）、运输费、安装调试费、保险费等，以及设备租赁期满后出售可得的收入。②

利息。指租赁公司为承租企业购置设备垫付资金所应支付的利息（选项 C）。③租赁手续费（选项 A）。指租赁公司承办租赁设备所发生的业务费用和必要的利润。

7.6【答案】 B

【解析】租赁折现率 = 8% + 2% = 10%，残值归租赁公司所有，承租人支付的租金总额中应扣除残值现值。

8.1【答案】 正确

【解析】一般而言，股权筹资的资本成本要高于债务筹资。债务资本有固定的到期日，到期需要偿还本息，所以财务风险较高。

9.1【答案】 B

【解析】普通股股东的权利有：公司管理权（选项 D）、收益分享权、股份转让权（选项 C）、优先认股权和剩余财产要求权（选项 A）。选项 B 错误，普通股股东没有固定收益权，固定收益权属于优先股股东的权利。

9.2【答案】 A

【解析】选项 A 说法错误，股票上市之后信息公开的要求可能会暴露公司商业机密。

9.3【答案】 AC

【解析】选项 AC 正确，公司股票上市的目的是多方面的，主要包括：①便于筹措新资金；②促进股权流通和转让；③便于确定公司价值。选项 BD 错误，股票上市后，公司将负担较高的信息披露成本，也可能会分散公司的控制权，造成管理上的困难。

9.4【答案】 AD

【解析】股票上市也有对公司不利影响的一面，主要有：上市成本较高，手续复杂严格；公司将负担较高的信息披露成本（选项 D）；信息公开的要求可能会暴露公司商业机密（选项 A）；股价有时会歪曲公司的实际情况，影响公司声誉；可能会分散公司的控制权，造成管理上的困难。

9.5【答案】 错误

【解析】公司发行股票所筹集的资金属于公司的长期自有资金，没有期限，无须归还。所以发行股票是长期融资方式。

10.1【答案】 ABD

【解析】选项 AD 正确，与普通股筹资相比较，留存收益筹资不需要发生筹资费用，资本成本较低；选项 B 正确，当期留存收益的最大数额是当期的净利润，不如外部筹资——一次性可以筹集大量资金，因此筹资数额有限；选项 C 错误，不对外发行新股或吸收新投资者，由此增加的权益资本不会改变公司的股权结构，不会稀释原有股东的控制权。

10.2【答案】 AC

【解析】与普通股筹资相比，留存收益筹资不发生筹资费用，资本成本较低。维持公司的控制权分布。不吸收新的投资者，增加的权益资本不会改变公司的股权结构，可以稳定公司控制权。但筹资数额有限。当期的留存收益最大数额是当期的净利润，如果发生亏损，当年就不会有利润留存。

11.1【答案】 D

【解析】股权资本不用在企业正常营运期内偿还，没有还本付息的财务压力。因此相对于债务资金而言，普通股筹资的财务风险较小。

11.2 【答案】D

【解析】选项A不符合题意，发行普通股可能导致公司控制权变更。选项B不符合题意，一般而言，普通股筹资的资本成本要高于债务筹资。选项C不符合题意，普通股筹资不存在财务杠杆的利用。选项D符合题意，公司发行股票所筹集的资金属于公司的长期自有资金，没有期限，无须归还。换言之，股东在购买股票之后，一般情况下不能要求发行企业退还股金。

11.3 【答案】BD

【解析】本题中是比较银行借款（债）与公开发行股票（股）的优缺点，是债、股两个大类之间的比较，做题时先按大类判断优缺点，大类无法判断的，再考虑具体筹资方式的细节。与银行借款相比，发行股票筹资的资本成本较高，选项A错误；公开发行股票审批手续复杂严格，是要受到金融监管政策约束的，选项C错误。

11.4 【答案】BCD

【解析】由于投资者投资于股权，特别是投资于股票的风险较高，投资者或股东相应要求得到较高的收益率，因此股权筹资的资本成本高于债务筹资的资本成本，选项A错误。

11.5 【答案】BC

【解析】留存收益筹资和普通股筹资属于股权筹资，股权筹资可以降低财务风险；银行借款筹资和租赁筹资属于债务筹资，会提高财务风险。

11.6 【答案】BCD

【解析】银行借款的筹资特点包括：①筹资速度快；②资本成本较低；③筹资弹性较大；④限制条款多；⑤筹资数额有限。此外，银行借款可以发挥财务杠杆的作用。选项A错误，与普通股筹资相比，银行借款的财务风险较大。

12.1 【答案】A

【解析】可转换债券的转换比率＝100/20＝5。

12.2 【答案】A

【解析】选项A正确，选项C错误，提前赎回是指在债券尚未到期之前予以偿还，当公司资金有结余时，可提前赎回债券；当预测利率下降时，也可提前赎回债券，而后以较低的利率来发行新债券。选项B错误，提前赎回是公司在适当的条件下主动采取的行为，不会增加公司还款的压力。选项D错误，具有提前赎回条款的债券可使公司筹资具有较大的弹性。

12.3 【答案】B

【解析】选项B正确，回售条款是指债券持有人有权按照事先约定的价格将债券卖回给发债公司的条件规定。回售一般发生在公司股票价格在一段时期内连续低于转股价格，达到某一幅度时。回售对于投资者而言实际上是一种卖权，有利于降低投资者的持券风险。

12.4 【答案】AD

【解析】选项B错误，具有提前偿还条款的债券可使公司筹资有较大的弹性；选项C错误，提前赎回条款是公司的选择权，不是必须提前赎回，所以不会增加公司的还款压力。

12.5 【答案】C

【解析】根据转换比率＝债券面值／转换价格，可得：转换价格＝转换面值／转换比率＝100/10＝10元。转换比率就是转换数量。

13.1【答案】A

【解析】选项A正确，持有人除按规定的股息率优先获得股息外，还可与普通股股东分享公司的剩余收益的优先股，称为参与优先股。

13.2【答案】C

【解析】优先股股东除了优先股的事情有表决权外基本不参与表决，因此不影响普通股股东的控制权，也基本上不会稀释原普通股的权益。

13.3【答案】BD

【解析】选项A错误，优先股股息不是公司必须偿付的一项法定债务，如果公司财务状况恶化、经营成果不佳，这种股利可以不支付，从而相对避免了企业的财务负担；选项C错误，优先股股息不能抵减所得税，而债务利息可以抵减所得税。

13.4【答案】错误

【解析】优先股股东的优先权体现在优先分配利润、优先分配剩余财产上，优先认购本公司增发股票是普通股股东的权利。

13.5【答案】错误

【解析】优先股股东一般没有选举权和被选举权，对股份公司的重大经营事项无表决权。仅在股东大会表决与优先股股东自身利益直接相关的特定事项时，具有有限表决权。

13.6【答案】B

【解析】认股权证本质上是一种股票期权，属于衍生金融工具，具有实现融资和股票期权激励的双重功能。认股权证本身是一种期权，没有普通股的红利收入，也没有普通股相应的投票权。选项B错误。

13.7【答案】D

【解析】持有人除可按规定的股息率优先获得股息外，还可与普通股股东分享公司的剩余收益的优先股，称为参与优先股。

13.8【答案】错误

【解析】优先股的优先权利体现在优先分配股利和优先分配剩余财产。

必会主观题

【主观题1·2024计算分析题】甲企业于2023年1月1日从租赁公司租入一套设备，价值600 000元，租期6年，租赁期满时预计残值50 000元，归租赁公司。年利率8%，租赁手续费率每年2%。租金每年年末支付一次。

相关货币时间现值系数：（P/F，8%，6）＝0.630 2，（P/A，8%，6）＝4.622 9，（P/F，10%，6）＝0.564 5，（P/A，10%，6）＝4.355 3，部分租金摊销计划表如下：

单位：元

年份	期初本金	支付租金	应计租费	本金偿还额	本金余额
2023	600 000	*	(A)	(B)	*
2024	(C)	*	(D)	78 411	450 306

要求：

（1）计算每年租金（计算结果保留整数）。

（2）计算表中字母代表的数值（不需列出计算过程）。

【主观题2·2024计算分析题】甲企业于2023年1月1日从租赁公司租入一套设备，价值100万元，租期3年，租赁期满时预计残值10万元，归租赁公司。年利率8%，租赁手续费率每年2%。租金每年年末支付一次。已知：（P/A, 10%, 3）= 2.486 9；（P/A, 8%, 3）= 2.577 1；（P/F, 10%, 3）= 0.751 3；（P/F, 8%, 3）= 0.793 8

要求：

（1）计算每年租金。

（2）2023年应计租费多少？2023年度偿还本金多少？2023年年末未偿还本金余额多少？

（3）2024年应计租费多少？

本章必会主观题答案解析

1.【答案】

（1）每年的租金 = [600 000−50 000×（P/F,10%,6）]/（P/A,10%,6）= 131 283（元）

（2）A = 60 000；B = 71 283；C = 528 717；D = 52 872

A = 600 000×10% = 60 000

B = 131 283 − 60 000 = 71 283

C = 600 000 − 71 283 = 528 717

D = 528 717×10% = 52 872

2.【答案】

（1）每年的租金 =（100 − 10×0.751 3）/2.486 9 = 37.19（万元）

（2）2023年应计租费 = 100×10% = 10（万元）

2023年度偿还本金 = 37.19 − 10 = 27.19（万元）

2023年年末未偿还本金余额 = 100 − 27.19 = 72.81（万元）

（3）2024年应计租费 = 72.81×10% = 7.28（万元）

精通篇 板块 2
筹资管理（下）

* **财务管理 精通篇 板块 2 筹资管理（下）主要内容**

本章主要介绍了资金需要量预测、资本成本、杠杆效应和资本结构四个方面的内容。本章可考查客观题，也可以在计算分析题，甚至综合题中进行考查。

* **学习进度解锁**　　　43%

母题大做 1：因素分析法

难易程度 ★☆☆

【2023 单选题】某企业采用因素分析法预测资金需要量，已知每年资金平均占用额为 6 400 万元，其中不合理资金占用额为 400 万元，预计今年销售增长 10%，资金周转速度提高 3%，则今年资金需要量为（　　）。

A.7 257.73 万元　　　　B.6 798 万元　　　　C.6 407.77 万元　　　　D.6 828.8 万元

【答案】C

【解析】今年资金需要量 =（6 400 − 400）×（1 + 10%）/（1 + 3%）= 6 407.77（万元）。

【西木指引】因素分析法　　　　考查频次 ●●○○○

因素分析法是以有关项目基期年度的平均资金需要量为基础，根据预测年度的生产经营任务和资金周转加速的要求，进行分析调整，来预测资金需要量的一种方法。

资金需要量 =（基期资金平均占用额 − 不合理资金占用额）×（1 + 预测期销售增长率）÷（1 + 预测期资金周转速度增长率）

子题速练

【子题 1.1 · 2022 单选题】某公司 2021 年销售额为 1 000 万元，资金平均占用额为 5 000 万元，其中不合理部分为 400 万元。因市场行情变差，预计公司 2022 年销售额为 900 万元。资金周转速度下降 1%。根据因素分析法，预计公司 2022 年度资金需要量为（　　）。

A.4 181.82 万元　　　　B.4 545.45 万元　　　　C.4 099.01 万元　　　　D.4 455.45 万元

母题大做 2：销售百分比法

难易程度 ★★★

【2021 单选题】某公司敏感性资产和敏感性负债占销售额的比重分别为 50% 和 10%，并保持稳定不变。2020 年销售额为 1 000 万元，预计 2021 年销售额增长 20%，销售净利率为 10%，利润留存率为 30%。不考虑其他因素，则根据销售百分比法，2021 年的外部融资需求量为（　　）万元。

A.80　　　　B.64　　　　C.44　　　　D.74

【答案】C

【解析】外部融资需求量 = 1 000 × 20% ×（50% − 10%）− 1 000 ×（1 + 20%）× 10% × 30% = 44（万元）。

【西木指引】销售百分比的计算步骤

考查频次 ●●●●●

1. 预计融资需求总量＝敏感性资产预计增加额－敏感性负债预计增加额
（1）根据销售百分比预测：
敏感性资产预计增加额＝销售额增加 × 敏感性资产销售百分比
敏感性负债预计增加额＝销售额增加 × 敏感性负债销售百分比
（2）根据销售增长率预测：
敏感性资产预计增加额＝基期敏感性资产 × 销售增长率
敏感性负债预计增加额＝基期敏感性负债 × 销售增长率
2. 增加的留存收益＝预计销售收入 × 预计销售净利率 × 预计利润留存率
3. 外部融资需求量＝预计融资需求总量－增加的留存收益

　　　　　　　　　　　　　③ 融资总需求
⑤ 外部融资需求量＝ 经营性资产增加－经营性负债增加 －增加的留存收益

① 经营性资产增加＝基期经营资产 × 销售增长率
　　　　　　　　＝经营性资产销售百分比 × 销售增加额
② 经营性负债增加＝基期经营负债 × 销售增长率
　　　　　　　　＝经营性负债销售百分比 × 销售增加额
④ 增加的留存收益＝预计销售收入 × 预计销售净利率 × 预计利润留存率

子题速练

【子题 2.1 · 2022 判断题】采用销售百分比法预测资金需求量时，若其他因素不变，非敏感性资产增加，则外部筹资需求量也将相应增加。（　　）

【子题 2.2 · 2023 判断题】利用销售百分比法预测资金需求量时，要求资产负债表的所有资产和负债项目与销售额之间存在稳定的比例关系。（　　）

母题大做 3：资本成本的含义与作用

难易程度 ★☆☆

【2021 多选题】资本成本一般包括筹资费用和用资费用，下列属于用资费用的有（　　）。
A. 向债权人支付的利息
B. 发行股票支付的佣金
C. 发行债券支付的手续费
D. 向股东支付的现金股利

【答案】AD
【解析】用资费用是指企业在资本使用过程中因占用资本而付出的代价，如向银行等债权人支付的利息、向股东支付的股利等。选项 BC 属于筹资费用。

【西木指引】资本成本的含义及举例

 考查频次●●●○○

资本成本是指企业为筹集和使用（或占用）资本而付出的代价，包括筹资费用和用资费用。

类别	含义	举例
筹资费用	在资本筹措过程中为获取资本而付出的代价，视为筹资数额的一项扣除	借款手续费、发行证券的发行费
用资费用	资本使用过程中因占用资本而付出的代价，是资本成本的主要内容	向债权人支付的利息、向股东支付的股利

子题速练

【子题 3.1 · 2022 单选题】资本成本包括筹资费用和用资费用两个部分，下列各项中，属于用资费用的是（ ）。
A. 借款手续费　　B. 借款利息费　　C. 信贷公证费　　D. 股票发行费

【子题 3.2 · 2023 单选题】资本成本包括筹资费用与用资费用，下列各项中，属于用资费用的是（ ）。
A. 债券发行的宣传费用　　　　　　B. 向银行支付的借款手续费
C. 股票发行的承销费用　　　　　　D. 向股东支付股利

【子题 3.3 · 2020 多选题】关于资本成本，下列说法正确的有（ ）。
A. 资本成本是衡量资本结构是否合理的重要依据
B. 资本成本一般是投资所应获得收益的最低要求
C. 资本成本是取得资本所有权所付出的代价
D. 资本成本是比较筹资方式、选择筹资方案的依据

【子题 3.4 · 2020 多选题】下列各项中，属于资本成本中筹资费用的有（ ）。
A. 股票发行费　　B. 借款手续费　　C. 证券印刷费　　D. 股利支出

母题大做 4：个别资本成本的计算

难易程度★★★

【2021 单选题】甲企业发行面值为 100 万元的公司债券，发行价 110 万元，筹资费用率为 5%，票面年利率为 9%，每年付息一次，到期一次还本，适用的所得税税率为 25%，则债券资本成本率为（ ）。
A.6.46%　　B.8.61%　　C.6.75%　　D.7.11%

【答案】A

【解析】债券资本成本率＝年利息×（1－所得税税率）/[发行价×（1－筹资费率）]＝100×9%×（1－25%）/[110×（1－5%）]＝6.46%。

【西木指引】个别资本成本的计算

考查频次 ●●●●●

筹资方式	计算公式	西木指引提示
银行借款(长期)或发行债券	$\dfrac{\text{年利息} \times (1 - \text{所得税税率})}{\text{筹资总额} \times (1 - \text{筹资费用率})}$	分子扣税，分母扣费
短期借款	（1）收款法：利息/本金（即名义利率）； （2）贴现法：利息/（名义本金 - 年利息）； （3）加息法（等额分期偿还本息）： 2×（利息/名义本金）	短期借款成本的高低主要取决于贷款利率的高低（影响利息，包括优惠利率、浮动优惠利率、非优惠利率）和利息的支付方式（影响本金，包括收款法、贴现法、加息法）
优先股	$\dfrac{\text{年固定股息}}{\text{发行价格} \times (1 - \text{筹资费用率})}$	分子不扣税
普通股	（1）股利增长模型： $K_s = \dfrac{D_0 \times (1+g)}{P_0 \times (1-f)} + g = \dfrac{D_1}{P_0 \times (1-f)} + g$ （2）资本资产定价模型： $K_s = R_f + \beta(R_m - R_f)$	"D_0"对应的股利"已经发放"，"D_1"对应的股利"还未发放"
留存收益	（1）股利增长模型： $K_s = \dfrac{D_0 \times (1+g)}{P_0} + g = \dfrac{D_1}{P_0} + g$ （2）资本资产定价模型： $K_s = R_f + \beta(R_m - R_f)$	不考虑筹资费用

子题速练

【子题 4.1 · 2021 单选题】 某公司发行普通股的筹资费率为 6%，当前股价为 10 元/股，本期已支付的现金股利为 2 元/股，未来各期股利按 2% 的速度持续增长。则该公司留存收益的资本成本率为（　　）。

A.23.70% 　　　　　　　　　　　B.22.4%
C.21.2% 　　　　　　　　　　　　D.20.4%

【子题 4.2 · 2018 单选题】 计算下列筹资方式的资本成本时，需要考虑企业所得税因素影响的是（　　）。

A. 留存收益资本成本 B. 债务资本成本
C. 普通股资本成本 D. 优先股资本成本

【子题 4.3 · 2020 单选题】某公司发行优先股，面值总额为 8 000 万元，年股息率为 8%，股息不可税前抵扣。发行价格为 10 000 万元，发行费用占发行价格的 2%，则该优先股的资本成本率为（　）。

A.8.16% B.6.4%
C.8% D.6.53%

【子题 4.4 · 2023 单选题】某上市公司溢价发行优先股，规定的年股息率为 8%，溢价率为 10%，筹资费率为发行价的 2%，该优先股的资本成本率为（　）。

A.7.42% B.10%
C.8% D.8.1%

【子题 4.5 · 2023 单选题】某公司普通股的 β 系数为 1.2，市场组合收益率为 12%，无风险收益率为 4%，依据资本资产定价模型，该普通股的资本成本率为（　）。

A.14.4% B.9.6%
C.13.6% D.12.8%

【子题 4.6 · 2020 多选题】下列各项中，影响债券资本成本的有（　）。

A. 债券发行费用 B. 债券票面利率
C. 债券发行价格 D. 利息支付频率

【子题 4.7 · 2021 判断题】其他条件不变时，优先股的发行价格越高，其资本成本率也越高。（　）

【子题 4.8 · 2023 判断题】某公司溢价发行优先股，每年按固定股息率支付股息，不考虑筹资费用，则优先股的资本成本率等于股息率。（　）

【子题 4.9 · 2019 判断题】留存收益在实质上属于股东对企业的追加投资，因此留存收益资金成本的计算也应像普通股筹资一样考虑筹资费用。（　）

母题大做 5：平均资本成本的计算

难易程度 ★★☆

【2020 单选题】甲企业的资本结构中，产权比率（负债/所有者权益）为 2/3，债务税后资本成本率为 10.5%。目前市场上的无风险收益率为 8%，市场上所有股票的平均收益率为 16%，公司股票的 β 系数为 1.2，所得税税率为 25%，则平均资本成本率为（　）。

A.14.76% B.15.16% C.17.60% D.12%

【答案】A

【解析】根据资本资产定价模型，股票的资本成本率 = 8% + 1.2 × (16% − 8%) = 17.6%，平均资本成本率 = 2/5 × 10.5% + 3/5 × 17.6% = 14.76%。

【西木指引】平均资本成本

考查频次 ●●●●●

权数	含义	优缺点
账面价值权数（过去）	以会计报表账面价值为基础来计算资本权数	优点：资料容易取得，计算结果比较稳定 缺点：不能反映目前从资本市场上筹集资本的现时机会成本，不适合评价现时的资本结构
市场价值权数（现在）	以现行市价为基础来计算资本权数	优点：能够反映现时的资本成本水平，有利于进行资本结构决策 缺点：现行市价处于经常变动之中，不容易取得；现行市价反映的只是现时的资本结构，不适用未来的筹资决策
目标价值权数（未来）	以预计的未来价值为基础来确定资本权数	优点：适用于未来的筹资决策 缺点：目标价值的确定难免具有主观性

子题速练

【子题5.1·2019多选题】平均资本成本计算涉及对个别资本的权重选择问题，对于有关价值权数，下列说法正确的有（ ）。
A. 账面价值权数不适合评价现时的资本结构合理性
B. 目标价值权数一般以历史账面价值为依据
C. 目标价值权数更适用于企业未来的筹资决策
D. 市场价值权数能够反映现时的资本成本水平

【子题5.2·2024判断题】追加筹资后的边际资本成本的权数采用目标价值权数。（ ）

母题大做6：经营杠杆效应

难易程度 ★★☆

【2020多选题】下列各项中，影响经营杠杆的因素有（ ）。
A. 债务利息   B. 销售量   C. 所得税   D. 固定性经营成本
【答案】BD
【解析】选项BD正确，经营杠杆系数＝基期边际贡献/基期息税前利润，其中，边际贡献＝销售量×（单价－单位变动成本），息税前利润＝边际贡献－固定性经营成本，因此，销售量和固定性经营成本会影响经营杠杆。

【西木指引】经营杠杆系数（DOL）公式应用

考查频次 ●●●●●

1. 定义公式

$$DOL = \frac{\Delta EBIT/EBIT_0}{\Delta Q/Q_0} = \frac{息税前利润变动率}{产销业务量变动率}$$

式中，DOL 表示经营杠杆系数，$\Delta EBIT$ 表示息税前利润变动额，ΔQ 表示产销业务量变动值。

2. 简化公式

$$DOL = \frac{M_0}{M_0 - F_0} = \frac{EBIT_0 + F_0}{EBIT_0} = \frac{基期边际贡献}{基期息税前利润}$$
$$= 1 + \frac{F_0}{EBIT_0} = 1 + \frac{基期固定成本}{基期息税前利润}$$

注：如果固定成本等于0，则经营杠杆系数为1，即不存在经营杠杆效应（不存在放大效应）；当固定成本不为0时，通常经营杠杆系数都是大于1的，即显现出经营杠杆效应。

【拓展延伸】经营杠杆含义及与经营风险的关系

1. 经营杠杆是指由于固定性经营成本的存在，企业的资产收益（息税前利润）变动率大于业务量（产销量或销售额）变动率的现象。反映了资产收益的波动性，用以评价企业的经营风险。
2. 经营杠杆与经营风险的关系：
（1）经营杠杆系数越高，表明息税前利润受产销量变动的影响程度越大，经营风险也就越大。
（2）在息税前利润为正的前提下，只要存在固定性经营成本，就存在经营杠杆效应，经营杠杆系数恒大于1，不会为负数。
（3）企业处于盈亏临界点（$EBIT = 0$）时，经营杠杆系数趋于无穷大。

子题速练

【子题 6.1 · 2023 单选题】A 企业基期息税前利润为 500 万元，基期固定成本为 300 万元，则经营杠杆系数为（ ）。

A.2   B.1.5   C.1.6   D.0.6

【子题 6.2 · 2019 单选题】若企业基期固定成本为 200 万元，基期息税前利润为 300 万元，则经营杠杆系数为（ ）。

A.2.5   B.1.67   C.0.67   D.1.5

【子题 6.3 · 2022 多选题】关于企业经营杠杆系数，下列表述正确的有（ ）。

A. 只要企业存在固定性经营成本，经营杠杆系数总是大于 1
B. 若经营杠杆系数为 1，则企业不存在经营风险
C. 经营杠杆系数就是息税前利润对销售量的敏感系数
D. 经营杠杆系数等于息税前利润除以边际贡献

【子题 6.4 · 2019 多选题】下列各项中，影响经营杠杆系数的因素有（ ）。

A. 固定成本   B. 利息费用   C. 销售量   D. 单价

【子题 6.5 · 2023 多选题】关于经营杠杆，下列表述正确的有（   ）。
A. 经营杠杆反映了资产收益的波动性，可用于评价企业的经营风险
B. 只要企业存在固定性资本成本，就存在经营杠杆效应
C. 经营杠杆放大了市场和生产等因素变化对利润波动的影响
D. 经营杠杆本身并不是造成企业资产收益不确定的根源

母题大做 7：财务杠杆效应

难易程度 ★★☆

【2020 单选题】某公司 2019 年普通股收益为 100 万元，2020 年息税前利润预计增长 20%，假设财务杠杆系数为 3，则 2020 年普通股收益预计为（   ）万元。
A.300　　　　　　B.120　　　　　　C.100　　　　　　D.160
【答案】D
【解析】财务杠杆系数 = $\dfrac{EPS 变动百分比}{EBIT 变动百分比}$，因此 2020 年 EPS 增长率 = 20% × 3 = 60%，则 2020 年普通股收益 = 100 × (1 + 60%) = 160（万元）。

【西木指引】财务杠杆系数（DFL）公式应用　　考查频次 ●●●●●

1. 定义公式

$$DFL = \dfrac{\Delta EPS/EPS_0}{\Delta EBIT/EBIT_0} = \dfrac{普通股收益变动率}{息税前利润变动率}$$

2. 简化公式

$$DFL = \dfrac{EBIT_0}{EBIT_0 - I_0 - D_P/(1-T)} = \dfrac{基期息税前利润}{基期归属于普通股的税前利润}$$

其中：I_0 是税前的利息费用，D_P 是税后的优先股股利，$D_P/(1-T)$ 是税前的优先股股息。

【注】如果固定融资成本（债务利息和优先股股利）等于 0，则财务杠杆系数为 1，即不存在财务杠杆效应（不存在放大效应）；当固定融资成本不为 0 时，通常财务杠杆系数都是大于 1 的，即显现出财务杠杆效应。

【拓展延伸】财务杠杆含义及与财务风险的关系

1. 财务杠杆

财务杠杆是指由于固定性资本成本（利息费用、优先股股利）的存在，企业的普通股收益（或每股收益）变动率大于息税前利润变动率（即每股收益承担的风险大于经营风险）的现象。财务杠杆反映了权益资本收益的波动性，用以评价企业的财务风险。

2. 财务杠杆与财务风险的关系

（1）财务杠杆系数越高，表明普通股收益的波动程度越大，财务风险也就越大。

（2）在普通股收益为正的前提下，只要存在固定性资本成本，财务杠杆系数恒大于1，不会为负数。

（3）当息税前利润＝利息＋优先股股利/（1－所得税税率）时，$EPS=0$，财务杠杆系数无穷大。

子题速练

【子题 7.1·2022 单选题】 下列各项中，影响财务杠杆系数而不影响经营杠杆系数的是（   ）。

A. 产销量
B. 固定利息费用
C. 销售单价
D. 固定经营成本

【子题 7.2·2018 单选题】 某公司基期息税前利润为 1 000 万元，基期利息费用为 400 万元，假设与财务杠杆相关的其他因素保持不变，则该公司的财务杠杆系数为（   ）。

A.1.67
B.1.22
C.1.35
D.1.93

【子题 7.3·2023 多选题】 不考虑其他因素的影响，若公司的财务杠杆系数变大，下列表述正确的有（   ）。

A. 产销量的增长将引起息税前利润更大幅度的增长
B. 息税前利润的下降将引起每股收益更大幅度的下降
C. 表明公司盈利能力下降
D. 表明公司财务风险增大

【子题 7.4·2020 多选题】 关于经营杠杆和财务杠杆，下列表述错误的有（   ）。

A. 经营杠杆反映了权益资本收益的波动性
B. 经营杠杆效应使得企业的业务量变动率大于息税前利润变动率
C. 财务杠杆反映了资产收益的波动性
D. 财务杠杆效应使得企业的普通股收益变动率大于息税前利润变动率

母题大做 8：总杠杆效应

难易程度 ★ ☆ ☆

【2020 单选题】 某公司基期有关数据如下：销售额为 100 万元，变动成本率为 60%，固定成本总额为 20 万元，利息费用为 4 万元，不考虑其他因素，该公司的总杠杆系数为（   ）。

A.1.25
B.2
C.2.5
D.3.25

【答案】C

【解析】该公司的总杠杆系数＝100×（1－60%）/[100×（1－60%）－20－4]＝2.5。

精通篇 板块 2 · 筹资管理（下）

【西木指引】总杠杆效应

考查频次 ●●●●●

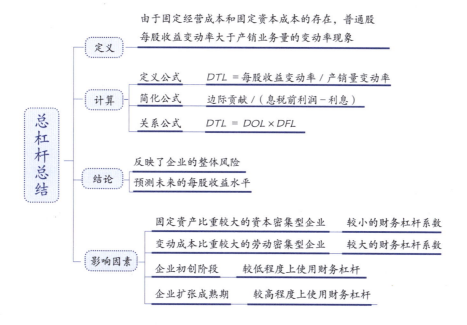

子题速练

【子题 8.1·2022 判断题】总杠杆系数反映了经营杠杆和财务杠杆之间的关系，在维持一定的总杠杆系数情形下，经营杠杆系数和财务杠杆系数可以有不同的组合。（　）

母题大做 9：资本结构理论

难易程度 ★☆☆

【2022 多选题】关于资本结构理论，下列说法正确的有（　）。
A. 修正的 MM 理论认为，企业价值与企业的资产负债率无关
B. 根据优序融资理论，当企业需要外部筹资时，债务筹资优于股权筹资
C. 根据代理理论，债务筹资可能带来债务代理成本
D. 最初的 MM 理论认为，有负债企业的股权资本成本随着资产负债率的增大而增大
【答案】BCD
【解析】选项 A 错误，修正的 MM 理论认为，企业可以利用财务杠杆增加企业价值，因负债利息可以带来避税利益，企业价值会随着资产负债率的增加而增大。

【西木指引】资本结构理论观点及表达式 考查频次●●●●●

理论	主要观点	企业价值表达式
最初的MM理论（无税MM理论）	①企业价值：企业价值不受资本结构影响；②股权成本：有负债企业的股权成本随着负债程度的增大而增大	有负债企业价值＝无负债企业价值
修正的MM理论（有税MM理论）	①企业价值：企业价值受资本结构影响；②股权成本：有负债企业的股权成本随着负债程度的增大而增大	有负债企业价值＝无负债企业价值＋负债利息抵税价值
权衡理论	当负债比率达到某一程度时，企业负担破产成本的概率会增加。因此，经营良好的企业，通常会维持其债务不超过某一限度	有负债企业价值＝无负债企业价值＋负债利息抵税现值－财务困境成本现值
代理理论	①债务筹资具有激励作用，并且是一种担保机制，可降低所有权与经营权分离而产生的代理成本（股权代理成本）；但是债务筹资也可导致另一种代理成本，即企业接受债权人监督而产生的成本（债务代理成本）。②均衡的企业所有权结构是由股权代理成本（相当于债务代理收益）和债务代理成本之间的平衡关系决定的	有负债企业价值＝无负债企业价值＋负债利息抵税现值－财务困境成本现值＋债务代理收益现值－债务代理成本现值
优序融资理论	企业满足融资需求的顺序为"**先内后外，先债后股**"，即：首先是内部筹资（利用留存收益），其次是借款、发行债券、可转换债券，最后是发行新股筹资	无

子题速练

【子题9.1·2020单选题】在成熟资本市场上，根据优序融资理论，适当的筹资顺序是（　　）。
A. 内部筹资、借款、发行债券、发行股票
B. 发行股票、内部筹资、借款、发行债券
C. 借款、发行债券、发行股票、内部筹资
D. 借款、发行债券、内部筹资、发行股票

【子题 9.2 · 2019 单选题】有一种资本结构理论认为，有负债企业的价值等于无负债企业价值加上赋税节约现值，再减去财务困境成本的现值，这种理论是（　　）。
A. 代理理论　　　　　　　　　　B. 权衡理论
C. MM 理论　　　　　　　　　　D. 优序融资理论

【子题 9.3 · 2021 单选题】有税的 MM 理论观点的是（　　）。
A. 企业有无负债均不改变企业价值
B. 企业负债有助于降低两权分离所带来的代理成本
C. 企业可以利用财务杠杆增加企业价值
D. 财务困境成本会降低有负债企业的价值

【子题 9.4 · 2020 多选题】下列资本结构理论中，认为资本结构影响企业价值的有（　　）。
A. 最初的 MM 理论　　　　　　　B. 修正的 MM 理论
C. 代理理论　　　　　　　　　　D. 权衡理论

母题大做 10：资本结构优化

【2018 多选题】下列财务决策方法中，可用于资本结构优化决策的有（　　）。
A. 公司价值分析法　　　　　　　B. 安全边际分析法
C. 每股收益分析法　　　　　　　D. 平均资本成本比较法
【答案】ACD
【解析】选项 ACD 正确，每股收益分析法、平均资本成本比较法都是从账面价值的角度进行资本结构优化分析，没有考虑市场反应，也没有考虑风险因素。公司价值分析法，是在考虑市场风险基础上，以公司市场价值为标准，进行资本结构优化。选项 B 错误，安全边际分析是本量利分析。

【西木指引】资本结构优化　　　　　 考查频次●●●●●

1. 每股收益分析法
（1）基本观点：
第一，能够提高普通股每股收益的资本结构，就是合理的资本结构；
第二，债务资本能够带来财务杠杆效应，利用负债筹资的财务杠杆作用来增加股东财富（即提高普通股每股收益）。
（2）每股收益无差别点的计算：

$$\frac{(\overline{EBIT}-I_1)\times(1-T)-DP_1}{N_1}=\frac{(\overline{EBIT}-I_2)\times(1-T)-DP_2}{N_2}$$

（3）决策：

当预期息税前利润或业务量水平<u>大于</u>每股收益无差别点（EBIT）时，应当选择<u>债务筹资占比更大的方案</u>，反之，选择股权筹资占比更大的方案（大债小股）。

<u>2. 平均资本成本比较法</u>

通过计算和比较各种可能的筹资组合方案的平均资本成本，选择<u>平均资本成本率最低的方案</u>。这种方法侧重于从资本投入的角度对筹资方案和资本结构进行优化分析。

<u>3. 公司价值分析法</u>

该方法是<u>在考虑市场风险的基础上</u>，以公司市场价值为标准，进行资本结构优化。<u>在公司价值最大的资本结构下，公司的平均资本成本率也是最低的。</u>

【注】每股收益分析法和平均资本成本比较法都是从<u>账面价值的角度</u>进行资本结构的优化分析，<u>既没有考虑市场反应，也没有考虑风险因素。</u>

（1）第一步：计算公司价值。

企业价值（V）=股权资本价值（S）+债务资金价值（B）

假设公司各期的 EBIT 保持不变（永续年金），债务资金的市场价值等于其面值，股权资本的市场价值可通过下式计算：

$$S=\frac{(EBIT-I)\times(1-T)}{K_s}$$

其中，$K_s = R_f + \beta(R_m - R_f)$

（2）第二步：计算平均资本成本。

平均资本成本＝债务资本成本 × 债务资本比重（B/V）+股权资本成本 × 股权资本比重（S/V）

（3）第三步：决策。

决策即寻求使公司平均资本成本率最低、公司价值最大的资本结构。

【拓展延伸】

在采用公司价值分析法计算选择最优资本结构方案时，要注意两个问题：

（1）股票市场价值的计算是假设 EBIT 不变，但并不是以 EBIT 为永续年金计算现值，而是要把 EBIT 转化为净利润后，再进行折现。

（2）计算平均资本成本时，债务资本成本要记得转化成税后的资本成本。

子题速练

【子题 10.1 · 2022 单选题】下列财务决策方法中，能用于资本结构优先决策，且考虑了风险因素的是（　　）。

A. 公司价值分析法　　　B. 平均资本成本比较法　C. 每股收益分析法　　　D. 内含收益率法

【子题 10.2 · 2023 单选题】根据资本结构理论，评价公司资本结构达到最佳状态的标准是（　　）。
A. 边际收益等于边际成本
B. 平均资本成本最低、企业价值最大
C. 财务风险最小
D. 每股收益最大

【子题 10.3 · 2019 判断题】平均资本成本比较法侧重于从资本投入角度对筹资方案和资本结构进行优化分析。（　　）

本章子题速练答案解析

1.1【答案】A

【解析】销售增长率=（900－1 000）/1 000＝－10%，资金需要量＝（基期资金平均占用额－不合理资金占用额）×（1＋预测期销售增长率）÷（1＋预测期资金周转速度增长率）＝（5 000－400）×（1－10%）÷（1－1%）＝4 181.82（万元）。

2.1【答案】正确

【解析】非敏感性资产增加，则外部筹资需求量也将相应增加。

2.2【答案】错误

【解析】利用销售百分比法预测资金需求量时，只要求敏感性资产和敏感性负债与销售额之间存在稳定百分比关系即可。

3.1【答案】B

【解析】选项B正确，用资费用是指企业在资本使用过程中因占用资本而付出的代价，如向银行等债权人支付的利息、向股东支付的股利等。

3.2【答案】D

【解析】用资费用是指企业在资本使用过程中因占用资本而付出的代价，如向银行等债权人支付的利息、向股东支付的股利等。用资费用是因为占用了他人资金而必须支付的费用，是资本成本的主要内容。

3.3【答案】ABD

【解析】资本成本的作用有：（1）比较筹资方式、选择筹资方案。（2）衡量资本结构是否合理。（3）评价投资项目可行性。（4）评价企业整体业绩。选项A、B、D正确。资本成本是取得资本使用权所付出的代价，选项C错误。

3.4【答案】ABC

【解析】在资金筹集过程中，要发生股票发行费、借款手续费、证券印刷费、公证费、律师费等费用，这些属于筹资费用。选项D属于用资费用。

4.1【答案】B

【解析】留存收益的资本成本率＝$\dfrac{D_0(1+g)}{P_0}+g$＝2×（1＋2%）/10＋2%＝22.4%

4.2【答案】B

【解析】债务筹资的利息费用可以在所得税税前抵扣，所以债务资本成本的计算需要考虑所得税影响；普通股股利和优先股股利都是用税后利润支付，没有抵税效果。

4.3 【答案】D

【解析】优先股的资本成本率=股息/[发行价格×（1－筹资费率）]＝8 000×8%/[10 000×（1－2%）]＝6.53%。

4.4 【答案】A

【解析】优先股的资本成本率＝8%/[（1＋10%）×（1－2%）]＝7.42%。

4.5 【答案】C

【解析】普通股的资本成本率＝4%＋1.2×（12%－4%）＝13.6%。

4.6 【答案】ABCD

【解析】选项ABC正确，按照一般模式计算的债券资本成本＝债券面值×票面利率×（1－所得税税率）/（债券发行价格－发行费用）；选项D正确，如果按照贴现模式计算，则利息支付频率将会影响债券资本成本。

4.7 【答案】错误

【解析】在优先股资本成本计算公式中，发行价格在分母上，因此优先股的发行价格越高，其资本成本率越低。

4.8 【答案】错误

【解析】不考虑发行费用，优先股的资本成本率＝面值×年固定股息率/发行价格，溢价发行优先股，发行价格大于面值，因此优先股的资本成本率不等于股息率。

4.9 【答案】错误

【解析】留存收益是由企业税后净利润形成的，是一种所有者权益，其实质是所有者向企业的追加投资。企业利用留存收益筹资无须发生筹资费用。

5.1 【答案】ACD

【解析】选项A正确，账面价值权数用来评价过去的资本结构合理性；选项B错误，选项C正确，目标价值权数的确定，可以选择未来的市场价值，也可以选择未来的账面价值，其被用来确定未来企业筹资决策；选项D正确，市场价值权数反映现时的资本成本水平。

5.2 【答案】正确

【解析】目标价值权数是以各项个别资本预计的未来价值为基础来确定资本权数。追加筹资不能仅仅考虑目前所使用的资本成本，还要考虑新筹集资金的成本，即边际资本成本，而边际资本成本要用目标价值权数。

6.1 【答案】C

【解析】经营杠杆系数＝$DOL = \dfrac{M_0}{M_0 - F_0} = \dfrac{EBIT_0 + F_0}{EBIT_0} = \dfrac{基期边际贡献}{基期息税前利润}$＝（500＋300）/500＝1.6。

6.2 【答案】B

【解析】经营杠杆系数＝1＋基期固定成本/基期息税前利润＝1＋200/300＝1.67。

6.3 【答案】AC

【解析】选项B错误，若经营杠杆系数为1，则企业不存在经营杠杆，并不表明不存在经营风险；选项D错误，经营杠杆系数等于边际贡献除以息税前利润。

6.4 【答案】ACD

【解析】经营杠杆系数，是息税前利润变动率与产销业务量变动率的比值，用来测算经营杠杆效应程度。经营杠杆系数＝基期边际贡献/基期息税前利润，而基期息税前利润＝（单价－单位变动成本）×销售量－固定成本。所以影响因素有单价、单位变动成本、销售量和固定成本。

6.5 【答案】ACD

【解析】只要企业存在固定性经营成本，就存在经营杠杆效应。只要企业存在固定性资本成本，就存在财务杠杆效应。选项B错误。

7.1 【答案】B

【解析】财务杠杆系数＝基期息税前利润/基期利润总额＝基期息税前利润/（基期息税前利润－利息费用）；经营杠杆系数＝基期边际贡献/基期息税前利润。由此可见，固定利息费用影响财务杠杆系数而不影响经营杠杆系数。

7.2 【答案】A

【解析】财务杠杆系数＝基期息税前利润÷基期利润总额＝1 000÷（1 000－400）＝1.67。

7.3 【答案】BD

【解析】经营杠杆，是指由于固定性经营成本的存在，企业的资产收益（息税前利润）变动率大于产销业务量变动率的现象，因此产销量的增长将引起息税前利润更大幅度的增长，选项A错误。财务杠杆，是指由于固定性资本成本的存在，企业的普通股收益（或每股收益）变动率大于息税前利润变动率的现象，因此息税前利润的下降将引起每股收益更大幅度的下降，选项B正确。财务杠杆反映了权益资本收益的波动性，财务杠杆系数越大，普通股收益的变动率越大于息税前利润的变动率，若息税前利润上升，会引起普通股收益更大幅度的上升，若息税前利润下降，会引起普通股收益更大幅度的下降，所以不一定表明公司盈利能力下降，选项C错误。财务杠杆系数变大，财务风险增大，选项D正确。

7.4 【答案】ABC

【解析】选项AB表述错误，经营杠杆，是指由于固定性经营成本的存在，企业的资产收益（息税前利润）变动率大于产销业务量变动率的现象。经营杠杆反映了资产收益的波动性，用以评价企业的经营风险。选项C表述错误，选项D表述正确，财务杠杆，是指由于固定性资本成本的存在，企业的普通股收益（或每股收益）变动率大于息税前利润变动率的现象。财务杠杆反映了权益资本收益的波动性，用以评价企业的财务风险。

8.1 【答案】正确

【解析】要保持一定的风险状况水平，需要维持一定的总杠杆系数，经营杠杆和财务杠杆可以有不同的组合。

9.1 【答案】A

【解析】选项A正确，从成熟的证券市场来看，企业的筹资优序模式首先是内部筹资，其次是借款、发行债券、可转换债券，最后是发行新股筹资。

9.2 【答案】B

【解析】权衡理论认为，有负债企业的价值等于无负债企业价值加上税赋节约现值，再减去财务困境成本的现值。

9.3【答案】C

【解析】选项A属于最初的MM理论的观点,选项B属于代理理论的观点,选项D属于权衡理论的观点。

9.4【答案】BCD

【解析】最初的MM理论认为,不考虑企业所得税,有无负债不改变企业的价值。因此企业价值不受资本结构的影响。

10.1【答案】A

【解析】选项A正确,每股收益分析法、平均资本成本比较法都是从账面价值的角度进行资本结构优化分析,没有考虑市场反应,即没有考虑风险因素。公司价值分析法,是在考虑市场风险的基础上,以公司市场价值为标准,进行资本结构优化。

10.2【答案】B

【解析】所谓最佳资本结构,是指在一定条件下使企业平均资本成本率最低、企业价值最大的资本结构。

10.3【答案】正确

必会主观题

【主观题1·2023计算分析题】甲公司生产销售某产品,2022年预计销售量250万件,产品单价20元/件,单位变动成本12元/件,固定成本总额1 000万元,利息费用200万元。预计2023年销售量将增长10%,产品的单价、变动成本和固定成本总额不变。

要求:

(1)计算2022年的息税前利润。

(2)以2022年为基期,计算下列指标:经营杠杆系数、财务杠杆系数、总杠杆系数。

(3)计算2023年的息税前利润变动率。

【主观题2·2022计算分析题】甲公司目前有债务资金3 000万元,年利息费用为180万元,普通股股数为1 000万股,公司拟于下一年追加筹资4 000万元以扩大生产销售规模。现有如下两种筹资方案以供选择。

A方案:增发普通股500万股,每股发行价8元。

B方案:向银行取得长期借款4 000万元,年利率8%。

假定追加投资后,预计年销售额为8 000万元,变动成本率为40%,固定成本总额为2 000万元,甲公司适用的所得税税率为25%,不考虑筹资费用。

要求:

(1)计算追加筹资后的年息税前利润。

(2)分别计算采用A方案和B方案的每股收益。

(3)计算两种筹资方案的每股收益无差别点,并判断甲公司应选择哪种筹资方案。

【主观题 3 · 2020 计算分析题】甲公司适用的企业所得税税率为 25%，计划追加筹资 20 000 万元，方案如下：向银行取得长期借款 3 000 万元，借款年利率为 4.8%，每年付息一次；发行面值为 5 600 万元、发行价格为 6 000 万元的公司债券，票面利率为 6%，每年付息一次；增发普通股 11 000 万元。假定资本市场有效，当前无风险收益率为 4%，市场平均收益率为 10%，甲公司普通股的 β 系数为 1.5，不考虑筹资费用、货币时间价值等其他因素。

要求：
（1）计算长期借款的资本成本率。
（2）计算发行债券的资本成本率。
（3）利用资本资产定价模型，计算普通股的资本成本率。
（4）计算追加筹资方案的平均资本成本率。

【主观题 4 · 2019 计算分析题】甲公司 2018 年实现销售收入 100 000 万元，净利润 5 000 万元，利润留存率为 20%，公司 2018 年 12 月 31 日资产负债表如下表所示（单位：万元）。

资产	期末余额	负债和所有者权益	期末余额
货币资金	1 500	应付账款	3 000
应收账款	3 500	长期借款	4 000
存货	5 000	实收资本	8 000
固定资产	11 000	留存收益	6 000
资产合计	21 000	负债和所有者权益合计	21 000

公司预计 2019 年销售收入比上年增长 20%，假定经营性资产和经营性负债与销售收入保持稳定的百分比，其他项目不随销售收入变化而变化，同时假设销售净利率与利润留存率保持不变，公司使用销售百分比法预测资金需要量。

要求：
（1）计算 2019 年预计经营性资产增加额。
（2）计算 2019 年预计经营性负债增加额。
（3）计算 2019 年预计留存收益增加额。
（4）计算 2019 年预计外部融资需求量。

【主观题 5 · 2024 计算分析题】甲公司是股份有限公司，适用企业所得税税率为 25%，目前发行在外的普通股股数为 2 000 万股，现有债务 3 000 万元，债务利息 300 万元。现在为了扩大生产经营，需要追加筹资 2 000 万元，有两种方案可供选择。

方案 A：以 10 元每股的价格发行普通股 100 万股，另外，向银行借入长期借款 1 000 万元，期限 2 年，利率 4%，每年年末支付利息，到期归还本金。

方案 B：按面值发行普通债券 2 000 万元，票面利率为 8%。

预计息税前利润 2 500 万～3 200 万元。

要求：

（1）计算两种筹资方案的每股收益无差别点。

（2）计算无差别点的基本每股收益。

（3）请问应该选择哪种方案，为什么？

💡 本章必会主观题答案解析

1.【答案】

（1）息税前利润 = 250×（20 − 12）− 1 000 = 1 000（万元）

（2）经营杠杆系数 =（1 000 + 1 000）/1 000 = 2

财务杠杆系数 = 1 000/（1 000 − 200）= 1.25

总杠杆系数 = 2×1.25 = 2.5

经营杠杆系数 = 息税前利润变动率 / 销售量变动率，则息税前利润变动率 = 2×10% = 20%

2.【答案】

（1）追加筹资后的息税前利润 = 8 000×（1 − 40%）− 2 000 = 2 800（万元）

（2）A 方案的每股收益 =（2 800 − 180）×（1 − 25%）/（1 000 + 500）= 1.31（元/股）

B 方案的每股收益 =（2 800 − 180 − 4 000×8%）×（1 − 25%）/1 000 = 1.73（元/股）

（3）（$\overline{EBIT}$ − 180）×（1 − 25%）/1 500 =（$\overline{EBIT}$ − 180 − 4 000×8%）×（1 − 25%）/1 000

解得：$\overline{EBIT}$ = 1 140（万元）

预计息税前利润 2 800 万元 > 1 140 万元，选择 B 方案。

3.【答案】

（1）长期借款的资本成本率 = 4.8%×（1 − 25%）= 3.6%

（2）发行债券的资本成本率 = 5 600×6%×（1 − 25%）/6 000 = 4.2%

（3）普通股的资本成本率 = 4% + 1.5×（10% − 4%）= 13%

（4）平均资本成本率 = 3.6%×3 000/20 000 + 4.2%×6 000/20 000 + 13%×11 000/20 000 = 8.95%

4.【答案】

（1）经营性资产增加额 =（1 500 + 3 500 + 5 000）×20% = 2 000（万元）

（2）经营性负债增加额 = 3 000×20% = 600（万元）

（3）留存收益增加额 = 100 000×（1 + 20%）×20%×（5 000÷100 000）= 1 200（万元）

（4）外部资金需求量 = 2 000 − 600 − 1 200 = 200（万元）

5.【答案】

（1）（$\overline{EBIT}$ − 300 − 1 000×4%）×（1 − 25%）/（2 000 + 100）=（$\overline{EBIT}$ − 300 − 2 000×

8%)×(1−25%)/2 000

解得：$\overline{EBIT}$ = 2 860（万元）

简便算法：

（大股数×大利息−小股数×小利息）/（大股数−小股数）=（2 100×460−2 000×340）/（2 100−2 000）= 2 860（万元）

（2）无差别点的基本每股收益=（2 860−300−1 000×40%）×（1−25%）/（2 000+100）= 0.9（元/股）

（3）预计息税前利润在2 500~2 860元时，选择方案一，因为方案一的预计每股收益大于方案二。预计息税前利润在2 860~3 200元时，选择方案二，因为方案二的预计每股收益大于方案一。

精通篇 板块 3
投资管理

* **财务管理 精通篇 板块 3 投资管理 主要内容**

本章主要介绍了投资管理概述、投资项目财务评价指标、项目投资管理、证券投资管理、基金投资与期权投资五个方面的内容。考试不仅会在客观题中考查,而且经常以计算分析题或综合题形式出现。

* **学习进度解锁** 57%

母题大做1：项目现金流量

【2017 单选题】某投资项目某年的营业收入为 600 000 元，付现成本为 400 000 元，折旧额为 100 000 元，所得税税率为 25%，则该年营业现金净流量为（　　）元。
A.250 000　　　　　　　　　　　　　　B.175 000
C.75 000　　　　　　　　　　　　　　　D.100 000
【答案】B
【解析】营业现金净流量 = 税后收入 - 税后付现成本 + 非付现成本抵税 = 600 000×（1 - 25%）- 400 000×（1 - 25%）+ 100 000×25% = 175 000（元），或者营业现金净流量 = 税后营业利润 + 非付现成本 =（600 000 - 400 000 - 100 000）×（1 - 25%）+ 100 000 = 175 000（元）。

【西木指引】项目现金流量

现金流量是指由一项长期投资方案所引起的，在未来一定期间所发生的现金收支。其中，现金收入称为现金流入量，现金支出称为现金流出量。现金流量是投资项目财务可行性分析的主要分析对象。

现金净流量（NCF）= 现金流入量 - 现金流出量

项目现金流量分为：投资期现金流量、营业期现金流量、终结期现金流量。

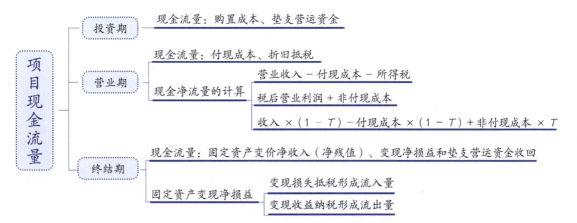

子题速练

【子题 1.1 · 2019 判断题】投资项目是否具有财务可行性，主要取决于该项目在整个寿命周期内获得的利润总额是否超过整个项目投资成本。（　　）

母题大做2：各种评价指标优缺点

难易程度★★☆

【2022多选题】作为投资项目财务评价方法，下列关于净现值法的表述中，正确的有（　　）。
A. 净现值大于0说明投资方案的实际收益率大于折现率
B. 可以用于项目年限相同的互斥投资方案的决策
C. 计算净现值所采用的折现率容易确定
D. 能够根据项目投资风险选择不同的折现率
【答案】ABD
【解析】选项A正确，净现值为正，方案可行，说明方案的实际收益率高于所要求的收益率；选项B正确，净现值指标适应性强，能基本满足项目年限相同的互斥投资方案决策；选项C错误，净现值法采用的贴现率不易确定，折现率的确定要考虑风险报酬的权衡关系，对风险有很好的评估和全面的考虑之后才能设定较为准确的折现率，所以折现率的确定在实务中是比较困难的；选项D正确，投资项目风险不同所采用的折现率也不相同。

【西木指引】各指标优缺点对比

考查频次●●●●●

评价指标	优点	缺点
净现值（NPV）	适用性强；能灵活的考虑投资风险	①折现率不易确定。 ②不便于对原始投资额不相等的独立方案进行直接决策。 ③较难对寿命期不同的互斥方案进行直接决策
年金净流量（ANCF）	适用于期限不同的投资方案决策	①折现率不易确定。 ②不便于对原始投资额不相等的独立方案进行直接决策
现值指数（PVI）	便于对投资规模不同的独立投资方案进行比较和评价	①折现率不易确定。 ②仅代表获得收益的能力，不能等价于项目本身的实际收益率
内含报酬率（IRR）	①IRR反映了投资项目可能达到的投资报酬率，易被高层理解。 ②多个投资方案原始投资现值不同时，可用IRR决策	①计算复杂，不易直接考虑投资风险大小。 ②互斥方案决策时，若原始投资额现值不相等，有时无法正确决策
回收期（PP）	计算简便，易于理解，可大致衡量风险	①没有考虑回收期以后的现金流量。 ②静态回收期没有考虑货币时间价值

子题速练

【子题 2.1 · 2022 单选题】 与现值指数相比,净现值作为投资项目评价指标的缺点是( )。
A. 不能对寿命期相等的互斥投资方案做比较
B. 未考虑项目投资风险
C. 不便于对原始投资额现值不同的独立投资方案做比较
D. 未考虑货币时间价值

【子题 2.2 · 2021 单选题】 在项目资本成本相同时,对于寿命期不同的互斥投资方案,下列各项中,最为适用的决策指标是( )。
A. 动态回收期　　　B. 净现值　　　C. 内含收益率　　　D. 年金净流量

【子题 2.3 · 2022 单选题】 在项目投资决策中,下列关于现值指数法的表述错误的是( )。
A. 现值指数可以反映投资效率
B. 现值指数法适用于对原始投资额现值不同的独立投资方案进行比较和评价
C. 现值指数小于1,则方案可行
D. 现值指数考虑了货币时间价值

【子题 2.4 · 2021 单选题】 对于两个寿命期相同、原始投资额现值不同的互斥投资方案,下列各项中,最为适用的决策指标是( )。
A. 内含收益率　　　B. 净现值　　　C. 动态回收期　　　D. 现值指数

【子题 2.5 · 2022 单选题】 在项目投资决策中,下列关于年金净流量法的表述错误的是( )。
A. 年金净流量等于投资项目的现金净流量总现值除以年金现值系数
B. 年金净流量大于零时,单一投资方案可行
C. 年金净流量法适用于期限不同的投资方案决策
D. 当各投资方案寿命期不同时,年金净流量法与净现值决策结果是一样的

【子题 2.6 · 2020 判断题】 在项目投资决策中,现值指数作为一个相对数指标,可以克服净现值指标不便于对原始投资额现值不同的独立方案进行比较和评价的缺点。( )

【子题 2.7 · 2019 判断题】 对单个投资项目进行财务可行性评价时,利用净现值法和现值指数法所得出的结论是一致的。( )

【子题 2.8 · 2024 判断题】 内含收益率指标用于独立投资项目的决策。( )

母题大做 3：各评价指标计算方法

难易程度 ★★☆

【2021 单选题】某投资项目在折现率为 10% 时，净现值为 100 万元；折现率为 14% 时，净现值为 -150 万元。则该项目的内含收益率为（ ）。
A.12.4%　　　　B.11.33%　　　　C.11.6%　　　　D.12.67%

【答案】C

【解析】内含收益率是使净现值＝0 时的折现率。
$$\frac{i-10\%}{14\%-10\%}=\frac{0-100}{-150-100}$$，解得：$i=11.6\%$。

【西木指引】财务具体评价指标计算方法

考查频次 ●●●●●

评价指标	计算公式	决策原则
净现值（NPV）	NPV＝未来现金净流量现值－原始投资额现值	NPV 为正，方案可行 其他条件相同时，NPV 越大，方案越好
年金净流量（ANCF）	ANCF＝现金净流量总现(终)值÷年金现(终)值系数	ANCF＞0，方案可行 寿命不同的投资方案，ANCF 越大，方案越好
现值指数（PVI）	PVI＝未来现金净流量现值÷原始投资额现值	PVI≥1，方案可行 对于独立投资方案而言，现值指数越大，方案越好
内含收益率（IRR）	①未来每年现金净流量相等时： 未来每年现金净流量×年金现值系数－原始投资额现值＝0 时的折现率 ②未来每年现金净流量不相等时： 令项目 NPV＝0，解出贴现率＝IRR，需要用插值法求解	IRR＞项目资本成本（必要收益率）时，方案可行
回收期（PP）	①未来每年现金净流量相等时： 静态回收期＝原始投资额÷每年现金净流量 动态回收期为 n，则（P/A, i, n）＝原始投资额现值÷每年现金净流量，利用插值法求出动态回收期 n ②未来每年现金净流量不相等时： 静态回收期＝M＋第 M 年的尚未回收额÷第（M＋1）年的现金净流量 动态回收期＝M＋第 M 年的尚未回收额的现值÷第（M＋1）年的现金净流量现值	回收期越短越好

子题速练

【子题 3.1 · 2019 单选题】 如果某投资项目在建设起点一次性投入资金，随后每年都有正的现金净流量，在采用内含收益率对该项目进行财务可行性评价时，下列说法正确的是（　）。
A. 如果内含收益率大于折现率，则项目净现值大于 1
B. 如果内含收益率大于折现率，则项目现值指数大于 1
C. 如果内含收益率小于折现率，则项目现值指数小于 0
D. 如果内含收益率等于折现率，则项目动态回收期小于项目寿命期

【子题 3.2 · 2022 单选题】 在对某投资方案进行分析时发现，当折现率为 8% 时，净现值为 25 万元；当折现率为 10% 时，净现值为 8 万元；当折现率为 12% 时，净现值为 −12 万元。若该投资方案只存在一个内含收益率，则其内含收益率的数值区间为（　）。
A. 介于 10% 与 12% 之间
B. 大于 12%
C. 小于 8%
D. 介于 8% 与 10% 之间

【子题 3.3 · 2018 单选题】 某投资项目需要在第一年年初投资 840 万元，寿命期为 10 年，每年可带来营业现金流量 180 万元，已知按照必要收益率计算的 10 年期年金现值系数为 7.0，则该投资项目的年金净流量为（　）万元。
A.60　　　　　　B.120　　　　　　C.96　　　　　　D.126

【子题 3.4 · 2020 单选题】 关于项目决策的内含收益率法，下列表述正确的是（　）。
A. 项目的内含收益率大于 0，则项目可行
B. 内含收益率指标有时无法对互斥方案作出正确决策
C. 内含收益率指标没有考虑资金时间价值因素
D. 内含收益率不能反映投资项目可能达到的收益率

【子题 3.5 · 2022 多选题】 下列各项中，会影响投资项目内含收益率计算结果的有（　）。
A. 必要投资收益率　　B. 原始投资额现值　　C. 项目的使用年限　　D. 项目建设期的长短

【子题 3.6 · 2018 多选题】 某项目需要在第一年年初投资 76 万元，寿命期为 6 年，每年年末产生现金净流量 20 万元。已知（P/A，14%，6）= 3.888 7，（P/A，15%，6）= 3.784 5。若公司根据内含收益率法认定该项目是有可行性，则该项目的必要投资收益率不可能是（　）。
A.16%　　　　　　B.13%　　　　　　C.14%　　　　　　D.15%

【子题 3.7 · 2023 判断题】 在进行互斥投资方案决策时，若各方案的原始投资额现值不相等，采用内含收益率法可能无法做出正确选择。（　）

【子题 3.8 · 2024 多选题】 某项目需要在第一年年初投资 50 万元，寿命期为 5 年，每年年末产生现金净流量 15 万元。已知（P/A，15%，5）=3.352 2，（P/A，16%，5）=3.274 3。下列说法正确的有（　）。
A. 该项目的内含收益率为 15.24%
B. 该项目的内含收益率为 15.89%
C. 如果该项目必要投资收益率为 15%，该项目可行
D. 如果该项目必要投资收益率为 16%，该项目不可行

【子题 3.9 · 2022 单选题】某项目的投资总额为 450 万元，建设期为 0，预计投产后第 1 ~ 3 年每年现金净流量为 65 万元，第 4 ~ 6 年每年现金净流量为 70 万元，第 7 ~ 10 年每年现金净流量为 55 万元。则该项目的静态回收期为（　　）年。

A.8.18　　　　B.6.43　　　　C.6.82　　　　D.6.92

母题大做 4：各评价指标之间的关系

难易程度 ★★☆

【2023 多选题】某投资项目的寿命期为 10 年，原始投资额于项目期初一次性投入，随后每年现金净流量均为正数，若折现率为 8%，动态回收期为 7 年，下列表述正确的有（　　）。

A. 项目的静态回收期大于 7 年　　　　B. 项目的现值指数大于 1
C. 项目的净现值大于 0　　　　　　　　D. 项目的内含收益率大于 8%

【答案】BCD

【解析】动态回收期 7 年小于项目寿命期 10 年，说明在项目寿命期内收回原始投资额之后还有剩余现金净流量现值，因此净现值大于 0，进而得到现值指数大于 1，内含收益率大于折现率 8%，选项 BCD 正确。静态回收期不考虑货币时间价值，小于动态回收期，选项 A 不正确。

【西木指引】各指标之间的相互关系　　考查频次 ●●●●●

（1）对单个投资项目进行财务可行性评价时，净现值＞0，年金净流量＞0，现值指数＞1，内含收益率＞必要收益率，项目可行。
（2）净现值、年金净流量衡量投资的效益；现值指数、内含收益率衡量投资的效率。
（3）寿命期相同的互斥方案选择用净现值来做决策。
（4）①净现值＞0，项目寿命期＞动态回收期＞静态回收期。
②净现值＜0，项目寿命期＜动态回收期。
③净现值＝0，项目寿命期＝动态回收期＞静态回收期。

子题速练

【子题 4.1 · 2020 单选题】采用静态回收期法进行项目评价时，下列表述错误的是（　　）。
A. 若每年现金净流量不相等，则无法计算静态回收期
B. 静态回收期法没有考虑资金时间价值
C. 若每年现金净流量相等，则静态回收期等于原始投资额除以每年现金净流量
D. 静态回收期法没有考虑回收期后的现金流量

【子题 4.2 · 2019 单选题】某投资项目只有第一年年初产生现金净流出，随后各年均产生现金净流入，且其动态回收期短于项目的寿命期，则该投资项目的净现值（　　）。
A. 大于 0　　　B. 无法判断　　　C. 等于 0　　　D. 小于 0

【子题 4.3 · 2021 多选题】下列投资项目财务评价指标中，考虑了项目寿命期内全部现金流量的有（　　）。
A. 现值指数　　　B. 动态回收期　　　C. 年金净流量　　　D. 内含收益率

【子题 4.4 · 2023 多选题】某投资项目的寿命期为 10 年，原始投资额于项目期初一次性投入，随后每年现金净流量均为正数，若折现率为 8%，动态回收期为 7 年，下列表述正确的有（　）。
A. 项目的静态回收期大于 7 年　　　　　　B. 项目的现值指数大于 1
C. 项目的净现值大于 0　　　　　　　　　　D. 项目的内含收益率大于 8%

【子题 4.5 · 2019 多选题】如果某项目投资方案的内含收益率大于必要收益率，则（　）。
A. 年金净流量大于原始投资额现值　　　　　B. 现值指数大于 1
C. 净现值大于 0　　　　　　　　　　　　　D. 静态回收期小于项目寿命期的一半

【子题 4.6 · 2024 多选题】某投资项目的建设期为 0 年，原始投资额于建设期一次性投出，未来各年的现金净流量均为正。若该项目的年金净流量大于 0，则下列说法中错误的有（　）。
A. 净现值大于 1　　　　　　　　　　　　　B. 现值指数大于 1
C. 内含收益率小于必要收益率　　　　　　　D. 静态回收期大于项目寿命期

母题大做 5：独立投资方案决策

难易程度 ★☆☆

【2018 单选题】在对某独立投资项目进行财务评价时，下列各项中，并不能据以判断该项目具有财务可行性的是（　）。
A. 以必要收益率作为折现率计算的项目，现值指数大于 1
B. 以必要收益率作为折现率计算的项目，净现值大于 0
C. 项目静态投资回收期小于项目寿命期
D. 以必要收益率作为折现率，计算的年金净流量大于 0
【答案】C
【解析】选项 ABD 都可以判断，净现值大于 0，现值指数大于 1，年金净流量大于 0，都是独立方案可行的判断依据；选项 C 不可以，静态回收期小于项目寿命期并不能说明盈利性就好，因为没有考虑回收期以后的现金流量。

【西木指引】独立投资方案决策　　　　　　 考查频次 ●●●○○

在独立投资方案比较决策时：
（1）净现值指标和年金净流量指标，反映的是各方案的获利数额，但不能反映各方案的投资效率，要结合内含收益率指标进行决策。
（2）现值指数指标可以反映各方案的投资效率，但对于期限不同的方案的比较来说，决策结果不够合理。原因是现值指数的计算需要一个适合的折现率，折现率的高低会对不同期限的现金流量产生不同程度的影响（尤其较高的折现率对远期的现金流量产生影响较大），进而将会影响方案的优先次序。
（3）内含收益率指标综合反映了各方案的获利程度，不论原始投资额是否相等，不论项目期限长短，内含收益率反映的是项目本身可以达到的收益率，用该指标决策较为合理。

子题速练

【子题 5.1 · 2019 判断题】 对单个投资项目进行财务可行性评价时，利用净现值法和现值指数法所得出的结论是一致的（　　）。

【子题 5.2 · 2021 判断题】 在独立投资方案决策中，只要方案的现值指数大于 0，该方案就具有财务可行性。（　　）

母题大做 6：互斥投资方案决策

难易程度 ★★★

【2023 单选题】 关于互斥投资方案的决策，假设两个方案的折现率相同，下列表述错误的是（　　）。
A. 两方案寿命期相等，而原始投资额不等，应选择净现值较大的方案
B. 两方案寿命期相等，而原始投资额不等，应选择年金净流量较大的方案
C. 两方案寿命期不等，而原始投资额相等，应选择净现值较大的方案
D. 两方案寿命期不等，而原始投资额相等，应选择年金净流量较大的方案

【答案】 C

【解析】 在两个方案的折现率相同的情况下，关于互斥投资方案的决策，不考虑原始投资额的大小，若寿命期相等，应选择净现值或年金净流量较大的方案，若寿命期不相等，应选择年金净流量较大的方案。

【西木指引】 互斥投资方案决策　　考查频次●●●●●

（1）独立投资方案的决策：一般采用内含收益率法进行比较决策，确定各种可行方案的优先次序。
（2）互斥投资方案的决策：一般采用净现值法和年金净流量法。

寿命相同	即使投资额不同，也是净现值大的优选，因为股东重点关注净现值，而不是内含报酬率，无须考虑原始投资额的大小
寿命不同	①共同年限法，重置后<u>净现值大</u>的优先； ②年金净流量：先计算 NPV，反推年金净流量：年金净流量＝NPV/（P/A，i，n） A 的折现率相同时（此处折现率一般指企业的资本成本），<u>年金净流量大</u>的优先 注：折现率不同时，还需将年金净流量无限重置为永续年金：永续净现值＝等年年额 A/资本成本，此时永续净现值最大的项目为优（中级财管考试，一般考核折现率相同的情况，折现率不同的处理仅供了解）

子题速练

【子题 6.1 · 2022 单选题】 在项目投资决策中，下列关于年金净流量法的表述错误的是（　　）。
A. 年金净流量等于投资项目的现金净流量总现值除以年金现值系数
B. 年金净流量大于零时，单一投资方案可行

C. 年金净流量法适用于期限不同的投资方案决策
D. 当各投资方案寿命期不同时，年金净流量法与净现值决策结果是一致的

【子题 6.2 · 2018 单选题】下列投资决策方法中，最适用于项目寿命期不同的互斥投资方案决策的是（　　）。

A. 净现值法　　　　B. 静态回收期法　　　　C. 年金净流量法　　　　D. 动态回收期法

母题大做 7：固定资产更新决策

难易程度★★★

【2021 单选题】在固定资产更新决策中，旧设备原值为 1 000 万元，累计折旧 800 万元，变价收入为 120 万元，企业所得税税率为 25%。不考虑其他因素，旧设备变现产生的现金净流量为（　　）万元。

A.120　　　　B.200　　　　C.320　　　　D.140

【答案】D

【解析】旧设备变现产生的现金净流量 = 120 +（1 000 − 800 − 120）× 25% = 140（万元）。变现净流入 = 变现价值 ×（1 − 所得税税率）+ 账面价值 × 所得税税率 = 120 × 0.75 + 200 × 0.25 = 140（万元）。

【西木指引】固定资产更新决策　　考查频次●●●●●●

寿命相同	①原则：现金流量总现值小的方案为优。 ②旧设备目前处置收入（税收）就是继续使用旧设备的初始投资金额。 ③设备的使用年限应按尚可使用年限考虑
寿命不同	①原则：扩建重置的设备更新后会引起营业现金流入与流出的变动；更新一般不改变生产能力，营业现金流入不会增加（年金成本最低）。 ②计算：年金成本 = 现金净流出现值 ÷ 年金现值系数。 ③结论：年金净流量最大方案为优

注：更新决策属于互斥方案的范畴，一般更新与否，不会影响收入，所以比较成本孰小即可。

子题速练

【子题 7.1 · 2017 多选题】运用年金成本法对设备重置方案进行决策时，应考虑的现金流量有（　　）。

A. 旧设备年营运成本　　　　　　　　　B. 旧设备残值变价收入
C. 旧设备的初始购置成本　　　　　　　D. 旧设备目前的变现价值

【子题 7.2 · 2018 判断题】在固定资产投资决策中，当税法规定的净残值和预计净残值不同时，终结期现金流量的计算一般应考虑所得税的影响。（　　）

母题大做 8：证券投资的风险

难易程度 ★☆☆

【2020 单选题】下列关于风险的表述，不正确的是（　　）。
A. 价格风险属于系统性风险
B. 购买力风险属于系统性风险
C. 违约风险不属于系统性风险
D. 破产风险不属于非系统性风险
【答案】D
【解析】选项 D 说法错误，系统性风险会影响到资本市场上的所有证券，价格风险、再投资风险和购买力风险属于系统性风险；非系统性风险，是指发生于个别公司的特有事件造成的风险，所以，破产风险、违约风险和变现风险属于非系统性风险。

【西木指引】证券投资管理

考查频次 ●●●○○

（1）证券资产特点：价值虚拟性、可分割性、持有目的多元性、强流动性和高风险性。
（2）证券投资风险：系统性风险和非系统性风险。

系统性风险	①价格风险：市场利率上升，而使证券资产价格普遍下跌的可能性。 ②再投资风险：市场利率下降，而造成的无法通过再投资而实现预期收益的可能性。 ③购买力风险：通货膨胀，而使货币购买力下降的可能性
非系统性风险	①违约风险：证券资产发行者无法按时兑付证券资产利息和偿还本金的可能性。 ②变现风险：证券资产持有者无法在市场上以正常的价格平仓出货的可能性。 ③破产风险：证券资产发行者破产清算时投资者无法收回应得权益的可能性

子题速练

【子题 8.1 · 2018 单选题】某 ST 公司在 2018 年 3 月 5 日宣布其发行的公司债券本期利息总额 8 980 万元将无法于原定付息日 2018 年 3 月 9 日全额支付，仅能够支付 500 万元，则该公司债券的投资者所面临的风险是（　　）。
A. 价格风险　　　　B. 购买力风险　　　　C. 变现风险　　　　D. 违约风险

【子题 8.2 · 2020 单选题】某公司预期未来市场利率上升而将闲置资金全部用于短期证券投资，而到期时市场利率却大幅下降，这意味着公司的证券投资出现（　　）。
A. 再投资风险　　　B. 购买力风险　　　　C. 汇率风险　　　　D. 变现风险

【子题 8.3 · 2023 单选题】由于市场利率上升，证券资产价格具有普遍下跌的可能，投资者由此蒙受损失，此类证券投资风险指（　　）。
A. 购买力风险　　　B. 价格风险　　　　　C. 再投资风险　　　D. 变现风险

【子题 8.4 · 2023 单选题】关于证券投资所面临的购买力风险，下列表述错误的是（　　）。
A. 购买力风险是一种系统性风险
B. 购买力风险将使证券投资名义收益率降低而实际收益率不变
C. 购买力风险不能通过多元化投资予以分散
D. 购买力风险主要由通货膨胀引起

【子题 8.5·2019 单选题】下列属于系统性风险的是（　　）。
A. 违约风险　　　　B. 购买力风险　　　　C. 变现风险　　　　D. 破产风险

母题大做 9：债券投资

难易程度 ★☆☆

【2018 单选题】债券内在价值计算公式中不包含的因素是（　　）。
A. 债券市场价格　　　B. 债券面值　　　C. 债券期限　　　D. 债券票面利率
【答案】A
【解析】$V_b = i \times M \times (P/A, R, n) + M \times (P/F, R, n)$，从债券内在价值公式中可以看出要考虑面值（$M$）、票面利率（$i$）、期限（$n$），债券价值与市价无关。

【西木指引】债券投资

考查频次 ●●●○○

1. 债券要素

债券面值	债券设定的票面金额，代表发行人借入并且承诺于未来某一特定日偿付债券持有人的金额
票面利率	一年内向持有者支付的利息占票面金额的比率
债券到期日	偿还债券本金的日期

2. 债券价值

债券类别	计算公式
典型债券（通用）	债券价值 V = 未来各期利息折现 + 未来收回本金折现
纯贴现债券	债券价值 $V = $ 面值 $/(1+i)^n$，其中：i 为贴现率
永续债券	债券价值 $V = $ 利息 $/i$，其中：i 为贴现率

3. 决策原则

当债券价值高于购买价格，值得投资。

4. 债券期限、市场利率对债券价值的影响

债券期限的影响	市场利率的影响
①只有溢价债券或折价债券，债券价值才受期限影响。 ②债券期限越短，债券票面利率对债券价值的影响越小。 注：随着到期日的接近，溢价发行价值逐渐向下，折价发行价值逐渐向上，向面值趋近。 ③债券期限越长，债券价值越偏离于债券面值。 ④超长期债券的期限差异对债券价值的影响不大	①市场利率与债券价值呈反向变动关系。 ②长期债券对市场利率的敏感性会大于短期债券。 ③市场利率低于票面利率时，债券价值对市场利率的变化较敏感；市场利率超过票面利率后，敏感性减弱

5. 债券投资的收益率

名义利息收益	面值 × 票面利率
利息再投资收益	债券投资评价时，有两个重要的假定： ①到期还本金，分期收取利息。 ②将分期收到的利息重新投资于同一项目，并取得与本金同等的利息收益率
价差收益	卖价－买价，也称为资本利得收益

子题速练

【子题 9.1 · 2022 单选题】关于债券价值，其他因素不变时，下列表述错误的是（　　）。

A. 债券的年内付息次数越多，则债券价值越大

B. 长期债券的价值对市场利率的敏感性小于短期债券

C. 市场利率的上升会导致债券价值下降

D. 若票面利率偏离市场利率，债券期限越长，则债券价值越偏离于债券面值

【子题 9.2 · 2019 单选题】根据债券估价基本模型，不考虑其他因素的影响，当市场利率上升时，固定利率债券价值的变化方向是（　　）。

A. 不变　　　　　　B. 不确定　　　　　　C. 下降　　　　　　D. 上升

【子题 9.3 · 2023 单选题】根据债券估值基本模型，若不考虑其他因素的影响，下列表述错误的是（　　）。

A. 债券票面利率越大，债券价值越大

B. 债券面值越大，债券价值越大

C. 只有溢价债券或折价债券，才产生不同期限下债券价值有所不同的现象

D. 折现率越大，债券的价值越大

【子题 9.4 · 2021 多选题】下列情形中，债券的实际利率与票面利率不一致的有（　　）。

A. 债券溢价发行，每年年末付息一次，到期一次偿还本金

B. 债券折价发行，按年复利计息，到期一次还本付息

C. 债券按面值发行，每年年末付息一次，到期一次偿还本金

D. 债券按面值发行，按年复利计息，到期一次还本付息

【子题 9.5 · 2022 判断题】对于票面利率固定、每期支付利息、到期归还本金的公司债券，当票面利率大于投资者期望的最低投资收益率时，该债券将溢价发行。（　　）

【子题 9.6 · 2023 判断题】当公司债券折价发行时，债券的内部收益率将低于票面利率。（　　）

【子题 9.7 · 2019 判断题】由于债券的面值、期限和票面利息是固定的，因此带给持有者的未来收益仅仅为利息收益。（　　）

【子题 9.8 · 2024 判断题】某企业对外发行的债券，若票面利率与市场利率相等，则该债券为平价发行债券。（　　）

母题大做 10：股票投资

难易程度 ★★☆

【2022 单选题】某公司各年股利增长率保持 5% 不变，预计下一年股利（D_1）为每股 5 元，若投资者要求达到的收益率为 10%，根据股票估价模式的固定增长模式，该股票的价值为（ ）。

A.50 元　　　　　　B.52.5 元　　　　　　C.100 元　　　　　　D.105 元

【答案】C

【解析】$V = D_1 / (R_s - g) = 5 \div (10\% - 5\%) = 100$（元）。

运用股利增长模型估值要注意分子的股利要用 D_1，D_0 和 D_1 本质区别是 D_0 已经发放，D_1 还未发放。

【西木指引】股票估价模型　　　　　　　　　考查频次 ●●●●●

1. 股票价值

决策原则：股票价值高于股票购买价格的股票是值得购买的（股票被低估）。

模型	公式
基本模型	V_S = 未来各期股利折现，若打算中途转让，则还需考虑转让价款的现值
固定增长模型	$V_S = D_1 / (R_S - g) = D_0 (1 + g) / (R_S - g)$
零增长模型	$V_S = D / R_S$，D 每期股利，永续年金，优先股适用此公式

注：① D_0 与 D_1：即将支付的是 D_1（预测期第一期期末），已经支付的是 D_0；

② R_S 若未给定，按照资产资本定价模型确定；g 是固定增长率，一般给定。

2. 股票投资的收益率

①股票收益的来源：由股利收益、股利再投资收益、转让价差收益三部分构成。

注：股票收益的来源类似于债券。

②股票内部收益率。

模型	公式
通用模型	令未来现金流入现值＝购买价格，求贴现率＝收益率
固定增长模型	$R_S = D_1 / P_0 + g$，该公式也用来计算普通股及留存收益的资本成本
零增长模型	$R_S = D / P$

注：决策原则，股票的内部收益率高于投资者所要求的最低收益率时，投资者才愿意购买该股票。

子题速练

【子题 10.1 · 2024 单选题】某公司当期股票市场价格为 50 元／股，当前股利（D_0）为 0.5 元／股，股利增长率为 6%，求该股票的内部收益率为（ ）。

A.6%　　　　　　B.7%　　　　　　C.7.06%　　　　　　D.6.5%

母题大做 11：期权投资

难易程度 ★☆☆

【2023 单选题】关于投资者买入看涨期权的净损失，下列表述正确的是（　　）。
A. 净损失最大为 0
B. 净损失最大为标的资产市场价格
C. 净损失最大为期权费用
D. 净损失最大为执行价格

【答案】C

【解析】买入看涨期权的净损益 = max（到期日标的资产市场价格 − 执行价格，0）− 期权费用，因此买入看涨期权的到期日价值最小值为 0，所以买入看涨期权的净损失最大为期权费用，选项 C 正确。

【西木指引】期权合约

考查频次 ●●●○○

1. 概念

期权合约，又称选择权合约，是指合约持有人可以选择在某一特定时期或该日期之前的任何时间以约定价格买入或者卖出标的资产的合约，即期权合约购买方既可以选择行权也可以选择不行权。

2. 构成要素

要素	含义
标的资产	指期权合约中约定交易的资产，包括商品、金融资产、利率、汇率或综合价格指数等
期权买方	买方通过支付费用获取期权合约规定的权利，也称为期权的多头
期权卖方	卖出期权的一方通过获得买方支付的合约购买费用，承担在规定时间内履行期权合约义务的责任，也称为期权的空头
执行价格	或称为协议价格，指依据合约规定，期权买方在行权时所实际执行的价格。该价格与行权时的实际价格之差将体现为期权买方的收益或损失
期权费用	期权买方为获取期权合约所赋予的权利而向卖方支付的费用，一旦支付，无论买方是否选择行权，费用不予退回。期权费用对于买方而言是该项投资的成本，对于卖方而言，是一项回报
通知日与到期日	通知日为预先确定的交货日之前的某一天，以便做好准备。到期日为期权合约必须履行的时间点

3. 期权到期日价值与净损益的计算

情形	到期日价值		期权净损益
	买入看涨期权	买入看跌期权	
到期日股价 ≥ 执行价格	到期日股价 − 执行价格	0	到期日价值 − 期权费
到期日股价 < 执行价格	0	执行价格 − 到期日股价	

【拓展延伸】投资基金

1. 含义
投资基金是一种集合投资方式，投资者通过购买基金份额，将众多资金集中起来，由专业的投资者即基金管理人进行管理，通过投资组合的方式进行投资，实现利益共享、风险共担。

2. 特点
（1）集合理财实现专业化管理。
（2）通过组合投资实现分散风险的目的。
（3）投资者利益共享且风险共担。
（4）权力隔离的运作机制。
（5）严格的监管制度。

3. 依据投资对象分类

基金分类	具体
股票基金	基金资产的80%以上投资于股票
债券基金	基金资产的80%以上投资于债券
货币市场基金	仅投资于货币市场工具的基金
混合基金	投资于股票、债券、货币市场工具，但投资比例不符合股票基金、债券基金的要求

4. 业绩评价指标

$$持有期间收益率 = \frac{期末资产价格 - 期初资产价格 + 持有期间红利收入}{期初资产价格} \times 100\%$$

子题速练

【子题11.1·2020 单选题】关于证券投资基金的特点，下列说法错误的是（　　）。
A. 基金投资风险由基金托管人和基金管理人承担　B. 通过集合理财实现专业化管理
C. 通过组合投资实现分散风险的目的　　　　　　D. 基金操作权力与资金管理权力相互隔离

【子题11.2·2021 单选题】某基金的全部资产中，有10%投资于股票，5%投资于短期国债，85%投资于公司债券。则该基金被认定为（　　）。
A. 股票基金　　　　B. 货币市场基金　　　　C. 混合基金　　　　D. 债券基金

【子题11.3·2020 单选题】某投资者年初以100元的价格购买A债券，当年获得利息收入5元，当年年末以103元的价格出售该债券，则该债券的持有期间收益率为（　　）。
A. 8%　　　　　　B. 7.77%　　　　　　C. 3%　　　　　　D. 5%

【子题11.4·2024 单选题】某基金将全部资产的82%投资于可转让大额定期存单，7%投资于长期公司债券，11%投资于股票，根据中国证监会关于基金类别的划分标准，该基金类型属于（　　）。
A. 股票基金　　　　B. 混合基金　　　　C. 债券基金　　　　D. 货币市场基金

本章子题速练答案解析

1.1【答案】 错误

【解析】 现金流量是投资项目财务可行性分析的主要分析对象。利润只是期间财务报告的结果，对于投资方案财务可行性来说，项目的现金流量状况比会计期间盈亏状况更为重要。一个投资项目能否顺利进行，有无经济上的效益，不一定取决于有无会计期间利润，而在于能否带来正现金流量，即整个项目能否获得超过项目投资的现金回收。

2.1【答案】 C

【解析】 选项C正确，用现值指数指标来评价独立投资方案，可以克服净现值指标不便于对原始投资额现值不同的独立投资方案进行比较和评价的缺点，从而对方案的分析评价更加合理、客观。净现值法的适用：适用于项目年限相同的互斥投资方案的决策；不适用于各方案的原始投资额现值不相等的决策，也不能直接对寿命期不同的互斥投资方案进行决策。

2.2【答案】 D

【解析】 互斥项目的决策，一般采用净现值法、年金净流量法进行决策。项目寿命期相同时，可以用净现值法或年金净流量法决策；在项目资本成本相同且寿命期不相同时，主要用年金净流量法决策，选项D正确。

2.3【答案】 C

【解析】 选项AD正确，现值指数＝未来现金净流量现值÷原始投资额现值，很显然，现值指数是一个相对数指标，可以反映投资效率，且公式中明显可看出该指标考虑了货币时间价值。选项C错误，若现值指数大于或等于1，方案可行，说明方案实施后的投资收益率高于或等于必要收益率；若现值指数小于1，方案不可行，说明方案实施后的投资收益率低于必要收益率。选项B正确，现值指数可以克服净现值不能对独立方案进行决策的不足。本题采用排除法可以快速准确解题。选项C很明显是错误的，现值指数≥1时，方案才可行。

2.4【答案】 B

【解析】 在互斥投资方案决策中：寿命期相同的互斥投资方案，可以直接用净现值作为决策指标；如果寿命期不同，则采用共同年限法或年金净流量法决策。独立方案决策：比较内含收益率。

2.5【答案】 D

【解析】 选项D错误，当各投资方案寿命期相同时，年金净流量法与净现值决策结果是一样的。

2.6【答案】 正确

【解析】 现值指数是未来现金净流量现值与原始投资额现值之比，是一个相对数指标。现值指数法是净现值法的辅助方法，在各方案原始投资额现值相同时，实质上就是净现值法因此用现值指数指标来评价独立投资方案。现值指数可以克服净现值指标不便于对原始投资额现值不同的独立投资方案进行比较和评价的缺点。

2.7【答案】 正确

【解析】 现值指数法是净现值法的辅助方法，在各方案原始投资额现值相同时，实质上就是净现值法。对单个投资项目进行财务可行性评价时，净现值大于0、现值指数大于1，则项目可行，反之，则不可行。

2.8【答案】 正确

【解析】 独立投资方案决策用内含收益率指标。在互斥投资方案决策中：寿命期相同的互斥投资方案，可以直接用净现值作为决策指标；如果寿命期不同，则采用共同年限法或年金净流量法进行决策。

3.1 【答案】B

【解析】选项A错误，内含收益率是使净现值等于0时的贴现率，内含收益率大于项目折现率时，项目净现值大于0；选项B正确，选项C错误，内含收益率大于项目折现率时，即未来现金净流量现值＞原始投资额现值，现值指数＝未来现金净流量现值／原始投资额现值＞1，反之，内含收益率小于折现率可以得出现值指数小于1；选项D错误，内含收益率等于项目折现率时，项目动态回收期等于项目寿命期。

3.2 【答案】A

【解析】选项A正确，采用折现率10%，净现值为正数，说明方案的内含收益率高于10%。采用折现率12%，净现值为负数，说明方案的内含收益率低于12%，因此内含收益率的数值区间介于10%与12%之间。内含收益率是使净现值为0的折现率，从定义出发很容易能判断出内含收益率所处的区间。

3.3 【答案】A

【解析】投资项目的年金净流量＝现金净流量总现值／年金现值系数＝（未来现金净流量现值－原始投资额现值）／年金现值系数＝（180×7.0－840）／7.0＝60（万元）。

3.4 【答案】B

【解析】选项ACD错误，在计算方案的净现值时，以必要投资收益率作为贴现率计算，净现值的结果往往是大于零或小于零，这就说明方案实际可能达到的投资收益率大于或小于必要投资收益率；当净现值为零时，说明两种收益率相等。内含收益率法就是要计算出使净现值等于零时的贴现率，也就是投资方案实际可能达到的投资收益率。选项B正确，在互斥投资方案决策时，如果各方案的原始投资额现值不相等，内含收益率指标有时无法作出正确的决策。

3.5 【答案】BCD

【解析】内含收益率是指对投资方案未来的每年现金净流量进行贴现，使所得的现值恰好与原始投资额现值相等，从而使净现值等于零时的贴现率。每年现金流量相等时，每年现金净流量×年金现值系数－原始投资额现值＝0；选项BD影响原始投资额现值，选项C影响年金现值系数。从公式出发，计算公式中出现的指标均会影响内含收益率的计算结果。

3.6 【答案】AD

【解析】由20×(P/A,R,6)＝76，解得(P/A,R,6)＝3.8，利用内插法，解得R＝14%＋(3.8－3.8887)/(3.7845－3.8887)×(15%－14%)＝14.85%，当该项目的内含收益率大于投资者的必要收益率，也就是说必要收益率必须小于14.85%，否则方案不可行。

3.7 【答案】正确

【解析】互斥投资不考虑原始投资额的大小，因此各方案的原始投资额现值不相等，采用内含收益率法可能无法做出正确选择。

3.8 【答案】ACD

【解析】选项A正确，选项B不正确，当折现率＝15%时，净现值＝15×3.3522－50＝0.283(万元)，当折现率＝16%时，净现值＝15×3.2743－50＝－0.8855(万元)，根据插值法：(内含收益率－15%)/(16%－15%)＝(0－0.283)/(－0.8855－0.283)，解得：内含收益率＝

15.24%；选项CD正确，当内含收益率≥必要投资收益率时，项目是可行的。

3.9 【答案】C

【解析】静态回收期＝6＋（450－65×3－70×3）/55＝6.82（年）。

4.1 【答案】A

【解析】静态回收期是收回原始投资额的年限，因此，无论每年现金净流量是否相等，都可以计算出静态回收期，所以选项A错误。

4.2 【答案】A

【解析】动态回收期是未来现金净流量的现值等于原始投资额现值时所经历的时间。本题中动态回收期短于项目的寿命期，所以项目未来现金净流量现值大于项目原始投资额现值。净现值＝未来现金净流量现值－原始投资额现值＞0。

4.3 【答案】ACD

【解析】回收期只考虑了收回原始投资额（现值）的时间，没有考虑超过原始投资额（现值）的部分，选项B错误。其他选项都考虑了项目寿命期内全部现金流量。回收期关注的是多久能收回原始投资额（现值），对于收回原始投资额（现值）之后的现金流量并不关心。

4.4 【答案】BCD

【解析】动态回收期7年小于项目寿命期10年，说明在项目寿命期内收回原始投资额之后还有剩余现金净流量现值，因此净现值大于0，进而得到现值指数大于1，内含收益率大于折现率8%，选项B、C、D正确。静态回收期不考虑货币时间价值，小于动态回收期，选项A错误。

4.5 【答案】BC

【解析】选项A不符合题意，选项BC符合题意，某项目内含收益率大于必要收益率，则说明该项目具有可行性，则净现值大于0，年金净流量大于0，现值指数大于1，未来现金净流量现值大于原始投资额现值。选项D不符合题意，项目可行，则静态回收期小于项目寿命期，但"静态回收期小于项目寿命期的一半"无法判断。

4.6 【答案】ACD

【解析】当项目的年金净流量大于0，则净现值大于0，内含收益率大于必要收益率，现值指数大于1，选项AC错误，选项B正确。项目净现值大于0，意味着动态回收期小于项目寿命期，而静态回收期小于动态回收期，因此静态回收期小于项目寿命期，选项D错误。

5.1 【答案】正确

【解析】现值指数法是净现值法的辅助方法，在各方案原始投资额现值相同时，实质上就是净现值法。对单个投资项目进行财务可行性评价时，净现值＞0，现值指数＞1，内含收益率＞必要收益率，则项目可行，反之不可行。

5.2 【答案】错误

【解析】现值指数大于或等于1，方案具有财务可行性，说明方案实施后的投资收益率高于或等于必要收益率。

6.1 【答案】D

【解析】选项D错误，当各投资方案寿命期相同时，年金净流量法与净现值决策结果是一致的。年金净流量法适用于期限不同的投资方案决策，是净现值法的辅助方法，在各方案寿命期相同时，实质上就是净现值法。

6.2 【答案】C

【解析】选项A不符合题意,净现值法不能直接用于对寿命期不同的互斥投资方案进行决策,某项目尽管净现值小,但其寿命期短,另一项目尽管净现值大,但它是在较长的寿命期内取得的,两项目由于寿命期不同,因而净现值是不可比的。选项BD不符合题意,静态回收期和动态回收期都只考虑了未来现金净流量(或现值)总和中等于原始投资额(或现值)的部分,没有考虑超过原始投资额(或现值)的部分。选项C符合题意,年金净流量法是投资收益折算为等额年金的平均现金净流量,克服了净现值法无法对期限不同的投资方案决策的缺点。

7.1 【答案】ABD

【解析】选项ABD都要考虑,选项C不考虑,旧设备的初始购置成本是沉没成本,不需要考虑。

7.2 【答案】正确

【解析】固定资产投资决策中,当税法规定的净残值和预计净残值不同时,应该考虑所得税的情形。固定资产变现净损益对现金净流量的影响=(账面净残值-预计的净残值)×所得税税率。

8.1 【答案】D

【解析】违约风险是证券资产发行者无法按时兑付证券资产利息和偿还本金的可能性。由于ST公司将无法于原定付息日全额支付利息,因此存在违约风险。

8.2 【答案】A

【解析】再投资风险是由于市场利率下降所造成的无法通过再投资而实现预期收益的可能性。

8.3 【答案】B

【解析】价格风险是指由于市场利率上升,证券资产价格普遍下跌的可能性。

8.4 【答案】B

【解析】购买力风险是由于通货膨胀而使货币购买力下降的可能性。证券资产是一种货币性资产,通货膨胀会使证券资产投资的本金和收益贬值,名义收益率不变而实际收益率降低。选项B错误。

8.5 【答案】B

【解析】系统性风险包括价格风险、再投资风险和购买力风险(选项B)。非系统性风险包括违约风险、变现风险和破产风险。

9.1 【答案】B

【解析】选项B错误,长期债券对市场利率的敏感性会大于短期债券,在市场利率较低时,长期债券的价值远高于短期债券,在市场利率较高时,长期债券的价值远低于短期债券。根据财管中"早收晚付"的思想,付息频率提高债券价值上升(A正确);利率上升折现率上升,未来现金流量现值下降,价值下降(C正确);债券期限延长会使债券溢价溢得更多,折价折得也更多,期限越长价值越偏离面值(D正确)。

9.2 【答案】C

【解析】债券价值与市场利率是反向变动的。市场利率下降,债券价值上升;市场利率上升,债券价值下降。

9.3 【答案】D

【解析】选项D说法错误,折现率与债券价值反向变动,折现率越大,债券的价值越小。

9.4 【答案】AB

【解析】"每年年末付息一次，到期一次偿还本金"和"按年复利计息，到期一次还本付息"，在实质上是相同的。债券按面值发行的情况下，实际利率与票面利率一致。溢价发行的情况下，实际利率低于票面利率。折价发行的情况下，实际利率高于票面利率。折价、溢价发行的债券实际利率与票面利率不一致。

9.5 【答案】正确

【解析】当票面利率大于投资者期望的最低投资收益率时，债券价值大于债券票面价值，因此在债券实际发行时就要溢价发行。

9.6 【答案】错误

【解析】当债券折价发行时，债券的内部收益率高于票面利率。当债券溢价发行时，债券的内部收益率低于票面利率。当债券平价发行时，债券的内部收益率等于票面利率。

9.7 【答案】错误

【解析】债券投资的收益是投资于债券所获得的全部投资收益，这些投资收益率来源于三个方面：名义利息收益、利息再投资收益、价差收益。

9.8 【答案】正确

10.1 【答案】C

【解析】股利增长模型内部收益率 $= D_0 \times (1 + g)/P_0 + g = 0.5 \times (1 + 6\%)/50 + 6\% = 7.06\%$。

11.1 【答案】A

【解析】选项 A 说法错误，参与基金运作的基金管理人和基金托管人仅按照约定的比例收取管理费和托管费用，无权参与基金收益的分配，也不承担基金投资的风险。

11.2 【答案】D

【解析】股票基金为基金资产 80% 以上投资于股票的基金，债券基金为基金资产 80% 以上投资于债券的基金，货币市场基金仅投资于货币市场工具，混合基金是指投资于股票、债券和货币市场工具，但股票投资和债券投资的比例不符合股票基金、债券基金规定的基金。因此选项 D 正确。

11.3 【答案】A

【解析】持有期间收益率 $= (103 - 100 + 5)/100 \times 100\% = 8\%$。

11.4 【答案】B

【解析】股票基金为基金资产 80% 以上投资于股票的基金。债券基金为基金资产 80% 以上投资于债券的基金。此题不符合股票基金、债券基金规定的基金。根据题干本题 B 选项正确。

必会主观题

【主观题 1 · 2023 计算分析题】甲公司于 2021 年年初买入两种股票，有关资料如下：

（1）2020 年购买并长期持有 X 公司股票，股票价格为每股 25 元，预计未来每年年末发放的现金股利均为 2 元/股。

（2）2021 年年初购买并暂时持有 Y 公司股票，股票价格为每股 22.2 元。2021 年年末收到现金股利 1.72 元/股。2022 年年末收到现金股利 2.5 元/股。

甲公司于 2023 年年初以每股 27 元的价格出售 Y 公司股票。甲公司经过测算，投资 Y 公司股票的内部收益率介于 19% 与 20% 之间。

要求：
（1）计算 X 股票投资的内含收益率。
（2）分别以 19% 和 20% 作为折现率，计算投资 Y 股票的净现值，并利用插值法计算 Y 股票的内含收益率。

【主观题 2·2020 计算分析题】甲公司拟购买由 A、B、C 三种股票构成的投资组合，资金权重分别为 20%、30%、50%，A、B、C 三种股票的 β 系数分别为 0.8、2 和 1.5。无风险收益率为 4%，市场平均收益率为 10%，购买日 C 股票价格为 11 元/股，当年已发放股利（D_0）为每股 0.9 元，预期股利按 3% 的固定比率逐年增长，投资者要求达到的收益率为 13%。
要求：
（1）计算该投资组合 β 系数。
（2）使用资本资产定价模型，计算该投资组合必要收益率。
（3）使用股票估价模型计算 C 股票价值，并据此判断 C 股票是否值得单独购买。

【主观题 3·2020 计算分析题】某投资者准备购买甲公司的股票，当前甲公司股票的市场价格为 4.8 元/股，甲公司采用固定股利政策，预计每年的股利均为 0.6 元/股。已知甲公司股票的 β 系数为 1.5，无风险收益率为 6%，市场平均收益率为 10%。
要求：
（1）采用资本资产定价模型计算甲公司股票的必要收益率。
（2）以要求（1）的计算结果作为投资者要求的收益率，采用股票估价模型计算甲公司股票的价值，据此判断是否值得购买，并说明理由。
（3）采用股票估价模型计算甲公司股票的内部收益率。

【主观题 4·2019 计算分析题】甲公司拟购置一套监控设备。有 X 和 Y 两种设备可供选择，二者具有同样的功能，X 设备的购买成本为 480 000 元，每年付现成本为 40 000 元，使用寿命 6 年，该设备采用直线法折旧，年折旧额为 80 000 元，税法残值为 0，最终报废残值为 12 000 元。Y 设备使用寿命为 5 年，经测算，年金成本为 105 000 元，投资决策采用的折现率为 10%，公司适用的企业所得税税率为 25%，有关货币时间价值系数为：（P/F，10%，6）= 0.564 5；（P/A，10%，6）= 4.355 3；（F/A，10%，6）= 7.715 6。
要求：
（1）计算 X 设备每年的税后付现成本。
（2）计算 X 设备每年的折旧抵税额和最后一年年末的税后残值收入。
（3）计算 X 设备的年金成本。
（4）运用年金成本方式判断公司应选哪一设备。

【主观题 5·2021 计算分析题】某投资者准备购买甲公司的股票并打算长期持有。甲公司股票当前的市场价格为 32 元/股，预计未来 3 年每年股利均为 2 元/股，随后股利年增长率为 10%。甲公司股票的 β 为 2，当前无风险收益率为 5%，市场平均收益率为 10%。有关货币时间价值系数如下：（P/F，10%，3）= 0.751 3，（P/A，10%，3）= 2.486 9；（P/F，15%，3）= 0.657 5，

(P/A, 15%, 3) = 2.283 2。

要求:

(1) 采用资本资产定价模型计算甲公司股票的必要收益率。

(2) 以要求 (1) 的计算结果作为投资者要求的收益率, 采用股票估价模型计算甲公司股票的价值。

(3) 根据要求 (2) 的计算结果, 判断甲公司 C 股票是否值得购买, 并说明理由。

本章必会主观题答案解析

1. 【答案】

(1) X 股票投资的内含收益率 = 2/25 = 8%

(2) 当折现率 = 19% 时, Y 股票的净现股票的净现值 = 1.72/(1 + 19%) + 2.5/(1 + 19%)^2 + 27/(1 + 19%)^2 − 22.2 = 0.08

当折现率 = 20% 时, Y 股票的净现值 = 1.72/(1 + 20%) + 2.5/(1 + 20%)^2 + 27/(1 + 20%)^2 − 22.2 = − 0.28

插值法计算 Y 股票的内含收益率 IRR:

(0 − 0.08)/(− 0.28 − 0.08) = (IRR − 19%)/(20% − 19%)

解得 IRR = 19.22%。

2. 【答案】

(1) 该投资组合 β 系数 = 20% × 0.8 + 30% × 2 + 50% × 1.5 = 1.51

(2) 该投资组合必要收益率 = 4% + 1.51 × (10% − 4%) = 13.06%

(3) C 股票价值 = 0.9 × (1 + 3%)/(13% − 3%) = 9.27 (元/股), 因为 C 股票价值低于股票价格 11 元/股, 所以 C 股票不值得单独购买。

3. 【答案】

(1) 甲公司股票的必要收益率 = 6% + 1.5 × (10% − 6%) = 12%

(2) 甲公司股票的价值 = 0.6/12% = 5 (元/股), 甲公司股票的价值 5 元/股, 大于股票的市场价格 4.8 元/股, 该股票值得购买。

(3) 甲公司股票的内部收益率 = 0.6/4.8 = 12.5%

4. 【答案】

(1) X 设备每年的税后付现成本 = 40 000 × (1 − 25%) = 30 000 (元)

(2) X 设备每年的折旧抵税额 = 80 000 × 25% = 20 000 (元), 因为税法残值为 0, 则最后一年年末的税后残值收入 = 12 000 × (1 − 25%) = 9 000 (元)

(3) X 设备的年金成本 = [480 000 + 30 000 × (P/A, 10%, 6) − 20 000 × (P/A, 10%, 6) − 9 000 × (P/F, 10%, 6)]/(P/A, 10%, 6) = 119 044.04 (元)

(4) 由于 X 设备的年金成本大于 Y 设备, 所以应该选择 Y 设备。

5. 【答案】

(1) 甲公司股票的必要收益率 = 5% + 2 × (10% − 5%) = 15%

(2) 甲公司股票的价值 = 2 × (P/A, 15%, 3) + 2 × (1 + 10%)/(15% − 10%) × (P/F, 15%, 3) = 33.50 (元/股)

(3) 甲公司股票的价值 33.50 元/股大于股票当前的市场价格 32 元/股, 甲公司股票值得投资。

精通篇 板块 4
营运资金管理

财务管理 精通篇 板块 4 营运资金管理 主要内容

本章介绍了营运资金管理概述、现金管理、应收账款管理、存货管理和流动负债管理五个方面的内容。本章除考查客观题外，也有可能出主观题。

学习进度解锁 71%

母题大做 1：营运资金管理概念

难易程度 ★☆☆

【2018 单选题】一般而言，营运资金指的是（　　）。
A. 流动资产减去存货后的余额
B. 流动资产减去流动负债后的余额
C. 流动资产减去速动资产后的余额
D. 流动资产减去货币资金后的余额
【答案】B
【解析】营运资金是指在企业生产经营活动中占用在流动资产上的资金。营运资金有广义和狭义之分，广义的营运资金是指一个企业流动资产的总额；狭义的营运资金是指流动资产减去流动负债后的余额。

【西木指引】营运资金管理

考查频次 ●●●○○

（1）含义：营运资金是指在企业生产经营活动中占用在流动资产上的资金。
营运资金＝流动资产－流动负债。
注：营运资金的数额越大，财务状况越稳定（越保守），该观点在投融资策略中会用到。
（2）原则：
①满足正常资金需求；
②提高资金使用效率；
③节约资金使用成本；
④维持短期偿债能力。

子题速练

【子题 1.1 · 2021 单选题】某公司预测将出现通货膨胀，于是提前购置一批存货备用。从财务管理角度看，这种行为属于（　　）。
A. 长期投资管理　　B. 收入管理　　C. 营运资金管理　　D. 筹资管理

【子题 1.2 · 2020 多选题】下列各项中，对营运资金占用水平产生影响的有（　　）。
A. 货币资金　　B. 应收账款　　C. 预付款项　　D. 存货

母题大做 2：营运资金管理策略

难易程度 ★☆☆

【2021 单选题】 某企业拥有流动资产 900 万元，其中永久性流动资产 350 万元，企业融资总额为 1 500 万元，其中 30% 为短期融资，不考虑其他因素，该企业的融资策略为（ ）。
A. 折中融资策略　　　B. 期限匹配融资策略　　　C. 保守融资策略　　　D. 激进融资策略
【答案】C
【解析】波动性流动资产 = 流动资产 − 永久性流动资产 = 900 − 350 = 550（万元），短期融资金额 = 融资总额 × 短期融资额占比 = 1 500 × 30% = 450（万元），短期融资金额 < 波动性流动资产，所以为保守融资策略。判断融资策略可直接比较波动性流动资产和短期融资，短期融资少为保守融资策略，反之，为激进融资策略，相等为匹配融资策略。

【西木指引】流动资产的融资策略

考查频次 ●●●○○

1. 流动资产、负债分类

	分类	特点	特征
流动资产	永久性流动资产	满足企业长期最低需求的流动资产，其占有量相对稳定（淡季需求）	长期资金需求
	波动性流动资产（临时性流动资产）	指由于季节性或临时性的原因而形成的流动资产（旺季需求）	短期资金需求
流动负债	自发性负债（经营性流动负债）	直接产生于企业持续经营中的负债，如其他应付款、应付职工薪酬、应付税费等，自发性负债可供企业长期使用	长期使用，长期来源
	临时性负债（筹资性流动负债）	为了满足临时性流动资金需要所发生的负债，临时性负债一般只能供企业短期使用（旺季举债）	短期使用，短期来源

2. 三种流动资产融资策略

保守策略	匹配策略	激进策略
临时性负债占比重最小，长资短用，资本成本高，风险与收益均低	长资长用，短资短用，互不相欠	临时性负债占比重最大，短资长用，资本成本低，风险与收益均高

注："长资短用"中"长资"指资金的长期来源，资金长期来源 = 所有者权益 + 长期负债 + 经营性流动负债，"短用"指用于波动性流动资产。"短资长用"同理。匹配融资策略是战略性的观念匹配，不要求实际金额完全匹配。

【拓展延伸】流动资产的投资策略

1. 衡量指标

流动资产与销售收入比率。

2. 两种策略

紧缩的流动资产投资策略	宽松的流动资产投资策略
①维持低水平的流动资产与销售收入比率。 ②高风险、高收益	①维持高水平的流动资产与销售收入比率。 ②低风险、低收益

3. 影响投资策略制定的因素

因素	具体表现
收益性和风险性	增加流动资产投资：持有成本较高，短缺成本较低，收益较少； 减少流动资产投资：持有成本较少，短缺成本较高，收益较高； 持有成本＋短缺成本之和最低时，最优
内外部环境	①债权人：债权人对企业流动性水平非常重视。如果公司重视债权人的意见，会持有较多流动资产； ②融资：融资困难的企业，通常采用紧缩政策； ③产业：销售边际毛利较高的产业，宽松的信用政策可能为企业带来更为可观的收益
影响企业政策的决策者	①保守的决策者倾向于宽松的流动资产投资策略，激进的决策者倾向于紧缩的流动资产投资策略； ②生产经理喜欢高水平的原材料，销售经理喜欢高水平的存货和宽松的信用政策； ③财务管理人员喜欢使存货和应收账款最小化

子题速练

【子题 2.1 · 2023 单选题】某公司生产经营中永久性流动资产和波动性流动资产各 400 万元，不考虑其他因素，下列行为符合保守流动资产融资策略的是（　）。

A. 用短期资金来源支持 400 万元波动性流动资产

B. 用短期资金来源支持 200 万元永久性流动资产

C. 用短期资金来源支持 200 万元波动性流动资产

D. 用短期资金来源支持 400 万元永久性流动资产

【子题 2.2 · 2017 单选题】某公司资产总额为 9 000 万元，其中永久性流动资产为 2 400 万元，波动性流动资产为 1 600 万元，该公司长期资金来源金额为 8 100 万元，不考虑其他情形，可以判断该公司的融资策略属于（　）。

A. 期限匹配融资策略　　　　　　　　B. 保守融资策略

C. 激进融资策略　　　　　　　　　　D. 风险匹配融资策略

【子题 2.3 · 2019 多选题】不考虑其他因素，企业采用宽松的流动资产投资策略将导致（　）。

A. 较低的资产流动性　　　　　　　　B. 较低的偿债能力

C. 较低的流动资产短缺成本　　　　　D. 较低的收益水平

【子题 2.4·2021 多选题】企业在制定流动资产融资策略时，下列各项中被视为长期资金来源的有（   ）。
A. 股东权益资本   B. 临时性流动负债   C. 自发性流动负债   D. 长期负债

【子题 2.5·2018 判断题】在紧缩型流动资产投资策略下，企业一般会维持较高水平的流动资产与销售收入比率，因此财务风险与经营风险较小（   ）。

【子题 2.6·2018 判断题】一般而言，企业依靠大量短期负债来满足自身资金需求的做法体现出一种较为保守的融资策略。（   ）

母题大做 3：现金持有动机

难易程度 ★☆☆

【2018 多选题】企业持有现金，主要出于交易性、预防性和投机性三大需求，下列各项中体现了交易性需求的有（   ）。
A. 为满足季节性库存的需求而持有现金
B. 为避免因客户违约导致的资金链意外断裂而持有现金
C. 为提供更长的商业信用期而持有现金
D. 为在证券价格下跌时买入证券而持有现金

【答案】AC

【解析】选项 AC 符合题意，企业的交易性需求是指企业为了维持日常周转及正常商业活动所需持有的现金额；选项 B 不符合题意，其目的属于应付突发事件，所以是预防性需求；选项 D 不符合题意，其表述是企业需要持有一定量的现金以抓住突然出现的获利机会，所以是投机性需求。

【西木指引】持有现金的动机

考查频次 ●●●○○

交易性需求	企业为了维持日常周转及正常商业活动所需持有的现金额
预防性需求	企业需要持有一定量的现金，以应付突发事件
投机性需求	企业需要持有一定量的现金以抓住突然出现的获利机会

子题速练

【子题 3.1·2020 单选题】由于供应商不提供信用政策，公司需要准备足够多的现金以满足材料采购的需求，这种现金持有动机属于（   ）。
A. 交易性需求   B. 投资性需求   C. 预防性需求   D. 调整性需求

【子题 3.2·2019 单选题】某公司发现某股票的价格因突发事件而大幅下降，预判有很大的反弹空间，但苦于没有现金购买。这说明该公司持有的现金未能满足（   ）。
A. 投机性需求   B. 预防性需求   C. 决策性需求   D. 交易性需求

【子题 3.3 · 2019 判断题】不考虑其他因素，如果企业临时融资能力较强，则其预防性现金需求的现金持有量一般较低。（   ）

【子题 3.4 · 2022 判断题】企业为应对未来可能出现的大客户违约导致经营紧张而持有一定的现金，该现金的持有目的在于满足投机性需求。（   ）

【子题 3.5 · 2021 判断题】公司为应对未来可能出现的突发事件而持有一定量的现金，该现金持有动机在于满足预防性需求。（   ）

母题大做 4：目标现金余额的确定

难易程度★★★

【2019 单选题】某公司采用随机模型计算得出目标现金余额为 200 万元，最低限额为 120 万元，则根据该模型计算的现金上限为（   ）万元。

A.280　　　　　　B.360　　　　　　C.240　　　　　　D.320

【答案】B

【解析】$H = 3R - 2L = 3 \times 200 - 2 \times 120 = 360$（万元）。

【西木指引】目标现金余额的确定　　　考查频次 ●●●●●

1. 成本分析模型

决策思路	最优的现金持有量是使得现金持有成本最小化的持有量	
假设	成本模式假定与交易成本无关	
三个成本	机会成本	与现金持有量正相关
	管理成本	固定成本，与现金持有量没有明显的比例关系
	短缺成本	与现金持有量负相关
计算	总成本＝管理成本＋机会成本＋短缺成本，机会成本与短缺成本反方向变化，二者相等时总成本最低	

2. 存货模型

决策思路	交易成本和机会成本之和最小 交易成本＝机会成本时，总成本最小
计算	机会成本＝平均现金持有量 × 机会成本率＝$C/2 \times K$ ① 交易成本＝交易次数 × 每次交易成本＝$T/C \times F$ ② 最佳持有量：令①＝②，解得：$C^* = \sqrt{2TF/K}$ 最佳现金持有量下的相关总成本＝机会成本＋交易成本＝$\sqrt{2TFK}$

3. 随机模式（米勒-奥尔模型）

控制原理	①企业根据历史经验和现实需要，测算出一个现金持有量的控制范围，即制定出现金持有量的上限和下限，将现金量控制在上下限之内。 ②现金持有量一旦达到最高控制线 H，则买入有价证券至回归线水平，现金持有量一旦低于最低控制线 L，则卖出有价证券至回归线水平
适用	适用于资金需求总量及每日收支难以预测的情况，计算出来的现金持有量比较保守
三条线	下限（L）：题目已知条件
	回归线（R）：$R = \sqrt[3]{\dfrac{3b \times \delta^2}{4i}} + L$，一般题目已知
	上限（H）：$H = 3R - 2L$

注：公式中：b 为每次转换成本，δ 为每日现金流量变动标准差，i 为以日计算的现金机会成本。

📖 子题速练

【子题 4.1 · 2022 单选题】某公司采用随机模型确定目标现金余额，若现金余额的最低控制线（下限）为 3 000 万元，最高控制线（上限）为 15 000 万元，则该公司的目标现金余额为（　　）。
A.6 000 万元　　　　　B.5 000 万元　　　　　C.9 000 万元　　　　　D.7 000 万元

【子题 4.2 · 2023 单选题】在确定目标现金余额的随机模型中，如果最低控制线 L 值为 10 000 元，回归线 R 为 15 500 元，则最高控制线 H 值为（　　）元。
A.21 000　　　　　　B.25 500　　　　　　C.31 000　　　　　　D.26 500

【子题 4.3 · 2023 多选题】在用成本分析模式确定最佳现金持有量时，下列说法正确的有（　　）。
A. 机会成本与现金持有量呈正比
B. 管理成本一般为固定成本
C. 短缺成本与现金持有量呈反比
D. 交易成本与现金持有量呈反比

【子题 4.4 · 2020 判断题】现金管理的存货模型中，最佳现金持有量是机会成本和交易成本线交叉的点所对应的现金持有量。（　　）

【子题 4.5 · 2019 判断题】企业持有现金的机会成本主要是指企业为了取得投资机会而发生的佣金、手续费等有关成本。（　　）

【子题 4.6 · 2020 判断题】在确定目标现金余额时，无论成本分析模型还是存货模型，都需要考虑持有现金的机会成本。（　　）

【子题 4.7 · 2024 单选题】下列与现金持有量相关的各项成本中，成本分析模型不需要考虑（　　）。
A. 机会成本　　　　　B. 短缺成本　　　　　C. 管理成本　　　　　D. 交易成本

母题大做 5：现金收支日常管理

难易程度 ★☆☆

【2021 单选题】已知存货周转期为 45 天，应收账款周转期为 60 天，应付账款周转期为 40 天，则现金周转期为（　）天。
A.145　　　　　　B.65　　　　　　C.105　　　　　　D.25
【答案】B
【解析】现金周转期＝应收账款周转期＋存货周转期－应付账款周转期＝60＋45－40＝65（天）。

【西木指引】现金收支日常管理　　考查频次 ●●○○○

1. 现金周转期

现金周转期＝经营周期－应付账款周转期

经营周期＝存货周转期＋应收账款周转期

现金周转期＝存货周转期＋应收账款周转期－应付账款周转期

其中：

（1）存货周转期＝存货平均余额／每天的销货成本；

（2）应收账款周转期＝应收账款平均余额／每天的销货收入；

（3）应付账款周转期＝应付账款平均余额／每天的购货成本。

减少现金周转期三措施：加快制造与销售产成品；加速应收账款的回收；减缓支付应付账款。

2. 收款管理

收款系统	**收款成本**：包括浮动期成本，管理收款系统的相关费用（例如银行手续费）及第三方处理费用或清算相关费用。 **收款浮动期**：是指从支付开始到企业收到资金的时间间隔，主要是资金支付工具导致的。收款浮动期包括：邮寄浮动期、处理浮动期、结算浮动期
收款方式改善	电子支付方式的好处： ①结算时间和资金可用性可以预计； ②具有灵活性，不受人工干扰； ③汇款信息与支付同时传达； ④减少收款浮动期，降低成本，提高预测精度

3. 付款管理

策略	含义
使用现金浮游量	提高收款效率与延长付款时间产生企业账户和银行账户上企业存款的资金余额差额

精通篇 板块 4 · 营运资金管理

续表

策略	含义
推迟应付款的支付	不影响自己信誉的前提下，充分运用供货方所提供的信用优惠，尽可能地推迟应付款的支付期
汇票代替支票	开票后一段时间才会支付，这段时间资金企业可用
改进员工工资支付模式	专门设立一个工资账户
透支	企业开出支票的金额大于活期存款余额
争取现金流出与现金流入同步	尽量使现金流出与流入同步，这样可以降低交易性现金余额，同时可以减少有价证券转换为现金的次数，提高现金的利用效率，节约转换成本
使用零余额账户	企业与银行合作，开立多个子账户，只在主账户保持一定的安全储备

子题速练

【子题 5.1 · 2010 单选题】下列各项中，不属于现金支出管理措施的是（　　）。
A. 推迟支付应付款　　B. 提高信用标准　　C. 以汇票代替支票　　D. 争取现金收支同步

【子题 5.2 · 2014 单选题】某公司存货周转期为 160 天，应收账款周转期为 90 天，应付账款周转期为 100 天，则该公司现金周转期为（　　）天。
A.30　　　　　　　　B.60　　　　　　　　C.150　　　　　　　　D.260

【子题 5.3 · 2024 判断题】若其他条件保持不变，企业的存货周转率越高，现金周转期越大。（　　）

母题大做 6：应收账款信用政策决策

难易程度★★★

【2021 单选题】某公司信用条件为"0.8/10，N/30"，预计有 25%（按销售额计算）的客户选择现金折扣优惠，其余客户在信用期满时付款，则平均收现期为（　　）。
A.15 天　　　　　　　B.20 天　　　　　　　C.30 天　　　　　　　D.25 天
【答案】D
【解析】平均收现期 = 25%×10 + （1 − 25%）×30 = 25（天）。

【西木指引】信用政策：信用标准 + 信用条件 + 收账政策　　考查频次●●●●●

1. 信用标准

定性分析	5C：品质（最重要）、能力（偿债能力）、资本（可偿债的财务资源）、抵押、条件（外在因素）

续表

定量分析	流动性指标（流动比率、速动比率、现金对负债总额比率）； 债务管理和支付比率（利息保障倍数、长期债务对资本比率、带息债务对资产总额比率、负债总额对资产总额比率）； 盈利能力（销售回报率、总资产回报率和净资产收益率）

2. 信用条件

（1）决策原理：增加的收益－信用政策增加的成本，是否大于0。

（2）具体计算：

收益增加	收益的增加＝增加的收入－增加的变动成本－增加的固定成本
成本增加	第一，应收账款占用资金的应计利息（机会成本） ＝（日销售额 × 平均收现期）× 变动成本率 × 资本成本 ＝（应收账款平均余额）× 变动成本率 × 资本成本 ＝（应收账款占用资金）× 资本成本 增加的利息＝新占用利息－旧占用利息 第二，管理成本（收款费用）增加、坏账损失增加、现金折扣成本增加 注：现金折扣成本增加＝新的销售水平 × 新的享受现金折扣的顾客比例 × 新的现金折扣率－旧的销售水平 × 旧的享受现金折扣的顾客比例 × 旧的现金折扣率 第三，存货占用资金的应计利息的增加＝存货增加量 × 存货单位变动成本 × 资本成本 第四，应付账款占用资金的预计利息（减少）＝应付账款平均余额增加 × 资本成本

3. 收账决策

收益增加－成本增加，若差额大于0，则改变信用政策可行。

【扩展延伸】平均逾期天数的计算

应收账款周转天数＝应收账款平均余额 ÷ 平均日销售额

平均逾期天数＝应收账款周转天数－平均信用期天数

子题速练

【子题 6.1 · 2022 单选题】某公司全年应收账款平均余额为 360 万元，平均日赊销额为 10 万元，信用条件为在 30 天内按全额付清款项，则该公司应收账款的平均逾期天数为（　　）天。

A.0　　　　　　　　B.6　　　　　　　　C.30　　　　　　　　D.36

【子题 6.2 · 2018 单选题】下列各项中，可用来表示应收账款机会成本的是（　　）。

A. 坏账损失　　　　　　　　　　　　B. 给予客户的现金折扣

C. 应收账款占用资金的应计利息　　　D. 应收账款日常管理费用

【子题 6.3 · 2023 判断题】在其他条件不变的情况下，如果应收账款收现期延长，则应收账款的机会成本增加。（ ）

母题大做 7：
最优存货量经济订货基本模型

难易程度 ★★☆

【2022 多选题】根据经济订货基本模型，影响经济订货批量的相关存货成本有（ ）。
A. 固定订货成本　　　B. 变动储存成本　　　C. 变动订货成本　　　D. 固定储存成本
【答案】BC
【解析】选项 BC 正确，固定订货成本、固定储存成本不属于经济订货批量的相关成本。相关成本影响经济订货批量，包括变动订货成本和变动储存成本。无关成本包括购置成本、固定订货成本、固定储存成本和缺货成本。

【西木指引】经济订货模型 考查频次 ●●●●●

1. 经济订货基本模型

含义	使存货总成本最低的进货批量，叫作经济订货批量或经济批量
假设	①总需求量已知　　　　　　　　　　⑤库存储存成本与库存水平呈线性关系 ②不存在订货提前期，即可以随时补充存货　⑥货物不受其他货物影响 ③货物一次性入库　　　　　　　　　⑦不允许缺货（无缺货成本） ④无批量折扣
计算	①变动订货成本 = 年订货次数 × 每次订货变动成本 = (D/Q) × K ②变动储存成本 = 年平均库存 × 单位储存变动成本 = (Q/2) × K_C ③令 ① = ②： 经济订货量 $EOQ = \sqrt{2KD/K_C}$（变动订货成本 = 变动储存成本时，相关成本最低） ④最小相关总成本 $TC(EOQ) = \sqrt{2KDK_C}$ ⑤年最佳订货次数 N = 存货年需求量 / 经济订货批量 = D/EOQ ⑥经济订货量平均占用资金 = 经济订货批量 /2 × 存货单价 = EOQ/2 × U

2. 经济订货基本模型的扩展

再订货点	①含义：提前订货的情况下，为确保存货用完时订货刚好到达，企业再次发出订货单时应保持的存货库存量 ②不考虑保险储备时再订货点：R = 平均交货时间 × 每日平均需用量 = L×d ③存在订货提前期时经济订货量，对基本模型无影响

存货陆续供应和使用模型（扩展模型）	①经济订货量 $EOQ = \sqrt{\dfrac{2KD}{K_C} \times \dfrac{P}{P-d}}$（每日送货量为p，每日耗用量为d） ②最小相关总成本 $TC(EOQ) = \sqrt{2KDK_C \times \left(1 - \dfrac{d}{p}\right)}$ ③最高库存 = $Q \times (1 - d/p)$ ④送货期 = Q/p ⑤送货期耗用量 = $Q/p \times d$ ⑥送货期内平均库存量 = $1/2 \times (Q - Q/p \times d)$ 式中：EOQ 为经济订货批量；K 为每次订货的变动成本；D 为存货年需要量；K_C 为单位变动储存成本；Q 为每次进货量；p 为每日送货量；d 为每日耗用量

子题速练

【子题7.1·2022 单选题】 基于经济订货扩展模型进行存货管理，若每批订货数为600件，每日送货量为30件，每日耗用量为10件，则进货期内平均库存量为（　　）。

A.400件　　　　B.300件　　　　C.200件　　　　D.290件

【子题7.2·2021 单选题】 某材料日需用量为50千克，经济订货批量为4 500千克，订货后平均交货时间为6天，基于扩展的经济订货模型，再订货点为（　　）。

A.750千克　　　B.150千克　　　C.540千克　　　D.300千克

【子题7.3·2018 单选题】 下列各项因素中，不影响存货经济订货批量计算结果的是（　　）。

A.存货年需要量　　B.单位变动存储成本　　C.保险储备　　D.每次订货变动成本

【子题7.4·2023 单选题】 根据经济订货基本模型，与计算经济订货批量无关的是（　　）。

A.存货年需要量　　B.缺货成本　　C.单位变动储存成本　　D.每次订货变动成本

【子题7.5·2017 多选题】 下列成本费用中，一般属于存货变动储存成本的有（　　）。

A.存货资金的应计利息　B.存货毁损和变质损失　C.仓库折旧费　D.库存商品保险费

【子题7.6·2024 判断题】 根据存货的经济订货批量模型，交货期越长，经济订货批量越大。（　　）

母题大做8：保险储备

难易程度★★★

【2019 单选题】 某公司全年（按360天计）材料采购量预计为7 200吨，假定材料日耗均衡，从订货到送达正常需要3天，鉴于延迟交货会产生较大损失，公司按照延误天数2天建立保险储备。不考虑其他因素，材料再订货点为（　　）吨。

A.80　　　　　B.40　　　　　C.60　　　　　D.100

【答案】 D

【解析】 每日平均需用量 = 7 200/360 = 20（吨），再订货点 = 保险储备 + 预计交货期内的需求 = 2×20 + 3×20 = 100（吨）。没有保险储备情况的再订货点 = 预计交货期内的需求 = 每日平均需用量 × 平均交货期。

【西木指引】保险储备：
最低储备量，防止需求增大或送货延迟时的缺货

考查频次 ●●●●●

决策原理	最佳的保险储备应该是使缺货损失和保险储备的储存成本之和达到最低
再订货点	含保险储备再订货点：R = 交货时间 × 平均日需求量 + 保险储备 不含保险储备时再订货点：R = 交货时间 × 平均日需求量
成本计算	①缺货成本 = 一次订货期望缺货量 × 年订货次数 × 单位缺货损失 ②保险储备的储存成本 = 保险储备 × 单位变动储存成本 ③相关总成本 = ① + ②

保险储备相关决策计算步骤
（1）将推迟天数 × 每日需求转化为订货期内的需求量。
（2）从再订货点开算，保险储备从 0 开始逐步增大，计算出多种情况下全年缺货成本和存储成本。
（3）相关总成本最小的保险储备就是最佳储备。

子题速练

【子题 8.1 · 2020 多选题】在存货订货量决策中，下列关于保险储备的表述正确的有（　　）。
A. 保险储备增加，存货的缺货损失减小
B. 保险储备增加，存货中断的概率变小
C. 保险储备增加，存货的再订货点降低
D. 保险储备增加，存货的储存成本提高

【子题 8.2 · 2021 判断题】存货管理中，较高的保险储备增加了存货的储存成本，但降低了缺货成本。（　　）

【子题 8.3 · 2023 判断题】在经济订货扩展模型下，某材料的保险储备 100 千克，每千克材料的储备成本为 2 元，则保险储备的储存金额为 200 元。（　　）

母题大做 9：短期借款

难易程度 ★☆☆

【2018 单选题】某企业向银行借款 500 万元，利率为 5.4%，银行要求 10% 的补偿性余额，则该借款的实际利率是（　　）。
A.6%　　　　　　B.5.4%　　　　　　C.4.86%　　　　　　D.4.91%
【答案】A
【解析】实际利率 = 名义利率 ÷ （1 − 补偿性余额比例） = 5.4% ÷ （1 − 10%） = 6%。

【西木指引】短期借款

考查频次 ●●●○○

1. 短期借款的信用条件

信贷限额	企业与银行在协议中规定的借款最高限额，通常为1年，银行不承诺必须借款
周转信贷协定	不超过某一最高限额的贷款协定，有效期通常超过1年，银行不贷为违约，企业未足额使用时对未使用部分需付承诺费，企业未使用的额度＝周转信贷额－使用资金的加权平均
补偿性余额	银行要求借款企业在银行中保持贷款额度一定比例的最低存款余额（通常为10%～20%）
借款抵押	银行发放贷款时往往需要有抵押品担保，根据抵押品的变现能力和银行对风险的态度，按抵押品面值的30%～90%发放贷款余额
偿还条件	到期一次偿还（企业希望），分期等额偿还（银行希望）
其他	提供报表，保持适当的财务水平（如特定的流动比率）等

2. 短期借款的成本：利息＋手续费等

付息方式	付息特点	实际与名义的关系	实际利率计算
收款法	到期一次性收款付息	实际利率＝名义利率	名义利率
贴现法	放款时扣除全部利息，到期还本	实际利率＞名义利率	名义利率/（1－名义利率）
加息法	分期等额偿还贷款	实际利率＞名义利率（约等于2倍）	名义利率×2

子题速练

【子题9.1·2017 单选题】 某企业获批100万元的周转信贷额度，约定年利率为10%，承诺费率为0.5%，年度内企业实际动用贷款60万元，使用12个月，则该笔业务在当年实际发生的借款成本为（　）万元。

A.10　　　　　　　B.6　　　　　　　C.6.2　　　　　　　D.10.2

【子题9.2·2019 单选题】 某公司向银行借款2 000万元，期限1年，年利率6.5%，银行要求的补偿性余额比例为12%，则借款的实际利率为（　）。

A.7.28%　　　　　B.6.5%　　　　　C.12%　　　　　　D.7.39%

【子题9.3·2019 判断题】 企业向银行借款时，如果银行要求一定比例的补偿性余额，则提高了借款的实际利率水平。（　）

【子题9.4·2021 判断题】 某公司从银行取得1年期借款100万元，年利率5%。若按贴现法付息，则实际利率大于5%。（　）

【子题9.5·2020 判断题】 银行借款如果附带补偿性余额条款，则会降低银行借款的实际利率。（　）

【子题 9.6 · 2018 判断题】在银行授予企业的信贷额度内，企业可以按需借款，银行应当承担满足企业在贷款限额内的全部需求的法律义务。（　　）

【子题 9.7 · 2024 判断题】补偿性余额比例越高，实际利率越高。（　　）

母题大做 10：商业信用

难易程度 ★★☆

【2023 单选题】下列不属于商业信用的是（　　）。
A. 预收账款　　　　B. 预付账款　　　　C. 应付账款　　　　D. 应付票据
【答案】B
【解析】商业信用是指企业在商品或劳务交易中，以延期付款或预收货款方式进行购销活动而形成的借贷关系。商业信用的形式包括应付账款、应付票据、预收账款和应计未付款等形式。选项 B 不属于商业信用的形式。

【西木指引】商业信用　　　　考查频次 ●●●●●

1. 形式：应付账款、应付票据、预收货款、应计未付款

应付账款	①放弃折扣的信用成本率（机会成本）： $= \dfrac{折扣率}{1-折扣率} \times \dfrac{360}{付款期-折扣期}$ ②决策原则： 能以低于放弃折扣的机会成本的利率借入，则借入资金给对方付款，享受折扣； 资金短期投资收益高于放弃折扣的机会成本，放弃折扣进行投资
应付票据	采用商业汇票结算方式而产生的商业信用
预收货款	在发出货物之前向购货单位预先收取部分或全部货款的信用行为
应计未付款	包括应付职工薪酬、应交税费、应付利润或应付股利等

2. 优缺点

优点	①一般不用担保； ②商业信用容易获得； ③企业有较大的机动权
缺点	①筹资成本高； ②容易恶化企业的信用水平； ③受外部环境影响较大，稳定性较差

子题速练

【子题 10.1 · 2023 单选题】 某公司购货的付款条件为"2/20，N/90"，1 年按 360 天计算，该公司放弃现金折扣的信用成本率为（　）。

A.8.5%　　　　　　B.9.5%　　　　　　C.12.5%　　　　　　D.10.5%

【子题 10.2 · 2023 单选题】 相对于其他流动资金来源，商业信用筹资的优点是（　）。

A. 受外部市场环境影响小　　　　　　B. 一般不用提供担保

C. 有利于提升企业信用水平　　　　　D. 放弃现金折扣的信用成本低

【子题 10.3 · 2020 判断题】 如果购货付款条件为"2/10，N/30"，一年按 360 天计算，则放弃现金折扣的信用成本率为 20%。（　）

【子题 10.4 · 2019 判断题】 如果企业利用应付账款进行筹资而无须支付利息，则可以认为采用这种商业信用形式是没有筹资成本的。（　）

本章子题速练答案解析

1.1【答案】 C

【解析】营运资金管理包括对流动资产和流动负债管理，题目涉及的存货属于流动资产，因此属于营运资金管理。企业在日常经营活动中，会发生一系列流动资产和流动负债资金的收付。企业的营运资金在全部资金中占有较大的比重，是企业财务管理工作的一项重要内容。

1.2【答案】 ABCD

【解析】营运资金＝流动资产－流动负债，选项 A、B、C、D 均属于流动资产，所以均会影响营运资金占用水平。

2.1【答案】 C

【解析】保守流动资产融资策略下，短期资金来源小于波动性流动资产，剩余的波动性流动资产、永久性流动资产和非流动资产由长期资金来源支持，因此选项 C 正确。

2.2【答案】 B

【解析】在保守融资策略中，长期融资支持非流动资产、永久性流动资产和部分波动性流动资产。永久性流动资产为 2 400 万元，波动性流动资产为 1 600 万元，所以非流动资产＝9 000－2 400－1 600＝5 000（万元），非流动资产＋永久性流动资产＝5 000＋2 400＝7 400（万元）＜8 100（万元），说明长期资金不仅支持了非流动资产和全部永久性流动资产，还支持了部分波动性流动资产，故属于保守融资策略。

2.3【答案】 CD

【解析】在宽松的流动资产投资策略下，企业将保持较高的流动资产，会增加流动资产的持有成本，降低资产的收益性水平（选项 D），但会提高资产的流动性，短缺成本会降低（选项 C），会提高偿债能力。

2.4【答案】 ACD

【解析】在流动资产的融资策略中，融资的长期来源包括自发性流动负债、长期负债以及股东权益资本；短期来源主要是指临时性流动负债，例如短期银行借款。

2.5【答案】错误

【解析】在紧缩型流动资产投资策略下，企业一般会维持较低水平的流动资产与销售收入比率，因此财务风险与经营风险较大。

2.6【答案】错误

【解析】短期负债在较短期限内就需要还本付息，过多地使用短期融资会导致较高的流动性风险，所以是较为激进的策略。

3.1【答案】A

【解析】选项A正确，交易性需求是为维持日常周转及正常商业活动所需持有的现金额，供应商收回信用政策，导致资金支付需求增加，属于正常的商业活动。

3.2【答案】A

【解析】投机性需求是企业需要持有一定量的现金以抓住突然出现的获利机会。这种机会大多是一闪即逝的，如证券价格的突然下跌，企业若没有用于投机的现金，就会错过这一机会。

3.3【答案】正确

【解析】预防性需求是指企业需要持有一定量的现金，以应付突发事件。确定预防性需求的现金数额时，需要考虑以下因素：①企业愿冒现金短缺风险的程度；②企业预测现金收支可靠的程度；③企业临时融资的能力。现金临时融资能力强，则可以持有的现金量就较低。

3.4【答案】错误

【解析】预防性需求是指企业需要持有一定量的现金，以应付突发事件，本题目中为了避免未来可能出现大客户的违约，属于预防性需求。

3.5【答案】正确

【解析】预防性需求是指企业需要持有一定量的现金，以应付突发事件。

4.1【答案】D

【解析】目标现金余额 = (15 000 + 2×3 000)/3 = 7 000（万元）。本题考查随机模型计算公式 $H = 3R - 2L$，要能够做到灵活运用。

4.2【答案】D

【解析】最高控制线 H 值 = $3R - 2L$ = 3×15 500 - 2×10 000 = 26 500（元）。

4.3【答案】ABC

【解析】成本分析模式包括机会成本、管理成本和短缺成本。其中机会成本与最佳现金持有量呈正比（选项A），管理成本一般为固定成本（选项B），短缺成本与现金持有量呈反比（选项C）。

4.4【答案】正确

【解析】在存货模型下，随着现金持有量的增加，机会成本逐渐增加，而交易成本逐渐减少，当机会成本和交易成本相等时，持有现金的总成本最低，此时现金持有量达到最优。

4.5【答案】错误

【解析】现金的机会成本是指企业因持有一定现金余额丧失的再投资收益。交易成本是指有价证券转换回现金所付出的代价（如支付手续费用）。

4.6【答案】正确

【解析】成本分析模型考虑的成本有机会成本、短缺成本、管理成本，存货模型考虑机会成本和交易成本，所以两种模型都需要考虑持有现金的机会成本。

4.7【答案】D

【解析】在利用成本分析模型进行最佳现金持有量决策时，所考虑的成本因素包括机会成本、管理成本和短缺成本，不包含交易成本，所以选择D选项。

5.1【答案】B

【解析】选项B提高信用标准不属于现金支出管理措施。

5.2【答案】C

【解析】现金周转期＝存货周转期＋应收账款周转期－应付账款周转期＝160＋90－100＝150（天）。

5.3【答案】错误

【解析】现金周转期＝存货周转期＋应收账款周转期－应付账款周转期。存货周转率越高，则存货周转期越小，故现金周转期越小。

6.1【答案】B

【解析】平均逾期天数＝应收账款周转天数－平均信用期天数＝360/10－30＝6（天）。

6.2【答案】C

【解析】应收账款的机会成本是因投放于应收账款而放弃其他投资所带来的收益，也称为应收账款占用资金的应计利息。选项A不符合，坏账损失是债权人有可能因无法收回应收账款而发生的损失，属于应收账款的坏账成本；选项BD不符合，应收账款日常管理费用是企业在进行应收账款管理时增加的费用，属于应收账款的管理成本；选项C符合，将应收账款款项存入银行可以获得利息是将这笔款项放在应收账款所放弃的收益，属于应收账款的机会成本。

6.3【答案】正确

【解析】应收账款的机会成本＝日销售额×平均收现期×变动成本率×资本成本，公式表明，应收账款收现期延长，应收账款的机会成本增加。

7.1【答案】C

【解析】选项C正确，平均库存量＝$(Q-Q/p \times d)/2$＝$(600-600/30 \times 10)/2$＝200（件）。

7.2【答案】D

【解析】再订货点与经济订货批量无关，题干中"经济订货批量为4 500千克"是干扰信息。再订货点＝6×50＝300（千克）。

7.3【答案】C

【解析】存货经济订货批量（EOQ）＝$\sqrt{2KD/K_C}$，式中：D为存货年需要量；K为每次订货的变动成本；K_C为单位变动储存成本。从公式中可以看出保险储备不影响存货经济批量。

7.4【答案】B

【解析】经济订货基本模型下是不允许缺货的，即无缺货成本。

7.5【答案】ABD

【解析】变动储存成本与存货的数量有关，如存货资金的应计利息、存货的破损和变质损失、存货的保险费用等。仓库折旧费属于固定储存成本。

7.6【答案】错误

【解析】在扩展的经济订货模型下，经济订货量的计算不受订货提前期的影响，本题表述错误。

8.1 【答案】ABD

【解析】选项 ABD 正确，企业保持保险储备的数量，这取决于存货中断的概率和存货中断的损失。较高的保险储备可降低缺货损失，但也增加了存货的储存成本。保险储备增加，库存存货增加，所以存货中断的概率变小，存货的缺货损失减小，存货的储存成本提高；选项 C 错误，考虑保险储备的再订货点＝预计交货期内的需求＋保险储备。因此保险储备增加，存货的再订货点提高。

8.2 【答案】正确

8.3 【答案】正确

9.1 【答案】C

【解析】实际借款成本即支付的利息和承诺费之和，企业有 40 万元额度没有使用，则借贷成本＝利息费用＋承诺费＝60×10%＋40×0.5%＝6.2（万元）。

9.2 【答案】D

【解析】借款实际利率＝名义利率/（1－补偿性余额比例）＝6.5%/（1－12%）＝7.39%。

9.3 【答案】正确

【解析】对借款企业来说，补偿性余额提高了借款的实际利率，加重了企业负担。补偿性余额会使企业实际贷款金额减少，从而造成实际利率提高。

9.4 【答案】正确

【解析】按贴现法付息，企业可以利用的贷款只是本金减去利息部分后的差额，因此，贷款的实际利率要高于名义利率 5%。

9.5 【答案】错误

【解析】补偿性余额是银行要求借款企业在银行中保持按贷款限额或实际借用额的一定比例计算的最低存款余额，对借款企业来说，补偿性余额提高了借款的实际利率，加重了企业负担。

9.6 【答案】错误

【解析】信贷额度亦即贷款限额，是借款企业与银行在协议中规定的借款最高限额，信贷额度的有限期限通常为 1 年。一般情况下，在信贷额度内，企业可以随时按需要支用借款。但是，银行并不承担必须支付全部信贷数额的义务。

9.7 【答案】正确

【解析】存在补偿性余额的情况下，实际利率＝名义利率/（1－补偿性余额比例），因此，补偿性余额比例越高，分母越小，分数越大，实际利率也越高。

10.1 【答案】D

【解析】该公司放弃现金折扣的信用成本率＝2%/（1－2%）×[360/（90－20）]＝10.5%。

10.2 【答案】B

10.3 【答案】错误

【解析】放弃现金折扣的信用成本率＝2%/（1－2%）×[360/（30－10）]＝36.73%。

10.4 【答案】错误

【解析】供应商提供现金折扣时，放弃现金折扣是有成本的。

必会主观题

【主观题1·2023计算分析题】 甲公司生产需要两种零部件。根据经济订货基本模型确认最优订货量。一年按360天计算，年生产需要量3 240件，购买价格800元/件，单位变动储存成本为80元/件，每次订货变动成本为400元，年订货固定成本1 500元。

要求：

（1）计算经济订货批量。

（2）计算每年最佳订货次数。

（3）计算最佳订货周期。

（4）计算经济订货批量平均占用资金。

（5）计算与经济订货批量相关的存货总成本。

【主观题2·2022计算分析题】 甲公司生产某种零件，全年需求量为3 600件。一年按360天计算。该零件的采购单价为100元/件。每次订货的变动成本为100元，该零件从发出订单至到货需要3天，变动仓储费为2元/件，储存中的单位毁损成本为采购单价的0.5%，假设存货占用资金用于风险投资的最低收益率为10%。

要求：

（1）计算单位零件占用资金的年应计利息。

（2）计算该零件的单位变动储存成本。

（3）根据经济订货基本模型，计算该零件的经济订货批量及最佳订货次数。

（4）计算该零件的再订货点。

【主观题3·2022综合题】 甲公司生产销售A产品，为扩大销售，并加强应收账款管理，公司计划对信用政策作出调整，有关资料如下：

（1）A产品单价为100元/件，单位变动成本为60元/件，固定成本总额为700万元。假定产品单价、单位变动成本及固定成本总额不因信用政策改变而改变，应收账款、存货占用资金用于等风险投资的最低收益率为15%，一年按360天计算。

（2）公司目前采用30天按发票全额付款的信用政策，平均有90%（指销售量占比，下同）的客户能在信用期满时付款，10%的客户在信用期满后20天付款，在现有信用政策下，年销售量为27万件，年平均存货水平为6万件。

（3）公司计划改变信用政策，即向客户提供一定的现金折扣，折扣条件为"1/10、N/30"。经测算，采用该政策后，预计年销售量将增加20%，预计平均有70%的客户选择在第10天付款，20%的客户选择在第30天付款，其余10%的客户在信用期满后20天付款。因改变信用政策，收账费用将减少15万元。此外，因销售量增加，预计年平均存货水平将增加到8万件。不考虑其他因素的影响。

（4）对于应收账款、存货等形成的营运资金需求。公司通过与银行签订周转信贷协定予以满足。银行授予公司的周转信贷额度为500万元，假定当年实际使用了320万元，承诺费率为0.3%。

要求：

（1）计算现有信用政策下的如下指标（以万元为单位）：
①边际贡献总额；②应收账款平均余额；③应收账款的机会成本。
（2）计算新信用政策下的平均收现期。
（3）计算公司改变信用政策的影响（以万元为单位）：
①增加的应收账款机会成本（减少用负数表示，下同）；②存货增加占用资金的应计利息；③增加的现金折扣成本；④增加的税前利润，并据此判断改变信用政策是否有利。
（4）根据周转信贷协定，计算公司当年支付的信贷承诺费（以万元为单位）。

【主观题 4 · 2018 计算分析题】 乙公司 2017 年采用 "N/30" 的信用条件，全年销售额（全部为赊销）为 10 000 万元，平均收现期为 40 天，2018 年年初乙公司为了尽早收回货款，提出了 "2/10, N/30" 的信用条件。新的折扣条件对销售额没有影响，但坏账损失和收账费用共减少 200 万元，预计占销售额一半的客户将享受现金折扣优惠，享受现金折扣的客户均在第 10 天付款，不享受现金折扣的客户平均付款期是 40 天，该公司的资本成本为 15%，变动成本率 60%。假设：一年按 360 天计算，不考虑增值税及其他因素的影响。
要求：
（1）计算信用条件改变引起的现金折扣成本增加额。
（2）计算信用条件改变后的应收账款的平均收现期。
（3）计算信用条件改变引起的应收账款的机会成本的增加额。
（4）计算信用条件改变引起的税前利润增加额。
（5）判断提出的信用条件是否可行并说明理由。

【主观题 5 · 2021 计算分析题】 甲公司当年销售额为 3 000 万元（全部为赊销），变动成本率为 50%，固定成本总额为 100 万元，应收账款平均收现期为 30 天，坏账损失占销售额的 0.2%。公司为扩大市场份额，计划于次年放宽信用期限并开始提供现金折扣。经测算，采用新信用政策后销售额将增至 3 600 万元（全部为赊销），应收账款平均收现期延长到 36 天，客户享受到的现金折扣占销售额的 0.5%，坏账损失占销售额的 0.3%，变动成本率与固定成本总额保持不变。一年按 360 天计算，不考虑企业所得税等其他因素，并假设公司进行等风险投资的必要收益率为 10%。
要求：
（1）计算公司采用新信用政策而增加的应收账款机会成本。
（2）计算公司采用新信用政策而增加的坏账损失与现金折扣成本。
（3）计算公司采用新信用政策而增加的边际贡献。
（4）计算新信用政策增加的损益，并据此判断改变信用政策是否合理。

【主观题 6 · 2019 计算分析题】 甲公司是一家标准件分销商，主要业务是采购并向固定客户供应某种标准件产品。有关资料如下：
资料一：该标准件上一年订货次数为 60 次，全年订货成本为 80 万元，其中，固定成本总额为 26 万元，其余均为变动成本，单位变动成本和固定成本总额保持不变。

资料二：该标准件总储存费用中，每年固定租金为120万元，每增加一件标准件，就增加1元仓储费。每件标准件占用资金为50元，资金利息率为6%。

资料三：该标准件年需要量为180万件，一年按照360天计算。

资料四：该标准件从发出订单到货物送达需5天。

要求：

（1）计算每次订货变动成本。

（2）计算单位变动储存成本。

（3）根据经济订货模型计算该标准件的经济订货量和最佳订货周期。（按天表示）

（4）计算再订货点。

【主观题7·2019计算分析题】甲公司2018年度全年营业收入为4 500万元（全部为赊销收入），应收账款平均收现期为60天。公司产品销售单价为500元/件，单位变动成本为250元/件。若将应收账款所占用的资金用于其他等风险投资可获得的收益率为10%，2019年调整信用政策，全年销售收入（全部为赊销收入）预计增长40%，应收账款平均余额预计为840万元，假定全年按照360天计算。

要求：

（1）计算2018年应收账款平均余额。

（2）计算2018年变动成本率。

（3）计算2018年应收账款的机会成本。

（4）计算2019年预计的应收账款周转率和周转天数。

【主观题8·2018综合题】乙公司2017年采用"N/30"的信用条件，全年销售额（全部为赊销）为10 000万元，平均收现期为40天，平均存货量为1 000件，每件存货的变动成本为6万元。2018年年初，乙公司为了尽早收回货款，提出了"2/10，N/30"的信用条件。新的折扣条件使销售额增加10%，达到11 000万元，平均存货量增加10%，达到1 100件，每件存货的变动成本仍为6万元，坏账损失和收账费用共减少200万元。预计占销售额一半的客户将享受现金折扣优惠，享受现金折扣的客户均在第10天付款；不享受现金折扣的客户，平均付款期为40天。该公司的资本成本为15%，变动成本率为60%。假设一年按360天计算，不考虑增值税及其他因素的影响。

要求：

（1）计算信用条件改变引起的现金折扣成本的增加额。

（2）计算信用条件改变后的应收账款平均收现期。

（3）计算信用条件改变引起的应收账款机会成本的增加额。

（4）计算信用条件改变引起的存货机会成本的增加额。

（5）计算信用条件改变引起的应收账款成本的增加额。

（6）计算信用条件改变引起的边际贡献增加额。

（7）计算提供现金折扣后的税前损益增加额，判断提供现金折扣是否可行，并说明理由。

【主观题 9·2024 计算分析题】甲公司 2022 年全年销售额（全部为赊销）为 8 000 万元，采用 N/40 的信用条件，平均收现期为 50 天。2023 年年初甲公司提出了"2/10, N/30"的信用条件，新的折扣条件使得销售额（全部为赊销）增加 1 000 万元，但是坏账损失及收账费用共增加了 100 万元，预计占销售额一半的客户将享受现金折扣优惠，享受现金折扣优惠的客户均在第 10 天付款，不享受现金折扣的客户平均付款期是 30 天。该公司资本成本为 12%，变动成本率为 60%。假设一年按 360 天计算，不考虑增值税及其他因素的影响。

要求：
（1）计算改变信用条件引起的现金折扣成本的增加额。
（2）计算改变信用条件后应收账款的平均收现期。
（3）计算改变信用条件引起的应收账款的机会成本增加额。
（4）计算改变信用条件引起税前利润增加额。
（5）判断提出的信用条件是否可行并说明理由。

本章必会主观题答案解析

1. 【答案】
   （1）经济订货批量 $=\sqrt{2\times3\,240\times400/80} = 180$（件）
   （2）每年最佳订货次数 $= 3\,240/180 = 18$（次）
   （3）最佳订货周期 $= 360/18 = 20$（天）
   （4）经济订货批量平均占用资金 $= 180/2\times800 = 72\,000$（元）
   （5）与经济订货批量相关的存货总成本 $=\sqrt{2\times3\,240\times400\times80} = 14\,400$（元）

2. 【答案】
   （1）单位零件占用资金的年应计利息 $= 100\times10\% = 10$（元）
   （2）单位变动储存成本 $= 2 + 100\times0.5\% + 10 = 12.5$（元）
   （3）经济订货批量 $=\sqrt{2\times3\,600\times100/12.5} = 240$（件）
   最佳订货次数 $= 3\,600/240 = 15$（次）
   （4）再订货点 $= 3\times3\,600/360 = 30$（件）

3. 【答案】
   （1）①边际贡献总额 $= 27\times(100 - 60) = 1\,080$（万元）
   ②平均收现期 $= 90\%\times30 + 10\%\times(30 + 20) = 32$（天）
   应收账款平均余额 $= 27\times100/360\times32 = 240$（万元）
   ③应收账款的机会成本 $= 240\times60/100\times15\% = 21.6$（万元）
   （2）新信用政策下的平均收现期 $= 70\%\times10 + 20\%\times30 + 10\%\times(30 + 20) = 18$（天）
   （3）①增加的应收账款机会成本 $= 27\times(1 + 20\%)\times100/360\times18\times60/100\times15\% - 21.6 =$

－7.02（万元）

②存货增加占用资金的应计利息＝（8－6）×60×15%＝18（万元）

③增加的现金折扣成本＝27×（1＋20%）×100×70%×1%＝22.68（万元）

④增加的税前利润＝27×20%×（100－60）－（－7.02）－18－22.68－（－15）＝197.34（万元），由于改变信用政策增加的税前利润大于0，所以，改变信用政策有利。

（4）公司当年支付的信贷承诺费＝（500－320）×0.3%＝0.54（万元）

4. 【答案】

（1）现金折扣成本增加额＝10 000×2%×50%＝100（万元）

（2）应收账款的平均收现期＝50%×（10＋40）＝25（天）

（3）应收账款的机会成本的增加额＝10 000÷360×25×60%×15%－10 000÷360×40×60%×15%＝－37.5（万元）

（4）信用条件改变引起的税前利润增加额＝200－100＋37.5＝137.5（万元）

（5）可行。提供现金折扣的税前利润增加额137.5万元大于0，所以应该改变。

5. 【答案】

（1）应收账款机会成本＝日销售额×平均收现期×变动成本率×资本成本

公司采用新信用政策而增加的应收账款机会成本＝3 600/360×36×50%×10%－3 000/360×30×50%×10%＝5.5（万元）

（2）公司采用新信用政策而增加的坏账损失＝3 600×0.3%－3 000×0.2%＝4.8（万元）

公司采用新信用政策而增加的现金折扣成本＝3 600×0.5%＝18（万元）

（3）公司采用新信用政策而增加的边际贡献＝（3 600－3 000）×（1－50%）＝300（万元）

（4）新信用政策增加的损益＝300－（5.5＋4.8＋18）＝271.7（万元）

因为新信用政策增加的损益大于0，所以改变信用政策合理。

6. 【答案】

（1）每次订货变动成本＝（80－26）/60＝0.9（万元）＝9 000（元）

（2）单位变动储存成本＝1＋50×6%＝4（元/件）

（3）经济订货量＝$\sqrt{2 \times 9\,000 \times 1\,800\,000/4}$＝90 000（件）

最佳订货次数＝1 800 000/90 000＝20（次）

最佳订货周期＝360/20＝18（天）

（4）再订货点＝1 800 000/360×5＝25 000（件）

7. 【答案】

（1）2018年应收账款平均余额＝4 500/360×60＝750（万元）

（2）2018年变动成本率＝250/500×100%＝50%

（3）2018年应收账款的机会成本＝750×50%×10%＝37.5（万元）

（4）2019年应收账款周转率＝4 500×（1＋40%）/840＝7.5（次）

2019年应收账款周转天数＝360/7.5＝48（天）

8.【答案】

(1) 现金折扣成本增加额 = 11 000×50%×2% = 110（万元）

(2) 应收账款平均收现期 = 10×50% + 40×50% = 25（天）

(3) 应收账款机会成本增加额 = (11 000/360×25 − 10 000/360×40)×60%×15% = −31.25（万元）

(4) 存货机会成本的增加额 = 1 000×6×10%×15% = 90（万元）

(5) 应收账款成本的增加额 = −31.25 + 90 − 200 + 110 = −31.25（万元）

(6) 边际贡献增加额 = 10 000×10%×(1 − 60%) = 400（万元）

(7) 税前损益增加额 = 400 − (−31.25) = 431.25（万元）。由于提供现金折扣的信用条件可以增加税前损益431.25万元，因此提供现金折扣的信用条件可行。

9.【答案】

(1) 改变信用条件引起的现金折扣成本的增加额 = (8 000 + 1 000)×2%×50% = 90（万元）

(2) 改变信用条件后应收账款的平均收现期 = 10×50% + 30×50% = 20（天）

(3) 应收账款的平均机会成本增加额 = (9 000/360×20 − 8 000/360×50)×60%×12% = −44（万元）

(4) 改变信用条件引起税前利润增加额 = 1 000×(1 − 60%) − 90 − (−44) − 100 = 254（万元）

(5) 因为增加的税前损益254万元大于0，所以该信用政策改变是可行的。

精通篇 板块 5 成本管理

✱ 财务管理 精通篇 板块 5 成本管理 主要内容

本章介绍了成本管理概述、本量利分析与应用、标准成本控制与分析、作业成本和责任成本四个方面的内容。本章可考查题型既有客观题,也有主观题。

✱ 学习进度解锁　　　　　　　　　　　　　　80%

母题大做 1：单一产品本量利分析

难易程度 ★★☆

【2023 多选题】下列各项中，会导致盈亏平衡点上升的有（　　）。
A. 单价下降　　　　　　B. 销量下降　　　　　　C. 固定成本上升　　　　D. 单位变动成本上升
【答案】ACD
【解析】盈亏平衡点的业务量＝固定成本／（单价－单位变动成本）。选项 A 会导致，单价下降会导致盈亏平衡点上升；选项 B 不会导致，销量不影响盈亏平衡点；选项 C 会导致，固定成本上升会导致盈亏平衡点上升；选项 D 会导致，单位变动成本上升会导致盈亏平衡点上升。

【西木指引】单一产品本量利分析

盈亏平衡点 （即：保本点）	令：息税前利润＝销售量×（单价－单位变动成本）－固定成本＝0 解得：盈亏平衡点销售量＝固定成本／（单价－单位变动成本）＝固定成本／单位边际贡献 注：盈亏平衡点越低越好
盈亏平衡 作业率	盈亏平衡作业率＝盈亏平衡点销售量（额）／正常销售量（额）
降低盈亏 平衡点的途径	提高单价；降低固定成本总额或单位变动成本

 子题速练

【子题 1.1·2019 单选题】根据本量利分析原理，下列各项中，将导致盈亏平衡点的销售额提高的是（　　）。
A. 降低单位变动成本
B. 降低变动成本率
C. 降低边际贡献率
D. 降低固定成本总额

【子题 1.2·2023 多选题】某企业生产销售单一产品，基于本量利分析模型，若产品的单价和单位变动成本同时提高 1 元，其他因素不变，下列表述正确的有（　　）。
A. 单位边际贡献不变
B. 盈亏平衡点销售量不变
C. 边际贡献率不变
D. 安全边际量不变

母题大做 2：多种产品盈亏平衡分析

难易程度★★☆

【2017 单选题】对于生产多种产品的企业而言，如果能够将固定成本在各种产品之间进行合理分配，则比较适用的产品组合盈亏平衡分析方法是（　）。
A. 联合单位法　　　　B. 主要产品法　　　　C. 分算法　　　　D. 加权平均法
【答案】C
【解析】分算法是在一定的条件下，将全部固定成本按一定标准在各种产品之间进行合理分配，确定每种产品应补偿的固定成本数额，然后再对每一种产品按单一品种条件下的情况分别进行本量利分析的方法。

【西木指引】多种产品盈亏平衡分析

考查频次 ●●○○○

方法	计算
加权平均法	①以各产品的预计销售收入占总收入的比重为权数，对各产品的边际贡献率加权平均，计算企业综合边际贡献率，即： 综合边际贡献率＝∑各产品的边际贡献率×各产品的销售收入比重 ②综合盈亏平衡点销售额＝固定成本总额／综合边际贡献率 ③各产品综合盈亏平衡点销售额＝综合盈亏平衡点销售额×各产品的销售比重
联合单位法	①固定实物比例构成的一组产品，如3个A＋2个B构成一组，看作一个整体M； ②根据A和B的单价、变动成本及组合中的数量，计算M的联合单价、联合变动成本； ③确定盈亏平衡点有多少个M：联合盈亏平衡点销量＝固定成本／（联合单价－联合单位变动成本）； ④某产品盈亏平衡点销量＝联合盈亏平衡点销量×一个联合单位中包含的该产品的数量
分算法	①将专属固定成本直接计入产品成本；将公共性固定成本按适当的分配标准（如销售额、边际贡献等）在各产品间分配，常用边际贡献权重； ②某产品的盈亏平衡点销量＝该产品应分配的固定成本数额／（单价－单位变动成本）； ③优点：可以提供各种产品计划与控制所需要的详细资料，受到基层管理部门的重视与欢迎； ④缺点：在选择分配固定成本的标准时容易出现问题，尤其在品种较多时较为困难
主要产品法	如果存在一种产品是主要产品，它提供的边际贡献占企业边际贡献总额的比重较大，则可以按该主要产品的有关资料进行本量利分析，视同于单一品种

子题速练

【子题2.1·2017多选题】如果采用加权平均法计算产品组合盈亏平衡点，下列各项中，将会影响产品组合盈亏平衡点大小的有（　）。
A. 固定成本总额　　　B. 销售结构　　　　C. 单价　　　　D. 单位变动成本

母题大做 3：边际贡献

难易程度 ★★☆

【2017 单选题】某企业生产单一产品，年销售收入为 100 万元，变动成本总额为 60 万元，固定成本总额为 16 万元，则该产品的边际贡献率为（　　）。
A.76%　　　　　　B.60%　　　　　　C.24%　　　　　　D.40%
【答案】D
【解析】边际贡献率＝单位边际贡献／单价＝边际贡献总额／销售收入＝（销售收入－变动成本总额）／销售收入＝（100－60）／100＝40%。

【西木指引】边际贡献　　考查频次 ●●●●●

基本假设	①总成本＝固定成本＋变动成本 ②销售收入与业务量呈完全线性关系（买多买少都是一个单价） ③产销平衡（不考虑存货影响） ④产品产销结构稳定
基本关系式	利润＝单价×销售量－单位变动成本×销售量－固定成本＝（单价－单位变动成本）×销售量－固定成本
边际贡献（边际利润）	①单位边际贡献＝单价－单位变动成本＝单价×边际贡献率 ②边际贡献总额＝销售收入－变动成本＝（单价－单位变动成本）×销售量 ③边际贡献率＝边际贡献／销售收入＝单位边际贡献／单价 ④变动成本率＝变动成本／销售收入＝单位变动成本／单价 注：边际贡献率＋变动成本率＝1 ⑤边际贡献方程式：利润＝边际贡献－固定成本＝销售收入×边际贡献率－固定成本＝销售量×（单价－单位变动成本）－固定成本
优缺点	优点：用途广泛，简便易行，通俗易懂 缺点：只进行单因素敏感性分析，是一种静态分析方法，并且受成本分解的影响较大

子题速练

【子题 3.1 · 2023 多选题】下列各项中，属于本量利分析基本假设的有（　　）。
A. 产品产销结构稳定　　　　　　　　B. 产销平衡
C. 销售收入与业务量具有完全线性关系　　D. 全部成本被区分为变动成本和固定成本

【子题 3.2 · 2019 判断题】不考虑其他因素的影响，固定成本每增加 1 元，边际贡献就减少 1 元。（　　）

母题大做 4：安全边际分析

难易程度 ★★☆

【2022 多选题】关于安全边际，下列表述正确的有（　　）。
A. 安全边际率可以用 1 减去盈亏平衡作业率求得
B. 安全边际额是指实际或预期销售额超过盈亏平衡点的销售额的部分
C. 安全边际率越大，企业发生亏损的可能性就越小
D. 其他因素不变时，安全边际额越大，利润就越大
【答案】ABCD
【解析】选项 A 正确，安全边际率＝1－盈亏平衡作业率；选项 B 正确，安全边际额是指实际或预期销售额超过盈亏平衡点销售额的部分；选项 C 正确，安全边际或安全边际率的数值越大，企业发生亏损的可能性越小；选项 D 正确，其他因素不变时，安全边际额越大，利润就越大。安全边际是实现了保本之后多出来的部分，是企业的利润，安全边际的部分越大利润越大。

【西木指引】安全边际分析

考查频次 ●●●●●

含义	安全边际是指正常销售额超过盈亏平衡点销售额的差额，它表明销售额下降多少企业仍不致亏损 注：安全边际越高越好
相关公式	①安全边际额（量）＝正常或预计销售额（量）－盈亏平衡点销售额（量） ②安全边际率＝安全边际额（量）/ 正常或预计销售额（量）×100% 盈亏平衡作业率＋安全边际率＝1 利润＝安全边际额 × 边际贡献率 销售利润率＝安全边际率 × 边际贡献率

 子题速练

【子题 4.1 · 2022 单选题】根据本量利分析原理，若其他因素不变，下列措施中，能够提高安全边际且不会降低保本点的是（　　）。
A. 提高销售单价　　　B. 降低固定成本总额　　　C. 增加销售量　　　D. 提高单位变动成本

【子题 4.2 · 2023 单选题】下列公式中，错误的是（　　）。
A. 变动成本率＋边际贡献率＝1　　　　　　B. 盈亏平衡作业率＋安全边际率＝1
C. 单位边际贡献＝单价－单位变动成本　　　D. 销售利润率＝安全边际率 × 边际贡献

【子题 4.3 · 2023 单选题】某企业生产销售 X 产品，产销平衡，单价为 30 元，单位变动成本为 18 元，固定成本为 6 000 万元，销售量为 800 万件，则安全边际率为（　　）。
A.40%　　　　　　B.60%　　　　　　C.37.5%　　　　　　D.62.5%

【子题 4.4 · 2019 单选题】某企业生产销售 A 产品，且产销平衡。其销售单价为 25 元/件，单位变动成本为 18 元/件，固定成本为 2 520 万元。若 A 产品的正常销售量为 600 万件，则安全边际率为（　　）。

A.30%　　　　　　B.50%　　　　　　C.60%　　　　　　D.40%

【子题 4.5 · 2021 单选题】某公司产销一种产品，变动成本率为 60%，盈亏平衡作业率为 70%，销售利润率为（　　）。

A.18%　　　　　　B.12%　　　　　　C.48%　　　　　　D.42%

【子题 4.6 · 2020 多选题】关于本量利分析，下列各项中能够提高销售利润率的有（　　）。

A. 提高边际贡献率　　B. 提高盈亏平衡作业率　　C. 提高变动成本率　　D. 提高安全边际率

【子题 4.7 · 2023 多选题】基于本量利分析模型，下列表达式中正确的有（　　）。

A. 利润 = 安全边际率 × 边际贡献
B. 边际贡献率 + 变动成本率 = 1
C. 安全边际率 + 边际贡献率 = 1
D. 销售利润率 = 安全边际率 × 边际贡献率

母题大做 5：目标利润分析及应用

难易程度 ★☆☆

【2022 单选题】某产品单价为 60 元，单位变动成本为 20 元，固定成本总额为 50 000 元，假设目标利润为 10 000 元，则实现目标利润的销售量为（　　）。

A.1 250 件　　　　B.2 000 件　　　　C.3 000 件　　　　D.1 500 件

【答案】D

【解析】选项 D 正确，实现目标利润的销售量 =（50 000 + 10 000）/（60 − 20）= 1 500（件）。

【西木指引】实现目标利润措施分析、各因素利润敏感性计算　考查频次 ●●●○○

1. 目标利润分析

目标利润 = 销售量 ×（单价 − 单位变动成本）− 固定成本

目标利润销售量 =（固定成本 + 目标利润）/ 单位边际贡献

目标利润销售额 =（固定成本 + 目标利润）/ 边际贡献率

或：目标利润销售额 = 目标利润销售量 × 单价

2. 各因素对利润的影响程度

利润 = 销售量 × 单价 − 销售量 × 单位变动成本 − 固定成本

敏感系数 = 利润变动百分比 / 因素变动百分比

 子题速练

【子题 5.1 · 2021 单选题】某公司生产和销售一种产品，产销平衡，单价为 60 元/件，单位变动成本为 20 元/件，固定成本总额为 60 000 元。假设目标利润为 30 000 元，则实现目标利润的销售量为（　　）件。

A.1 500　　　　　　B.4 500　　　　　　C.1 000　　　　　　D.2 250

【子题 5.2 · 2020 单选题】某企业生产 M 产品，计划销售量为 20 000 件，目标利润总额为 400 000 元，完全成本总额为 600 000 元，不考虑其他因素，则使用目标利润法测算的 M 产品的单价为（　　）元。

A.10　　　　　　　B.30　　　　　　　C.50　　　　　　　D.20

【子题 5.3 · 2020 单选题】基于本量利分析模式，各相关因素变动对于利润的影响程度的大小可用敏感系数来表达，其数值等于经营杠杆系数的是（　　）。

A. 利润对销售量的敏感系数　　　　　　B. 利润对单位变动成本的敏感系数
C. 利润对单价的敏感系数　　　　　　　D. 利润对固定成本的敏感系数

【子题 5.4 · 2024 判断题】一般情况下，销量的敏感性大于固定成本的敏感性。（　　）

母题大做 6：变动成本差异分析

难易程度★★★

【2018 单选题】某产品本期产量为 60 套，直接材料标准用量为 18 千克/套，直接材料标准价格为 270 元/千克，直接材料实际用量为 1 200 千克，实际价格为 210 元/千克，则该产品的直接材料用量差异为（　　）元。

A.10 800　　　　　　B.12 000　　　　　　C.32 400　　　　　　D.33 600

【答案】C

【解析】直接材料用量差异＝（实际用量－实际产量下标准用量）×标准价格＝（1 200 － 60×18）×270 ＝ 32 400（元）。

【西木指引】变动成本差异分析

考查频次●●●●●

总差异＝（实际产量下）实际成本－（实际产量下）标准成本

总差异	价差	量差
直接材料	价格差异＝（实际单价－标准单价）× 实际用量	数量差异＝（实际用量－实际产量下标准用量）× 标准单价
直接人工	工资率差异＝（实际工资率－标准工资率）× 实际工时（单位是"小时"，非产品单位"个"）	效率差异＝（实际工时－实际产量下标准工时）× 标准工资率
变动制造费用	耗费差异＝（变动制造费用实际分配率－变动制造费用标准分配率）× 实际工时	效率差异＝（实际工时－实际产量下标准工时）× 变动制造费用标准分配率

注：

①实际分配率指的是相对于单位时间的分配率，而不是相对于单位产品，此处与实际工资率对应的是单位时间工资而不是单位产品工资。固定制造费用分配率同理。

②变动成本差异责任归责原则：三类成本用量差异及变动制造费用价格差异由<u>生产部门负责</u>；直接材料价格差异由<u>采购部门负责</u>；直接人工工资率差异由<u>人事部门负责</u>。

子题速练

【子题 6.1 · 2022 单选题】在标准成本法下，下列各项中，不属于直接材料用量差异形成原因的是（　　）。

A. 产品废品率的高低　　　　　　　　B. 直接材料运输方式的不同

C. 产品设计结构的变化　　　　　　　D. 工人的技术熟练程度

【子题 6.2 · 2021 单选题】某产品标准工时为 2 小时/件，变动制造费用标准分配率为 3 元/小时，如果实际产量为 3 000 件，实际工时为 6 300 小时，实际变动制造费用为 20 160 元，则变动制造费用效率差异为（　　）。

A.1 260 元　　　　B.630 元　　　　C.2 160 元　　　　D.900 元

【子题 6.3 · 2017 单选题】企业生产 W 产品，工时标准为 2 小时/件，变动制造费用标准分配率为 24 元/小时，当期实际产量为 600 件，实际变动制造费用为 32 400 元，实际工时为 1 296 小时，则在标准成本法下，当期变动制造费用效率差异为（　　）元。

A.1 200　　　　B.2 304　　　　C.2 400　　　　D.1 296

【子题 6.4 · 2019 多选题】在标准成本差异的计算中，下列成本差异属于价格差异的有（　　）。

A. 直接人工工资率差异　　　　　　　B. 变动制造费用耗费差异

C. 固定制造费用能量差异　　　　　　D. 变动制造费用效率差异

【子题 6.5 · 2022 多选题】在标准成本法下，关于直接人工成本及其差异的计算，下列表述正确的有（　　）。

A. 直接人工标准成本＝预算产量下标准工时 × 标准分配率

B. 直接人工工资率差异＝标准工时 × （实际工资率－标准工资率）

C. 直接人工效率差异＝（实际工时－实际产量下标准工时）× 标准工资率

D. 直接人工实际成本＝实际产量下实际工时 × 实际工资率

【子题 6.6 · 2023 多选题】在标准成本差异分析中，下列成本差异属于用量差异的有（　　）。

A. 变动制造费用效率差异　　　　　　B. 直接材料价格差异

C. 直接人工效率差异　　　　　　　　D. 变动制造费用耗费差异

【子题 6.7 · 2019 判断题】在标准成本法下，变动制造费用成本差异指的是实际变动制造费用与预算产量下的标准变动制造费用之间的差额。（　　）

【子题 6.8 · 2020 判断题】在标准成本控制与分析中，产品成本所出现的不利或有利差异均应由生产部门负责。（　　）

【子题 6.9 · 2023 判断题】在标准成本差异分析中，直接材料数量差异是指由实际消耗量脱离标准消耗量所形成的成本差异。（　　）

母题大做 7：固定制造费用成本差异分析

【2018 单选题】某产品的预算产量为 10 000 件，实际产量为 9 000 件，实际发生固定制造费用 180 000 元，固定制造费用标准分配率为 8 元 / 小时，工时标准为 1.5 小时 / 件，则固定制造费用成本差异为（　）。

A. 超支 72 000 元　　B. 节约 60 000 元　　C. 超支 60 000 元　　D. 节约 72 000 元

【答案】A

【解析】固定制造费用成本差异是指实际发生的固定制造费用与实际产量下标准固定制造费用的差异。即：固定制造费用成本差异＝固定制造费用实际成本－固定制造费用标准成本＝实际工时 × 实际分配率－实际产量下标准工时 × 标准分配率＝180 000－9 000×1.5×8＝72 000（元）＞0，所以固定制造费用成本差异是超支 72 000 元。

【西木指引】固定制造费用成本差异分析

1. 基于实际产量计算标准工时
   (1) 实际制造费用＝实际产量下实际工时 × 实际分配率　　①
   (2) 预算产量下标准制造费用＝预算产量下标准工时 × 标准分配率　　②
   (3) 实际产量下实际工时 × 标准分配率　　③
   (4) 实际产量下标准制造费用＝实际产量下标准工时 × 标准分配率　　④

2. 二因素及三因素分析

二因素分析	耗费差异＝①－②（实际与预计的差）；能量差异＝②－④（预计与标准的差）
三因素分析	耗费差异＝①－②（同上）；产量差异＝②－③；效率差异＝③－④

题目给定实际制造费用＝①；
给定单位产品标准工时及单位产品标准成本推算出标准分配率；
实际产量 × 标准工时＝实际产量下标准工时；
预计产量 × 标准工时＝生产能量；
实际工时一般给定。

子题速练

【子题 7.1·2024 单选题】已知某固定制造费用标准分配率为 12 元 / 小时，标准工时 1.5 小时 / 件，预算产量 10 000 件，实际产量 8 000 件，实际固定制造费用 190 000 元，实际工时 10 000 小时，按照固定制造费用两差异分析，能量差异（　）。

A. 超支 46 000 元　　B. 超支 36 000 元　　C. 超支 10 000 元　　D. 超支 70 000 元

【子题 7.2·2024 单选题】甲公司生产 A 产品，固定制造费用预算为 125 000 元，全年产能为 25 000 小时，单位产品标准工时为 10 小时。当年实际产量为 2 000 件，实际耗用工时为 24 000 小时，实际发生固定制造费用为 124 800 元。下列计算结果正确的有（　　）。
A. 固定制造费用总差异为 24 800 元
B. 固定制造费用耗费差异为 - 200 元
C. 固定制造费用产量差异为 25 000 元
D. 固定制造费用效率差异为 20 000 元

母题大做 8：作业成本法的应用程序

难易程度 ★☆☆

【2021 多选题】在作业成本法下，下列属于批别级作业的有（　　）。
A. 设备调试　　　　　B. 厂房维护　　　　　C. 生产准备　　　　　D. 新产品设计
【答案】AC
【解析】批别级作业，是指为一批（或一组）产品（或服务）实施的、使该批（该组）产品（或服务）受益的作业，选项 A、C 属于批别级作业，选项 B 属于设施级作业，选项 D 属于品种级作业。

【西木指引】作业成本

考查频次 ●●●○○

1. 相关概念
（1）资源费用：是开展经济活动所发生的各项资源耗费。包括有形/无形资源耗费、人力资源耗费等。
（2）作业：是基于特定目的重复执行的任务或活动，是连接资源和成本对象的桥梁。按消耗对象不同，作业可分为：主要作业（是指被产品、服务或顾客等最终成本对象消耗的作业）+ 次要作业（是指被原材料、主要作业等介于中间地位的成本对象消耗的作业）。
（3）成本对象：是企业追溯或分配资源费用、计算成本的对象物。
（4）成本动因：是作业成本或产品成本的驱动因素，分为两个：
①资源动因：是引起作业成本变动的驱动因素。用来衡量各项作业的资源消耗量。（资源费用→作业）
②作业动因：是产品成本变动的驱动因素。（作业→产品）
（5）作业中心：是构成一个业务过程的相互联系的作业集合，用来汇集业务过程及其产出的成本。
2. 作业成本法的应用程序
（1）作业中心设计。

作业中心类型	特征	示例
产量级作业	明确地为个别产品实施的、使单个产品受益的作业，其数量与产品的数量呈正比例变动	产品加工、检验等
批别级作业	为一组（或一批）产品实施的、使该批（该组）产品受益的作业，其数量与产品的批量数呈正比例变动	设备调试、生产准备等

续表

作业中心类型	特征	示例
品种级作业	为生产和销售某种产品实施的、使该种产品的每个单位都受益的作业，其数量与品种的多少呈正比例变动	新产品设计、现有产品质量与功能改进、生产流程监控、工艺变换需要的流程设计、产品广告等
顾客级作业	为服务特定客户所实施的作业，其本身与产品数量独立	向个别客户提供的技术支持活动、咨询活动、独特包装等
设施级作业	为提供生产产品的基本能力而实施的作业，使所有产品都受益，但与产量或销量无关，如管理作业、企业整体广告	管理作业、针对企业整体的广告活动等

（2）作业动因选择与计量。

作业动因类型	含义	适用情况
交易动因	用执行频率或次数计量的成本动因	每次执行所需要的资源数量相同或接近
持续时间动因	用执行时间计量的成本动因	每次执行所需要的时间存在显著不同
强度动因	不易按照频率、次数或执行时间进行分配而需要直接衡量每次执行所需资源的成本动因	作业的执行比较特殊或复杂

（3）作业成本分配——将各作业中心的作业成本按作业动因分配至产品等成本对象。

步骤	具体内容
分配次要作业成本至主要作业	目的：计算主要作业的总成本和主要作业单位成本 ①主要作业分配的次要作业成本＝该主要作业耗用的次要作业动因量 × 该次要作业成本分配率 其中：次要作业成本分配率＝次要作业总成本/该次要作业动因总量 ②主要作业总成本＝直接追溯至该作业的资源费用＋分配至该主要作业的次要作业成本之和 ③主要作业单位成本＝主要作业总成本/该主要作业动因总量
分配主要作业成本至成本对象	目的：计算各成本对象（产品）的总成本和单位成本 ①某成本对象分配的主要作业成本＝该成本对象耗用的主要作业成本动因 × 主要作业单位成本 ②某成本对象总成本＝直接追溯至该成本对象的资源费用＋分配至该成本对象的主要作业成本之和 ③某成本对象单位成本＝该成本对象总成本/该成本对象产出量

子题速练

【子题 8.1·2020 单选题】作业成本法下，产品成本计算的基本程序可以表示为（　　）。
A. 作业—部门—产品
B. 资源—作业—产品
C. 资源—部门—产品
D. 资源—产品

【子题 8.2 · 2023 单选题】对于一家制造企业而言，在作业成本法下，下列作业中属于产量级作业的是（　　）。
A. 设备调试　　　　B. 产品广告　　　　C. 生产流程监控　　　　D. 产品加工

【子题 8.3 · 2023 多选题】推行作业成本法的企业，一般具有一定的适用特征，包括（　　）。
A. 作业类型较多且作业链较长
B. 企业规模较大且管理层对产品成本准确性要求较高
C. 间接或辅助资源费用所占比重较大
D. 同一生产线生产的产品种类单一

【子题 8.4 · 2023 判断题】在作业成本管理中，次要作业属于非增值作业，也是企业应避免或消除的作业。（　　）

【子题 8.5 · 2020 判断题】在作业成本法下，一个作业中心只能包括一种作业。（　　）

母题大做 9：作业成本管理

难易程度 ★☆☆

【2018 单选题】根据作业成本管理原理，下列关于成本节约途径的表述中，不正确的是（　　）。
A. 将外购交货材料地点从厂外临时仓库变更为材料耗用车间属于作业选择
B. 将货物运输由自营转为外包属作业选择
C. 新产品在设计时尽量考虑利用现有其他产品使用的零件属于作业共享
D. 不断改进技术降低作业消耗时间属于作业减少

【答案】A

【解析】选项 A 表述错误，其应该为作业消除，将外购交货材料地点从厂外临时仓库变更为材料耗用车间，可以缩短运输距离属于作业消除；选项 B 表述正确，作业选择是指对所有能够达到同样目的的不同作业，选取其中最佳的方案；选项 C 表述正确，作业共享是指利用规模经济来提高增值作业的效率，新产品在设计时尽量考虑利用现有其他产品使用的零件，就可以免除新产品零件的设计作业，从而降低新产品的生产成本；选项 D 表述正确，作业减少是指以不断改进的方式降低作业消耗的资源或减少所消耗的时间。

【西木指引】作业成本管理　　　　考查频次 ●●○○○

（1）作业成本管理包含两个维度：成本分配观＋流程观。
（2）流程价值分析：关心的是作业的责任，包括成本动因分析、作业分析和业绩考核三个部分。

成本动因分析	要进行作业成本管理，必须找出导致作业成本的原因
作业分析	将每一项作业分为增值作业或非增值作业；明确增值成本和非增值成本，将非增值成本减至最小

续表

作业分析	增值与非增值划分	增值作业：顾客认为可以增加其购买的产品或服务的有用性，有必要保留在企业中的作业	非增值作业：即便消除也不会影响产品对顾客服务的潜能，不必要的或可消除的作业
		增值成本：以完美效率执行增值作业所发生的成本	非增值成本：增值作业中因为低效率所发生的成本＋执行非增值作业发生的成本
	成本节约	作业消除、作业选择、作业减少、作业共享	
业绩考核	财务指标	主要集中在增值和非增值成本上，可提供增值与非增值报告、作业成本趋势报告等	
	非财务指标	主要体现在效率、质量和时间三个方面，如投入产出比、次品率和生产周期等	

注：同时满足三条件，才是增值作业，否则是非增值作业：
①该作业导致了状态的改变；②该状态的变化不能由其他作业来完成；③该作业使其他作业得以进行。

📖 子题速练

【子题 9.1·2020 单选题】 在作业成本法下，划分增值作业与非增值作业的主要依据是（　　）。
A. 是否有助于提高产品质量　　　　　　B. 是否有助于增加产品功能
C. 是否有助于提升企业技能　　　　　　D. 是否有助于增加顾客价值

【子题 9.2·2017 单选题】 根据作业成本管理原理，某制造企业的下列作业中，属于增值作业的是（　　）。
A. 产品检验作业　　B. 产品运输作业　　C. 零件组装作业　　D. 次品返工作业

【子题 9.3·2024 单选题】 消除非增值作业，降低非增值成本的成本节约形式是（　　）。
A. 作业消除　　　　B. 作业选择　　　　C. 作业减少　　　　D. 作业共享

母题大做 10：责任中心及其考核

难易程度 ★★☆

【2019 多选题】 在责任成本管理体制下，关于成本中心说法错误的有（　　）。
A. 成本中心对不可控成本负责　　　　　B. 成本中心对可控成本负责
C. 成本中心对利润负责　　　　　　　　D. 成本中心对边际贡献负责
【答案】ACD
【解析】成本中心，指有权发生并控制成本的单位。成本中心一般不会产生收入，通常只计量考核发生的成本。成本中心的特点有：①成本中心不考核收入，只考核成本；②成本中心只对可控成本负责，不负责不可控成本；③责任成本是成本中心考核和控制的主要内容。可控成本应具备的三个条件为：可以预见的；可以计量的；可以调节和控制的。

【西木指引】责任中心及其考核

考查频次 ●●●●●

责任中心		具体规定
成本中心	含义	指有权发生并控制成本的单位
	特点	①成本中心不考核收益（一般不产生收入），只考核成本。 ②只对可控成本负责，不负责不可控成本。 ③责任成本是成本中心考核和控制的主要内容。 注：可控成本应符合：可以预见、可以计量、可以调节和控制
	考核指标	预算成本节约额＝实际产量预算责任成本－实际责任成本 预算成本节约率＝预算成本节约额／实际产量预算责任成本×100% ＝预算成本节约额／（实际产量×预算单位成本）×100%
利润中心	含义	指既能控制成本，又能控制收入和利润的责任单位
	分类	①自然利润中心：直接对外，在市场上进行购销业务的利润中心。 ②人为利润中心：内部销售
	考核指标	①边际贡献＝销售收入总额－变动成本总额 ②可控边际贡献＝边际贡献－可控固定成本 ③部门边际贡献＝可控边际贡献－不可控固定成本
投资中心	含义	既能控制成本、收入和利润，又能对投入的资金进行控制的责任中心
	考核指标	①投资收益率＝息税前利润（$EBIT$）／平均经营资产。 其中：平均经营资产＝（期初经营资产＋期末经营资产）／2。 ②剩余收益＝息税前利润－（平均经营资产×最低投资收益率）

【拓展延伸】投资收益率、剩余收益优缺点总结：

投资收益率	剩余收益
●优点： ①根据现有资料计算，比较客观，便于比较。 ②有利于资产存量的调整，优化资源配置 ●缺点： 会引起短期行为	●优点： 弥补了投资收益率指标会使局部利益与整体利益相冲突的不足。 ●缺点： ①绝对指标，投资规模不同则难以比较。 ②仅反映当期业绩，单纯使用该指标会导致短期行为

子题速练

【子题10.1·2023 单选题】某利润中心本期销售收入 100 万元，变动成本 46 万元，该中心负责人可控固定成本 15 万元，不可控但应由中心负担的固定成本 12 万元，则可控边际贡献为（　）万元。

A.54　　　　　　B.61　　　　　　C.39　　　　　　D.27

【子题 10.2·2023 单选题】某公司下属的投资中心有一个投资额为 2 000 万元的投资项目，投资收益率为 12.6%，若公司需求最低投资收益率为 12%，则该项目剩余收益为（　　）万元。
A.252　　　　　　　B.12　　　　　　　C.240　　　　　　　D.0

【子题 10.3·2023 单选题】在责任中心业绩考核中，关于剩余收益的表述中，正确的是（　　）。
A. 剩余收益是指投资中心的经营收益扣除可控成本之后的余额
B. 容易导致投资中心片面追求局部利益而忽略公司整体利益
C. 可以反映每单位资产对公司利润贡献大小
D. 不便于在不同规模投资中心之间进行业绩比较

【子题 10.4·2022 单选题】关于成本中心及其业绩考核，下列说法错误的是（　　）。
A. 成本中心既对可控成本负责，又对不可控成本负责
B. 成本中心一般不会产生收入
C. 与利润中心相比，成本中心的权利和责任都较小
D. 成本中心仅考核发生的成本，不考核收入

【子题 10.5·2019 单选题】在责任绩效评价中，用于评价利润中心管理者业绩的理想指标是（　　）。
A. 部门税前利润　　　B. 可控边际贡献　　　C. 边际贡献　　　D. 部门边际贡献

【子题 10.6·2017 单选题】某利润中心本期销售收入为 7 000 万元，变动成本总额为 3 800 万元，中心负责人可控的固定成本为 1 300 万元，其不可控但由该中心负担的固定成本为 600 万元，则该中心的可控边际贡献为（　　）万元。
A.1 900　　　　　　B.3 200　　　　　　C.5 100　　　　　　D.1 300

【子题 10.7·2020 单选题】下列关于投资中心业绩评价指标的说法中，错误的是（　　）。
A. 使用投资收益率和剩余收益指标分别进行决策可能导致结果冲突
B. 计算剩余收益指标所使用的最低投资收益率一般小于资本成本
C. 在不同规模的投资中心之间进行比较时不适合采用剩余收益指标
D. 采用投资收益率指标可能因追求局部利益最大化而损害整体利益

【子题 10.8·2018 多选题】下列指标中适用于对利润中心进行业绩考评的有（　　）。
A. 可控边际贡献　　　B. 部门边际贡献　　　C. 投资收益率　　　D. 剩余收益

【子题 10.9·2023 多选题】项目 X 的息税前利润为 108 000 元，项目 Y 的息税前利润为 90 000 元，项目 X 的平均经营资产为 900 000 元，项目 Y 的平均经营资产为 600 000 元，资本成本率为 10%，最低投资收益率为 8%。以下说法正确的有（　　）。
A. 项目 Y 的剩余收益 30 000 元
B. 项目 X 的投资收益率 12%
C. 项目 Y 的投资收益率 15%
D. 项目 X 的剩余收益 36 000 元

母题大做 11：内部转移定价

难易程度 ★☆☆

【2019 单选题】在以成本为基础制定内部转移价格时，下列各项中，不适合作为转移定价基础的是（ ）。
A. 变动成本　　　B. 变动成本加固定制造费用　　　C. 固定成本　　　D. 完全成本
【答案】C
【解析】采用以成本为基础的转移定价是指所有的内部交易均以某种形式的成本价格进行结算，它适用于内部转移的产品或劳务没有市价的情况，包括完全成本、完全成本加成、变动成本以及变动成本加固定制造费用四种形式。

【西木指引】内部转移价格的制定

考查频次 ●●○○○

1. 原则
合规性、效益性、适应性。

2. 方法

种类	确定方法	适用
价格型内部转移价格	以市场价格为基础，由成本和毛利构成	一般适用于内部利润中心
成本型内部转移价格	以标准成本等相对稳定的成本数据为基础制定	一般适用于内部成本中心
协商型内部转移价格	通过内部供求双方协商制定的内部转移价格，协商陷入僵持时需要高层干预	适用于分权程度较高的企业，上限是市场价，下限是变动成本

子题速练

【子题 11.1 · 2019 单选题】公司采用协商型内部转移定价制定内部转移价格时，协商价格的下限一般为（ ）。
A. 完全成本加成　　　　　　　　　　　B. 市场价格
C. 单位变动成本　　　　　　　　　　　D. 单位完全成本

【子题 11.2 · 2023 多选题】某公司有 M、N 两个利润中心，M 利润中心向 N 利润中心提供劳务，在其他条件不变的情况下，提高劳务内部转移价格所产生的结果有（ ）。
A. M 利润中心利润增加　　　　　　　　B. 该公司利润总额增加
C. N 利润中心利润不变　　　　　　　　D. 该公司利润总额不变

本章子题速练答案解析

1.1【答案】 C

【解析】盈亏平衡点的销售额=固定成本/边际贡献率=固定成本/(1-变动成本率)=固定成本/(1-单位变动成本/单价),因此降低边际贡献率,会提高盈亏平衡点的销售额;降低单位变动成本、降低变动成本率和降低固定成本都会降低盈亏平衡点的销售额。

1.2【答案】 ABD

【解析】若产品的单价和单位变动成本同时提高1元,单位边际贡献不变,选项A正确。盈亏平衡点销售量=固定成本/单位边际贡献,固定成本和单位边际贡献不变,盈亏平衡点销售量不变,进而导致安全边际量不变,选项B、D正确。边际贡献率=单位边际贡献/单价,单位边际贡献不变,单价提高,边际贡献率下降,选项C错误。

2.1【答案】 ABCD

【解析】盈亏平衡点的销售额=固定成本总额/综合边际贡献率。其中,综合边际贡献率=Σ(各产品的边际贡献率×销售比重),由此可见,销售结构、单价、单位变动成本都会影响综合边际贡献率。

3.1【答案】 ABCD

3.2【答案】 错误

【解析】边际贡献=销售收入-变动成本,固定成本不影响边际贡献。
边际贡献率=边际贡献总额/销售收入总额=单位边际贡献/单价=1-变动成本率

4.1【答案】 C

【解析】选项A错误,会降低盈亏平衡点;选项B错误,会降低盈亏平衡点;选项D错误,会降低安全边际并提高盈亏平衡点。
盈亏平衡点销售量=固定成本/(单价-单位变动成本),从这个公式可以看出,提高产销量对盈亏平衡点销售量没有影响,所以不能达到降低盈亏平衡点的效果。
安全边际量=正常销售量-盈亏平衡点销售量,安全边际额=安全边际量×单价,盈亏平衡点销售量与正常销售量没有关系,所以提高产销量会提高安全边际量,也会提高安全边际额。

4.2【答案】 D

【解析】选项D错误,销售利润率=安全边际率×边际贡献率。

4.3【答案】 C

【解析】盈亏平衡点的销售量=6 000/(30-18)=500(万件),安全边际率=(800-500)/800=37.5%。

4.4【答案】 D

【解析】盈亏平衡点的业务量=固定成本÷(单价-单位变动成本)=2 520÷(25-18)=360(万件),安全边际量=正常销售量-盈亏平衡点的业务量=600-360=240(万件),安全边际率=安全边际量÷正常销售量×100%=240÷600×100%=40%。

4.5【答案】 B

【解析】销售利润率=边际贡献率×安全边际率=(1-变动成本率)×(1-盈亏平衡率)=(1-60%)×(1-70%)=12%。

息税前利润＝安全边际额×边际贡献率＝安全边际率×边际贡献总额。

4.6【答案】AD

【解析】销售利润率＝安全边际率×边际贡献率，所以选项 AD 的措施可以提高销售利润率。

4.7【答案】ABD

【解析】盈亏平衡作业率＋安全边际率＝1，选项 C 错误。

5.1【答案】D

【解析】实现目标利润的销售量＝（固定成本总额＋目标利润）/（单价－单位变动成本）＝（60 000＋30 000）/（60－20）＝2 250（件）。如果题目给的是税后利润，还要还原为息税前利润。

5.2【答案】C

【解析】单价×销量＝成本＋利润，即单价×20 000＝400 000＋600 000，解得：单价＝50（元）。

5.3【答案】A

【解析】敏感系数＝$\dfrac{EBIT 变动百分比}{参数的变动百分比}$，要与经营杠杆系数建立联系，只能考虑经营杠杆的定义公式，即经营杠杆系数＝$\dfrac{EBIT 变动百分比}{销售量变动百分比}$＝利润对销售量的敏感系数，据此可以判断选项 A 正确。

5.4【答案】正确

【解析】一般情况下，按因素敏感系数的绝对值排序：单价＞单位变动成本＞销量＞固定成本。但是这种排序不是绝对的，如果假设条件发生变化，排序也会发生变化。

6.1【答案】B

【解析】直接材料的耗用量差异形成的原因是多方面的，有生产部门原因，也有非生产部门原因。如产品设计结构、原料质量、工人的技术熟练程度、废品率的高低等，都会导致材料耗用量的差异。

6.2【答案】D

【解析】变动制造费用效率差异（数量差）＝Δ数量×标准分配率＝（6 300－3 000×2）×3＝900（元）。

6.3【答案】B

【解析】变动制造费用效率差异＝（实际工时－实际产量下标准工时）×变动制造费用标准分配率＝（1 296－600×2）×24＝2 304（元）。

6.4【答案】AB

【解析】直接人工工资率差异、变动制造费用耗费差异均属于价格差异；选项固定制造费用能量差异、变动制造费用效率差异属于数量差异。

价格差异＝（实际价格－标准价格）×实际用量；用量差异＝标准价格×（实际用量－实际产量下标准用量）。

6.5【答案】CD

【解析】选项 A 错误，直接人工标准成本＝实际产量下标准工时×标准分配率。选项 B 错误，

直接人工工资率差异＝实际工时×（实际工资率－标准工资率）

直接人工价差（工资率差异）、量差（效率差异）公式记忆方法：先作差（实际－标准），再相乘（价差乘实际，量差乘标准）。

6.6【答案】AC

【解析】选项AC属于，用量差异包括直接材料数量差异、直接人工效率差异、变动制造费用效率差异。选项BD不属于，直接材料价格差异和变动制造费用耗费差异属于价格差异。

6.7【答案】错误

【解析】变动制造费用成本差异指的是实际变动制造费用与实际产量下的标准变动制造费用之间的差额。只有固定制造费用的成本差异会涉及预算产量。

6.8【答案】错误

【解析】直接人工工资率差异，一般由人事部门负责；直接材料价格差异，一般由采购部门负责。

6.9【答案】正确

7.1【答案】B

【解析】能量差异＝预算产量下标准工时 × 标准分配率－实际产量下标准工时 × 标准分配率＝10 000×1.5×12 － 8 000×1.5×12 ＝ 36 000（元）。（超支差异）

7.2【答案】ABD

【解析】选项A正确，固定制造费用标准分配率＝125 000/25 000 ＝ 5（元/小时），固定制造费用总差异＝124 800 － 2 000×10×5 ＝ 24 800（元）。选项B正确，固定制造费用耗费差异＝124 800 － 125 000 ＝ －200（元），固定制造费用能量差异＝125 000 － 2 000×10×5 ＝ 25 000（元）。选项C错误，固定制造费用产量差异＝125 000 － 24 000×5 ＝ 5 000（元）。选项D正确，固定制造费用效率差异＝24 000×5 － 2 000×10×5 ＝ 20 000（元）。

8.1【答案】B

【解析】作业成本法以"作业消耗资源、产出消耗作业"为原则，按照资源动因将资源费用追溯或分配至各项作业，计算出作业成本，然后再根据作业动因，将作业成本追溯至各成本对象，最终完成成本计算的过程。

8.2【答案】D

【解析】产量级作业是指明确地为个别产品（或服务）实施的、使单个产品（或服务）受益的作业。该类作业的数量与产品（或服务）的数量呈正比例变动，包括产品加工、检验等。选项A属于批别级作业。选项B、C属于品种级作业。

8.3【答案】ABC

【解析】作业成本法一般适用于具备以下特征的企业：作业类型较多且作业链较长；同一生产线生产多种产品；企业规模较大且管理层对产品成本准确性要求较高；产品、客户和生产过程多样化程度较高；间接或辅助资源费用所占比重较大等。

8.4【答案】错误

【解析】按消耗对象不同，作业可分为主要作业和次要作业。从作业对企业价值创造的作用看，作业可分为增值作业和非增值作业两大类，后者因与价值增值无关而应被企业避免或消除。因为次要作业和非增值作业是从不同角度划分的，因此次要作业和非增值作业没有必然关系，本题说法错误。

8.5【答案】错误

【解析】作业可以是某一项具体的任务或活动，也可以是由若干个相互联系的能够实现某种特定功能的任务或活动的集合。

9.1【答案】D

【解析】选项D正确，在作业成本法下，按照对顾客价值的贡献，作业可以分为增值作业和非增值作业。所谓增值作业是指能够增加顾客价值的作业。

9.2【答案】C

【解析】增值作业必须同时满足三个条件：①该作业导致了状态的改变；②该状态的变化不能由其他作业来完成；③该作业使其他作业得以进行。非增值作业，是即便消除也不会影响产品对顾客服务的潜能，不必要的或可消除的作业。如果一项作业不能同时满足增值作业的三个条件，就可断定其为非增值作业。选项A不属于，检验作业，只能说明产品是否符合标准，而不能改变其形态，不符合第一个条件；选项B不属于，将原材料从集中保管的仓库搬运到生产部门，将某部门生产的零件搬运到下一个生产部门都是非增值作业；选项D不属于，次品返工作业是重复作业，在其之前的加工作业本就应提供符合标准的产品，因此也属于非增值作业。

9.3【答案】A

【解析】作业消除，是指消除非增值作业或不必要的作业，降低非增值成本。

10.1【答案】C

【解析】可控边际贡献＝边际贡献－该中心负责人可控固定成本＝销售收入总额－变动成本总额－该中心负责人可控固定成本＝100－46－15＝39（万元）

10.2【答案】B

【解析】剩余收益＝2 000×（12.6%－12%）＝12（万元）

10.3【答案】D

【解析】选项A错误，剩余收益是指投资中心的营业收益扣减经营资产按要求的最低投资收益率计算的收益额之后的余额。选项B错误、选项D正确，剩余收益指标弥补了投资收益率指标会使局部利益与整体利益相冲突这一不足之处，但由于其是一个绝对指标，故而难以在不同规模的投资中心之间进行业绩比较。选项C错误，投资收益率主要说明了投资中心运用公司的每单位资产对公司整体利润贡献的大小。

10.4【答案】A

【解析】选项A错误，成本中心只对可控成本负责，不负责不可控成本。

10.5【答案】B

【解析】可控边际贡献也称部门经理边际贡献，它衡量了部门经理有效运用其控制下的资源的能力，是评价利润中心管理者业绩的理想指标。

10.6【答案】A

【解析】该中心的可控边际贡献＝销售收入额－变动成本总额－该中心负责人可控的固定成本＝7 000－3 800－1 300＝1 900（万元）

10.7【答案】B

【解析】计算剩余收益指标所使用的最低投资收益率，一般等于或大于资本成本，通常可以采用企业整体的最低期望投资收益率，也可以是企业为该投资中心单独规定的最低投资收益率。

10.8【答案】AB

【解析】利润中心的考核指标包括边际贡献、可控边际贡献（选项A）和部门边际贡献（选项B）；选项CD属于投资中心的考核指标。

10.9【答案】BCD

【解析】选项D正确，项目X的剩余收益＝108 000－900 000×8%＝36 000（元）。选项A错误，项目Y的剩余收益＝90 000－600 000×8%＝42 000（元）。选项B正确，X的投资收益率＝108 000/900 000＝12%。选项C正确，项目Y的投资收益率＝90 000/600 000＝15%。

11.1【答案】C

【解析】采用协商型内部转移定价时，协商价的取值范围通常较宽，一般不高于市场价，不低于变动成本。

11.2【答案】AD

【解析】选项A、D正确，提高劳务内部转移价格会导致M利润中心利润增加，N利润中心利润减少，两者一增一减，金额相等，该公司利润总额不变。

必会主观题

【主观题1·2019计算分析题】丙公司只生产L产品，计划投产一种新产品，现有M、N两个产品可供选择，相关资料如下：

资料一：L产品单位售价为600元，单位变动成本为450元，预计全年销量为2万件；

资料二：M产品的预计单价为1 000元，边际贡献率为30%，预计年产销量为2.2万件，开发M产品需增加一台设备，这将导致公司每年的固定成本增加100万元；

资料三：N产品的年边际贡献总额为630万元，生产N产品需要占用原有L产品的生产设备，将导致L产品年销量减少10%。

丙公司采用本量利分析法进行生产产品的决策，不考虑增值税等其他因素的影响。

要求：

（1）根据资料二，计算M产品的边际贡献总额。

（2）根据要求（1）的计算结果和资料二，计算开发M产品后丙公司年税前利润的增加额。

（3）根据资料一和资料三，计算开发N产品导致原有L产品的边际贡献减少额。

（4）根据要求（3）的计算结果和资料三，计算开发N产品对丙公司息税前利润的增加额。

（5）请在投产M产品或N产品之间作出选择并说明理由。

【主观题2·2020计算分析题】甲公司生产销售A、B、C三种产品，采用联合单位法进行本量利分析，由2件A产品、1件B产品和2件C产品构成一个联合单位。已知固定成本总额为72 000元，产品产销量、单价和单位变动成本数据如下表所示。

项目	A产品	B产品	C产品
产销量/件	2 000	1 000	2 000
单价/元	60	90	75
单位变动成本/元	40	60	50

要求：

（1）计算联合单价。

（2）计算联合单位变动成本。

（3）计算联合盈亏平衡点的业务量。

（4）计算A产品盈亏平衡点的业务量。

（5）计算三种产品的综合边际贡献率。

【主观题3·2020计算分析题】甲公司生产销售A产品，产销平衡。目前单价为60元/件，单位变动成本24元/件，固定成本总额72 000元，目前销售量水平为10 000件。计划期决定降价10%，预计产品销售量将提高20%，计划期单位变动成本和固定成本总额不变。

要求：

（1）计算当前A产品的单位边际贡献、边际贡献率和安全边际率。

（2）计算计划期A产品的盈亏平衡点的业务量和盈亏平衡作业率。

【主观题4·2021计算分析题】甲公司生产某产品，预算产能为10 000件，单位标准工时为1.2小时/件，固定制造费用预算总额为36 000元。该产品实际产量为9 500件，实际工时为15 000小时，实际发生固定制造费用38 000元。公司采用标准成本法，将固定制造费用成本差异分解为三差异进行计算与分析。

要求：

（1）计算固定制造费用耗费差异。

（2）计算固定制造费用产量差异。

（3）计算固定制造费用效率差异。

（4）计算固定制造费用成本差异，并指出该差异属于有利还是不利差异。

【主观题5·2019计算分析题】甲公司是一家生产经营比较稳定的制造企业，假定只生产一种产品，并用标准成本法进行成本计算分析。单位产品用料标准为6千克/件，材料标准单价为1.5元/千克。2019年1月实际产量为500件，实际用量2 500千克，直接材料实际成本为5 000元。另外，直接人工实际成本为9 000元。实际耗用工时2 100小时，经计算，直接人工效率差异为500元，直接人工工资率差异为–1 500元。

要求：

（1）计算单位产品直接材料标准成本。

（2）计算直接材料成本差异、数量差异和价格差异。
（3）计算该产品的直接人工单位标准成本。

【主观题 6·2022 计算分析题】 甲公司下设 A 投资中心，该投资中心目前的投资收益率为 17%，剩余收益为 300 万元。A 投资中心面临一个投资额为 1 500 万元的投资机会。若实施该投资，预计 A 投资中心会增加利润 225 万元。假定甲公司整体的预期最低收益率为 11%。
要求：
（1）计算实施该投资后，A 投资中心的投资收益率。若甲公司用投资收益率指标考核 A 投资中心业绩，判断 A 投资中心是否应当实施该投资。
（2）计算实施该投资后，A 投资中心的剩余收益。若甲公司用剩余收益指标考核 A 投资中心业绩，判断 A 投资中心是否应当实施该投资。
（3）从公司整体利益角度判断，甲公司应以哪个指标对 A 投资中心的业绩进行评价。

【主观题 7·2020 计算分析题】 甲公司 2019 年 A 产品产销量为 3 万件，单价为 90 元/件，单位变动成本为 40 元/件，固定成本总额为 100 万元。预计 2020 年 A 产品的市场需求持续增加，甲公司面临以下两种可能的情形，并从中作出决策。
情形一：A 产品单价保持不变，产销量将增加 10%。
情形二：A 产品单价提高 10%，产销量将保持不变。
要求：
（1）根据情形一，计算：①利润增长百分比；②利润对销售量的敏感系数。
（2）根据情形二，计算：①利润增长百分比；②利润对单价的敏感系数。
（3）判断甲公司是否应当选择提高 A 产品单价。

【主观题 8·2019 计算分析题】 甲公司为某企业集团的一个投资中心，X 是甲公司下设的一个利润中心，相关资料如下：
资料一：2018 年 X 利润中心的营业收入为 120 万元，变动成本为 72 万元，该利润中心副主任可控固定成本为 10 万元，不可控但应由该利润中心负担的固定成本为 8 万元。
资料二：甲公司 2019 年年初已投资 700 万元，预计可实现利润 98 万元，现有一个投资额为 300 万元的投资机会，预计可获利润 36 万元，该企业集团要求的最低投资收益率为 10%。
要求：
（1）根据资料一，计算 X 利润中心 2018 年度的部门边际贡献。
（2）根据资料二，计算甲公司接受新投资机会前的投资收益率和剩余收益。
（3）根据资料二，计算甲公司接受新投资机会后的投资收益率和剩余收益。
（4）根据（2）（3）的计算结果从企业集团整体利益的角度，分析甲公司是否应接受新投资机会，并说明理由。

本章必会主观题答案解析

1.【答案】

（1）边际贡献总额 = 1 000×2.2×30% = 660（万元）

（2）开发M产品之后年税前利润的增加额 = 660 - 100 = 560（万元）

（3）原有L产品的边际贡献减少额 =（600 - 450）×2×10% = 30（万元）

（4）开发N产品对丙公司息税前利润的增加额 = 630 - 30 = 600（万元）

（5）应该开发N产品。因为开发M产品增加税前利润560万元，开发N产品增加税前利润600万元，所以应该开发N产品。

2.【答案】

（1）3种产品的产销比 = 2∶1∶1，联合单价 = 60×2 + 90×1 + 75×2 = 360（元）

（2）联合单位变动成本 = 40×2 + 60×1 + 50×2 = 240（元）

（3）联合盈亏平衡点的业务量 = $\dfrac{\text{固定成本总额}}{\text{联合产品的单位边际贡献}}$ = $\dfrac{72\,000}{360-240}$ = 600（件）

（4）A产品盈亏平衡点的业务量 = 600×2 = 1 200（件）

（5）三种产品的综合边际贡献率 = $\dfrac{\text{总边际贡献}}{\text{总收入}}$ =

$\dfrac{2\,000×(60-40)+1\,000×(90-60)+2\,000×(75-50)}{2\,000×60+1\,000×90+2\,000×75}$ = 33.33%

3.【答案】

（1）单位边际贡献 = 60 - 24 = 36（元/件）

边际贡献率 = 36/60×100% = 60%

盈亏平衡点的销售量 = 72 000/（60 - 24）= 2 000（件）

安全边际率 =（10 000 - 2 000）/10 000×100% = 80%

（2）计划期单价 = 60×（1 - 10%）= 54（元/件）

计划期单位边际贡献 = 54 - 24 = 30（元/件）

计划期总销量 = 10 000×（1 + 20%）= 12 000（件）

盈亏平衡点的销售量 = 72 000/30 = 2 400（件）

盈亏平衡作业率 = 2 400/12 000×100% = 20%

4.【答案】

（1）固定制造费用耗费差异 = 38 000 - 36 000 = 2 000（元）（超支）

（2）固定制造费用标准分配率 = 36 000/（10 000×1.2）= 3（元/小时）

固定制造费用产量差异 =（10 000×1.2 - 15 000）×3 = -9 000（元）（节约）

（3）固定制造费用效率差异 =（15 000 - 9 500×1.2）×3 = 10 800（元）（超支）

（4）固定制造费用成本差异 = 38 000 - 9 500×1.2×3 = 3 800（元）（超支）

该差异属于不利差异。

5.【答案】

（1）直接材料标准成本 = 6×1.5 = 9（元/件）

（2）直接材料成本差异 = 5 000 - 500×9 = 500（元）（超支）

直接材料数量差异=（2 500－500×6）×1.5＝－750（元）（节约）

直接材料价格差异=（5 000÷2 500－1.5）×2 500＝1 250（元）（超支）

（3）直接人工成本差异＝500＋（－1 500）＝－1 000（元），9 000－直接人工标准成本＝－1 000，即直接人工标准成本＝10 000（元），则该产品的直接人工单位标准成本＝10 000/500＝20（元/件）。

6.【答案】

（1）A 投资中心目前的平均经营资产＝300/（17%－11%）＝5 000（万元），息税前利润＝5 000×17%＝850（万元）。

实施该投资后，A 投资中心的投资收益率＝（850＋225）/（5 000＋1 500）×100%＝16.54%。由于实施该投资后投资收益率降低了，所以 A 投资中心不应当实施该投资。

（2）实施该投资后，A 投资中心的剩余收益＝（850＋225）－（5 000＋1 500）×11%＝360（万元）。由于实施该投资后剩余收益提高了，所以 A 投资中心应当实施该投资。

（3）从公司整体利益角度判断，甲公司应以剩余收益对 A 投资中心的业绩进行评价。

7.【答案】

（1）2019 年的利润＝3×（90－40）－100＝50（万元）

2020 年的利润＝3×（1＋10%）×（90－40）－100＝65（万元）

利润增长百分比＝（65－50）/50＝30%

利润对销售量的敏感系数＝30%/10%＝3

（2）2020 年的利润＝3×[90×（1＋10%）－40]－100＝77（万元）

利润增长百分比＝（77－50）/50＝54%

利润对单价的敏感系数＝54%/10%＝5.4

（3）提高 A 产品单价导致的利润增长百分比高于提高产销量导致的利润增长百分比，所以应当选择提高 A 产品单价。

8.【答案】

（1）部门边际贡献＝120－72－10－8＝30（万元）

（2）投资收益率＝98/700×100%＝14%

剩余收益＝98－700×10%＝28（万元）

（3）投资收益率＝（98＋36）/（700＋300）×100%＝13.4%

剩余收益＝（98＋36）－（700＋300）×10%＝34（万元）

（4）从企业集团整体利益角度，甲公司应该接受新投资机会。因为从企业集团整体利益角度考虑，是否接受一个投资机会应该以剩余收益高低作为决策的依据，甲公司接受新投资机会后导致剩余收益增加，所以甲公司应接受新投资机会。

进阶篇 板块 1
收入与分配管理

✳ **财务管理 进阶篇 板块 1 收入与分配管理 主要内容**

本章介绍了收入与分配管理概述、收入管理、纳税管理和分配管理四个方面的内容。本章可考查题型既有客观题,也有计算分析题,甚至综合题。

✳ **学习进度解锁** ▮▮▮▮▮▮▮▮▮▮▮▮▮▮▮▮▮▮▮▮ 89% 🚶

母题大做 1：销售预测分析

难易程度 ★☆☆

【2020 单选题】属于销售预测定量分析方法的是（ ）。
A. 营销员判断法
B. 专家判断法
C. 产品寿命周期分析法
D. 趋势预测分析法

【答案】D

【解析】选项 ABC 错误，选项 D 正确，销售预测的定性分析法包括营销员判断法、专家判断法、产品寿命周期分析法；销售预测定量分析方法包括趋势预测分析法和因果预测分析法。产品定价方法：以成本为基础的定价方法（全部成本费用加成定价法、保本点定价法、目标利润定价法、变动成本加成定价法），以市场需求为基础的定价方法（需求价格弹性系数定价法、边际分析定价法）。

【西木指引】销售预测分析 考查频次 ●●●○○

1. 定性分析法：三方法

方法	具体内容
营销员判断法	经营管理人员根据推销人员调查结果进行综合分析，从而作出较为正确的预测的方法。用时短、耗费少
专家判断法	其主要有个别专家意见汇集法、专家小组法、德尔菲法等方法
产品寿命周期分析法	利用产品销售量在不同寿命周期阶段上的变化趋势，进行销售预测的一种定性分析方法

2. 定量分析法：两方法

方法		具体内容
趋势预测分析法	算术平均法	将若干历史时期的实际销售量或销售额作为样本值，求出其算术平均数作为下期销售量的预测值，适用于每期销售量波动不大的产品的销售预测 $$Y = \frac{\sum X_i}{n}$$
	加权平均法	权数选取遵循"近大远小"的原则，比算术平均法更为合理 $$Y = \sum_{i=1}^{n} W_i X_i$$

方法		具体内容
趋势预测分析法	移动平均法	移动平均值（实质：最近 m 期实际数据的简单算术平均）： ① $Y_{n+1} = \dfrac{X_{n-(m-1)} + X_{n-(m-2)} + \cdots + X_{n-1} + X_n}{m}$ 修正移动平均法：② $\overline{Y}_{n+1} = Y_{n+1} + (Y_{n+1} - Y_n)$ 缺点：只选用了 n 期数据中的最后 m 期作为计算依据，代表性较差
	指数平滑法	上期实际销售量与上期预计销量的加权平均： ①以事先确定的平滑指数 a 及 $(1-a)$ 作为权数进行加权预测销售量。 预测销售量=预测前期实际销量×a+预测前期的预测值×$(1-a)$ ②平滑指数 a：通常取值在 0.3～0.7。 注：a 越大，说明近期实际销售量对预测结果的影响越大，在销售量波动较大或短期预测时，可选择较大的 a
因果预测分析法		预测公式：$Y = a + bX$，回归直线法计算。 $b = \dfrac{n\sum XY - \sum X \sum Y}{n\sum X^2 - (\sum X)^2}$ $a = \dfrac{\sum Y - b\sum X}{n}$

 子题速练

【子题 1.1 · 2017 单选题】下列各项销售预测分析方法中，属于定性分析法的是（　　）。
A. 加权平均法　　　　B. 指数平滑法　　　　C. 因果预测分析法　　　　D. 营销员判断法

母题大做 2：销售定价管理

难易程度 ★★★

【2023 单选题】某公司生产销售 X 产品，产销量为 2 万件，消费税税率为 5%，单位产品成本为 50 元/件，期间费用为 10 万元，该公司采用全部成本费用加成定价法，成本利润率要求达到 20%，则 X 产品单价为（　　）元。
A. 69.47　　　　　　B. 62.86　　　　　　C. 66　　　　　　　D. 55
【答案】A
【解析】X 产品单价=（50+10/2）×（1+20%）/（1-5%）=69.47（元）。

【西木指引】销售定价管理　　　　　　　　　　　

1. 企业的定价目标
（1）实现利润最大化；

（2）保持或提高市场占有率；

（3）稳定市场价格；

（4）应对和避免竞争；

（5）树立企业形象及产品品牌。

2. 产品定价方法

产品定价方法主要包括以成本为基础的定价方法和以市场需求为基础的定价方法两大类。

（1）以成本为基础的定价方法。

①全部成本费用加成定价法；

②保本点定价法；

③目标利润定价法；

④变动成本加成定价法。

企业在生产能力有剩余的情况下增加生产一定数量的产品，这些增加的产品可以不负担企业的固定成本，只负担变动成本，在确定价格时产品成本仅以变动成本计算。

（2）定价方法计算。

单位价格＝单位成本＋单位利润＋单位税金

（3）以市场需求为基础的定价方法。

①需求价格弹性系数定价法；

②边际分析定价法。

 子题速练

【子题 2.1 · 2018 单选题】在生产能力有剩余的情况下，下列各项成本中，适合作为增量产品定价基础的是（　　）。

A. 固定成本　　　　　B. 制造成本　　　　　C. 全部成本　　　　　D. 变动成本

【子题 2.2 · 2019 单选题】某公司生产并销售单一产品，适用的消费税税率为 5%，本期计划销量 80 000 件，公司产销平衡，完全成本总额为 360 000 元，公司将目标利润定为 400 000 元，则单位产品价格为（　　）元。

A.5　　　　　　　　B.9.5　　　　　　　　C.10　　　　　　　　D.4.5

【子题 2.3 · 2018 单选题】下列各项中，以市场需求为基础的定价方法是（　　）。

A. 保本点定价法　　　　　　　　　　B. 目标利润法

C. 边际分析定价法　　　　　　　　　D. 全部成本费用加成定价法

【子题 2.4 · 2017 多选题】下列各项中，可以作为企业产品定价目标的有（　　）。

A. 实现利润最大化　　　　　　　　　B. 保持或提高市场占有率

C. 应对和避免市场竞争　　　　　　　D. 树立企业形象

【子题 2.5 · 2024 单选题】某产品计划产销量为 1 000 件，消费税税率为 5%，固定成本总额为 10 000 元，单位变动成本为 9 元/件，若目标利润总额为 95 000 元，则运用目标利润法测算的产品价格为（　　）。

A.104 元/件　　　　　B.115 元/件　　　　　C.100 元/件　　　　　D.120 元/件

母题大做 3：股利分配理论

【2020 多选题】下列股利分配理论中，认为股利政策会影响公司的价值的有（ ）。
A. 信号传递理论　　　B. 所得税差异理论　　　C. "手中鸟" 理论　　　D. 代理理论
【答案】ABCD
【解析】选项 ABCD 正确，股利相关理论认为，企业的股利政策会影响股票价格和公司价值，信号传递理论、所得税差异理论、"手中鸟" 理论和代理理论是股利相关理论的几种主要观点，所以都会影响公司的价值。
股利相关理论的这几种理论，只有所得税差异理论认为应该发放低股利，其余都赞同高股利政策。

【西木指引】股利分配理论

理论		内容
股利无关论		公司市场价值的高低，与公司的利润分配政策无关。 前提：完全资本市场理论（市场具有强式效率、无所得税、无筹资费用、公司的投资决策与股利决策彼此独立、股东对股利或资本增值无偏好）
股利相关论	"手中鸟" 理论	厌恶风险的投资者会偏好确定的股利收益。（手中之鸟） 当公司支付较高的股利时，公司的股票价格会随之上升，公司的价值将得到提高
	信号传递理论	①在信息不对称的情况下，公司可以通过股利政策向市场传递有关公司未来获利能力的信息，从而会影响公司的股价。 ②一般而言，高股利支付传递未来盈利能力强的信号，吸引投资者
	所得税差异理论	①资本利得税率低于股利收益税率，且纳税时间选择更有弹性。（延迟纳税） ②资本利得收入比股利收入更有助于实现收益最大化目标，公司应当采用低股利政策
	代理理论	股利的支付能够有效地降低代理成本。但同时高水平的股利政策增加了外部融资成本，理想的股利政策应当使两种成本之和最小

注：股利相关论中，只有"所得税差异理论"主张低股利支付，其他均为高股利支付。

 子题速练

【子题 3.1·2018 单选题】有种观点认为，企业支付高现金股利可以减少管理者对于自由现金流量的支配，从而在一定程度上抑制管理者的在职消费，持这种观点的股利分配理论是（ ）。
A. 所得税差异理论　　　B. 代理理论　　　C. 信号传递理论　　　D. "手中鸟" 理论

【子题 3.2 · 2019 单选题】股利无关论认为股利分配对公司市场价值不产生影响，下列关于股利无关论的假设表述错误的是（　　）。
A. 不存在个人或企业所得税
B. 不存在资本增值
C. 投资决策不受股利分配影响
D. 不存在股票筹资费用

【子题 3.3 · 2018 单选题】下列股利理论中，支持"低现金股利有助于实现股东利益最大化目标"观点的是（　　）。
A. 信号传递理论　　B. 所得税差异理论　　C. "手中鸟" 理论　　D. 代理理论

【子题 3.4 · 2020 多选题】下列关于股利政策的说法中，符合代理理论观点的有（　　）。
A. 股利政策应当向市场传递有关公司未来获利能力的信息
B. 股利政策是协调股东与管理者之间代理关系的约束机制
C. 高股利政策有利于降低公司的代理成本
D. 理想的股利政策应当是发放尽可能高的现金股利

母题大做 4：股利分配政策

难易程度 ★☆☆

【2022 单选题】下列股利政策中，最能体现"多盈多分、少盈少分、无盈不分"的股利分配原则的是（　　）。
A. 固定或稳定增长的股利政策
B. 固定股利支付率政策
C. 低正常股利加额外股利政策
D. 剩余股利政策

【答案】B
【解析】选项 B 正确，采用固定股利支付率政策，股利与公司盈余紧密地配合，体现了"多盈多分、少盈少分、无盈不分"的股利分配原则。
题干的描述很明显是股利配合盈余发放，股利支付比率固定，盈余多分配就多，反之分配就少，属于固定股利支付率政策。

【西木指引】股利分配政策　　 考查频次 ●●●●●

1. 剩余股利政策

含义	是指公司在有良好的投资机会时，根据目标资本结构，测算出投资所需的权益资本额，先从盈余中留用，然后将剩余的盈余作为股利来分配
理论依据	股利无关理论
优点	留存收益优先保证再投资的需要，有助于降低再投资的资金成本，保持最佳的资本结构，实现企业价值的长期最大化

续表

缺点	股利每年波动，不利于投资者安排收入与支出，也不利于公司树立良好的形象
适用范围	一般适用于公司初创阶段

注：应该留存的权益资本＝新投资总需求×目标结构中权益比重，应留存的权益含本年计提的法定盈余公积和任意盈余公积，这些都是需要留下来的权益。

2. 固定或稳定增长的股利政策

含义	每年派发的股利额固定在某一特定水平，或是在此基础上维持某一固定比率，逐年稳定增长
理论依据	股利相关理论
优点	①有利于树立公司形象，增强投资者信心，稳定股价； ②有利于投资者安排收入与支出； ③有利于吸引那些打算进行长期投资并对股利有很高依赖性的股东； ④考虑多种因素，即使推迟某投资方案或暂时偏离目标资本结构，也可能要比降低股利或降低股利增长率更为有利
缺点	股利的支付与盈余脱节，可能造成公司财务状况恶化； 无利可分仍然分，可能会违反《公司法》
适用范围	适用于经营比较稳定或正处于成长期的企业

3. 固定股利支付率政策

内容	将每年净利润的某一固定百分比（股利支付率）作为股利分派给股东
理论依据	股利相关理论
优点	能使股利与公司盈余紧密地配合，体现多盈多分，少盈少分，无盈不分的原则； 从企业支付能力的角度看，这是一种稳定的股利政策
缺点	在收益不稳定的情况下，波动的股利容易给投资者带来经营状况不稳定、投资风险较大的不良印象； 面临较大的财务压力（注：权责发生制下，盈利多不代表现金流充足）； 合适的固定股利支付率的确定难度大
适用范围	适用于那些处于稳定发展并且财务状况也比较稳定的公司

4. 低正常股利加额外股利政策

内容	事先设定一个较低的正常股利额，除了按正常股利发放外，还在公司盈余较多、资金较为充裕的年度发放额外股利
理论依据	股利相关理论

续表

优点	赋予公司较大的灵活性，使公司在股利发放上留有余地，并具有较大的财务弹性；使那些依靠股利度日的股东每年至少可以得到虽然较低但比较稳定的股利收入，从而吸引住这部分股东
缺点	盈利的波动使得额外股利不断变化，容易给投资者带来收益不稳定的感觉；较长时间持续发放额外股利后，会被误认为"正常股利"；若取消，会被误认为传递财务恶化信号，导致股价下跌
适用范围	适用于盈利随着经济周期而波动较大，或者盈利与现金流量很不稳定的公司

 子题速练

【子题 4.1 · 2018 单选题】 下列股利政策中，有利于保持企业最优资本结构的是（　　）。

A. 剩余股利政策　　　　　　　　　　　B. 固定或稳定增长的股利政策

C. 固定股利支付率政策　　　　　　　　D. 低正常股利加额外股利政策

【子题 4.2 · 2018 多选题】 下列各项中，属于固定或稳定增长的股利政策优点的有（　　）。

A. 稳定的股利有利于稳定股价　　　　　B. 稳定的股利有利于树立公司的良好形象

C. 稳定的股利使股利与公司盈余密切挂钩　D. 稳定的股利有利于优化公司资本结构

【子题 4.3 · 2022 多选题】 下列各项中，属于固定股利支付率政策缺点的有（　　）。

A. 股利波动容易给投资者带来投资风险较大的不良印象

B. 难以确定合适的固定股利支付率

C. 股利的支付与公司盈利脱节

D. 股利波动容易向投资者传递公司经营状况不稳定的负面信号

【子题 4.4 · 2020 判断题】 采用剩余股利政策，在有投资机会时，企业偏向留存收益进行筹资。（　　）

【子题 4.5 · 2020 判断题】 与固定股利政策相比，低正常股利加额外股利政策赋予公司股利发放的灵活性。（　　）

【子题 4.6 · 2019 判断题】 在固定股利支付率政策下，各年的股利随着收益的波动而波动，容易给投资者带来公司经营状况不稳定的印象。（　　）

母题大做 5：股票股利

难易程度 ★★☆

【2021 多选题】 某公司发放股利前的股东权益如下：股本 3 000 万元（每股面值 1 元），资本公积 2 000 万元，盈余公积 2 000 万元，未分配利润 5 000 万元。若每 10 股发放 1 股普通股作为股利，股利按市价（每股 10 元）计算，则公司发放股利后，下列说法正确的有（　　）。

A. 未分配利润的金额为 2 000 万元　　　B. 股东权益的金额为 12 000 万元

C. 股本的金额为 3 300 万元　　　　　　D. 盈余公积的金额为 4 700 万元

【答案】ABC

【解析】选项AC正确,选项D错误,发放股票股利后,增加的股数=3 000/10=300(万股),未分配利润=5 000-300×10=2 000(万元),股本=3 000+300×1=3 300(万元),资本公积=2 000+300×(10-1)=4 700(万元),发放股票股利不影响盈余公积。选项B正确。发放股票股利前后股东权益金额不变,仍为3 000+2 000+2 000+5 000=12 000(万元)。

【西木指引】股票股利

 考查频次●●●○○

1. 股利支付形式

现金股利、股票股利、财产股利(含用其他公司股票支付)、负债股利(通常以应付票据方式)。

2. 股票股利相关知识点

(1) 股票股利的影响。

①不会导致股票面值、资本结构、持股比例、(盈利总额和市盈率不变时的)市场价值总额变化;

②会引起所有者权益各项目的结构、股票数量(↑)、每股收益(↓)、每股市价(↓)发生变化。

(2) 优点:

股东角度	①有时股价并不成比例下降,可使股票价值相对上升; ②由于股利收入和资本利得税率的差异,如果股东把股票股利出售,带来资本利得纳税上的好处
公司角度	①不需要支付现金,公司可以为再投资提供成本较低的资金,从而有利于公司的发展; ②可降低公司股票市场价格,促进股票的交易和流通,吸引更多的投资者,分散股权,防止被恶意控制; ③传递公司未来发展良好的信息,从而增强投资者的信心,在一定程度上稳定股票价格

(3) 程序:股利宣告日→股权登记日→除息日→股利发放日。

①股权登记日之后取得股票的股东则无权领取本次分派的股利;

②除息日:领取股利的权利与股票分离的日期,股利与股票相脱离。

子题速练

【子题5.1·2021单选题】某公司资本结构要求权益资本占55%,2020年的净利润为2 500万元,预计2021年投资所需资金为3 000万元。按照剩余股利政策,2020年可发放的现金股利为( )万元。

A.850　　　　　　B.1 150　　　　　　C.1 375　　　　　　D.1 125

【子题5.2·2019单选题】如果某公司以所持有的其他公司的有价证券作为股利发给本公司股东,则该股利支付方式属于( )。

A.负债股利　　　　B.财产股利　　　　C.股票股利　　　　D.现金股利

【子题5.3·2017多选题】对公司而言,发放股票股利的优点有( )。

A. 减轻公司现金支付压力　　　　　　　B. 使股权更为集中
C. 可以向市场传递公司未来发展前景良好的信息　D. 有利于股票交易和流通

【子题 5.4 · 2021 判断题】某公司目标资本结构要求权益资本占 60%，2020 年的净利润为 2 000 万元，预计 2021 年的投资需求为 1 000 万元。按照剩余股利政策，2020 年可发放的现金股利为 1 400 万元。（　　）

【子题 5.5 · 2022 判断题】在上市公司股利分配中，除息日当天购买股票的投资者拥有领取本次股利的权利。（　　）

【子题 5.6 · 2024 单选题】某公司将其持有的其他公司股票作为股利支付给本公司股东，下列属于该股利支付形式的是（　　）。
A. 负债股利　　　B. 现金股利　　　C. 股票股利　　　D. 财产股利

母题大做 6：股票分割

难易程度 ★ ☆ ☆

【2022 单选题】关于股票分割和股票股利，下列说法正确的是（　　）。
A. 均会改变股票面值　　　　　　　　B. 均会增加股份数量
C. 均会增加股东权益总额　　　　　　D. 均会改变股东权益的结构
【答案】B
【解析】选项 A 错误，股票分割会改变股票面值，股票股利不会改变股票面值；选项 C 错误，股票股利和股票分割均不会引起股东权益总额的变化；选项 D 错误，股票股利会改变股东权益的结构，股票分割不会改变股东权益的结构。
股票分割和股票股利相同点：股数增加；股东财富及持股比例不变；资产、负债、股东权益总额不变，资本结构不变。

【西木指引】股票分割

 考查频次 ●●●○○

1. 股票分割

含义	拆股，将一股股票拆分成多股股票的行为
作用	①降低股票价格（促进交易和流通、防止恶意收购、为发行新股做准备等）；②传递"公司发展前景良好"的信号，有助于提高投资者对公司股票的信心
反分割	合并股票，提高价格，提高投资门槛，向市场传递的信息通常是不利的

2. 股票分割与股票股利的比较

比较		股票股利	股票分割
不同点	面值	不变	变小
	股东权益结构	股本增加、未分配利润减少	不变
	是否为股利支付方式	是	否
相同点		①普通股股数增加； ②每股收益和每股市价下降； ③资产总额、负债总额、股东权益总额不变； ④传递"公司发展前景良好"的信号； ⑤股东持股比例不变	

 子题速练

【子题 6.1 · 2019 单选题】股票股利与股票分割都将增加股份数量，二者的主要差别在于是否会改变公司的（　　）。

A. 资产总额　　　　　　B. 股东权益总额　　　　C. 股东权益的内部结构　　D. 股东持股比例

【子题 6.2 · 2021 单选题】关于股票分割，下列表述正确的是（　　）。

A. 会引起股票面值的变化　　　　　　　　B. 不会增加发行在外的股票总数

C. 会引起所有者权益总额的变化　　　　　D. 会引起所有者权益内部结构的变化

【子题 6.3 · 2020 多选题】股票分割和股票股利的相同之处有（　　）。

A. 不改变公司股票数量　　　　　　　　　B. 不改变资本结构

C. 不改变股东权益结构　　　　　　　　　D. 不改变股东权益总额

【子题 6.4 · 2019 多选题】假设某股份公司按照1∶2的比例进行股票分割，下列说法正确的有（　　）。

A. 股本总额增加一倍　　　　　　　　　　B. 每股净资产保持不变

C. 股东权益总额保持不变　　　　　　　　D. 股东权益内部结构保持不变

【子题 6.5 · 2024 判断题】股票分割会引起股东权益内部变化。（　　）

母题大做 7：股票回购

【2021 多选题】下列各项中，属于公司回购股票动机的有（　　）。

A. 改变公司的资本结构　　　　　　　　　B. 替代现金股利

C. 巩固控股股东的控制权　　　　　　　　D. 传递公司股价被高估的信息

【答案】ABC

【解析】选项 D 错误，一般情况下，投资者会认为股票回购意味着公司认为其股票价值被低估而采取的应对措施。

股票回购：股票数量减少，每股价值指标增加，资本结构改变，巩固控制权。

【西木指引】股票回购

考查频次 ●●●○○

含义	上市公司出资将其发行在外的普通股以一定价格购买回来予以注销或作为库存股的一种资本运作方式
回购的情形	①减少注册资本； ②与持有本公司股份的其他公司合并； ③将股份用于员工持股计划或股权激励； ④股东因对合并、分立决议持异议，要求回购； ⑤将股份用于转换公司发行的可转换为股票的公司债券； ⑥为维护公司价值及股东权益所必需
动机	①现金股利的替代；（获取资本利得上的好处） ②改变公司的资本结构；（提高公司的财务杠杆水平） ③传递信息；（一般会被认为目前股票价值被低估） ④巩固既有控制权，有效地防止敌意收购
对上市公司的影响	①进一步提升公司调整股权结构和管理风险的能力，提高公司整体质量和投资价值； ②回购若用于股权激励，形成资本所有者与劳动者的利益共同体，有助于提高投资者的回报能力； ③回购若用于可转换债券的转换，有助于拓展融资渠道，改善资本结构； ④股价严重低估时，回购可减少股份供应量，有助于稳定股价，增强投资者的信心； ⑤有利于防止操纵市场、内幕交易等利益输送行为； ⑥一方面需要大量资金支付回购成本，容易造成资金紧张，另一方面没有合适的投资项目时，将多余资金返还给投资者

子题速练

【子题 7.1 · 2020 单选题】下列各项中，可以改变企业资本结构的是（　　）。

A. 股票回购　　　　　　B. 股票股利　　　　　　C. 股票分割　　　　　　D. 股票合并

【子题 7.2 · 2018 单选题】股票回购对上市公司的影响是（　　）。

A. 有利于保护债权人利益　　　　　　B. 分散控股股东的控制权

C. 有利于降低公司财务风险　　　　　　D. 降低资产流动性

【子题 7.3 · 2023 单选题】关于股票回购和发放现金股利对公司影响的表述中，错误的是（　　）。

A. 均减少公司现金　　　　　　B. 均减少所有者权益

C. 均降低公司股票市场价格　　　　　　D. 均改变所有者权益结构

【子题 7.4 · 2023 判断题】由于信息不对称和预期差异，公司可以通过股票回购向投资者传递股票价格被高估的信号。（　　）

【子题 7.5 · 2023 判断题】公司进行股票分割后，发行在外的股票总数增加，而股东权益总额与资本结构并不发生改变。（   ）

【子题 7.6 · 2024 多选题】下列关于股票回购的说法中，正确的有（   ）。
A. 可以降低财务杠杆
B. 可以向市场传递股价被低估的信号
C. 可以改变资本结构
D. 可以巩固控股股东既有的控制权

母题大做 8：股权激励

难易程度 ★☆☆

【2021 单选题】某公司将 1% 的股票赠与管理者以激励其实现设定的业绩目标，如果目标未实现，公司有权将股票收回，这种股权激励模式是（   ）。
A. 股票期权模式　　B. 股票增值权模式　　C. 业绩股票激励模式　　D. 限制性股票模式
【答案】D
【解析】选项 D 正确，公司先授予股票，若业绩目标未实现，公司有权收回股票，这是限制性股票模式。

【西木指引】股票激励

 考查频次 ●●○○○

 子题速练

【子题 8.1 · 2020 单选题】某公司对公司高管进行股权激励，约定每位高管只要自即日起在公司工作满三年，即有权按每股 10 元的价格购买本公司股票 50 万股，该股权激励模式属于（   ）。
A. 股票期权模式　　B. 限制性股票模式　　C. 业绩股票激励模式　　D. 股票增值权模式

【子题 8.2 · 2018 单选题】若激励对象没有实现约定的目标，公司有权将免费赠与的股票收回，这种股权激励是（   ）。
A. 股票期权模式　　B. 业绩股票模式　　C. 股票增值权模式　　D. 限制性股票模式

【子题 8.3 · 2021 判断题】公司采用股票期权激励高管，如果行权期内的行权价格高于股价，则激励对象可以通过行权获得收益。（   ）

本章子题速练答案解析

1.1【答案】 D

【解析】可以用排除法进行判断，定性分析法就是不从数量出发分析，本题中选项ABC均属于定量分析法，所以选择D。

2.1【答案】 D

【解析】在企业成本范畴中，基本有三种成本可以作为定价基础，即变动成本、制造成本和全部成本费用。变动成本定价法是指企业在生产能力有剩余的情况下增加生产一定数量的产品，这些增加的产品可以不负担企业的固定成本，只负担变动成本，在确定价格时产品成本仅以变动成本计算。

2.2【答案】 C

【解析】单位产品价格 =（完全成本总额 + 目标利润）/[销量 ×（1 − 消费税税率）] =（360 000 + 400 000）/[80 000 ×（1 − 5%）] = 10（元）。

2.3【答案】 C

【解析】以市场需求为基础的定价方法主要有需求价格弹性系数定价法和边际分析定价法等。

2.4【答案】 ABCD

【解析】企业的定价目标主要包括实现利润最大化、保持或提高市场占有率、稳定价格、应对和避免竞争、树立企业形象及产品品牌。

2.5【答案】 D

【解析】运用目标利润法测算的产品价格 =（10 000 + 1 000 × 9 + 95 000）/[1 000 ×（1 − 5%）]= 120（元/件）。

3.1【答案】 B

【解析】代理理论认为，股利的支付能够有效地降低代理成本。首先，股利的支付减少了管理者对自由现金流量的支配权，这在一定程度上可以抑制公司管理者的过度投资或在职消费行为，从而保护外部投资者的利益；其次，较多的现金股利发放，减少了内部融资，导致公司进入资本市场寻求外部融资，从而公司将接受资本市场上更多的、更严格的监督，这样便通过资本市场的监督减少了代理成本。

3.2【答案】 B

【解析】股利无关论是建立在完全资本市场理论之上的，假定条件包括：第一，市场具有强式效率，没有交易成本，没有任何一个股东的实力足以影响股票价格；第二，不存在任何公司或个人所得税（选项A）；第三，不存在任何筹资费用（选项D）；第四，公司的投资决策与股利决策彼此独立，即投资决策不受股利分配的影响（选项C）；第五，股东对股利收入和资本增值之间并无偏好，而非"不存在资本增值"。

3.3【答案】 B

【解析】所得税差异理论认为，由于普遍存在的税率以及纳税时间的差异，资本利得收益比股利收益更有助于实现收益最大化目标，公司应当采用低股利政策。

3.4【答案】 BC

【解析】选项 A 错误，其是信号传递理论的观点。选项 B 正确，代理理论认为，股利政策有助于减缓管理者与股东之间的代理冲突，即股利政策是协调股东与管理者之间代理关系的一种约束机制。选项 C 正确，高水平的股利政策降低了企业的代理成本，但同时也增加了外部融资成本，理想的股利政策应当使两者成本之和最小。选项 D 错误，其是"手中鸟"理论的观点。

4.1【答案】A

【解析】剩余股利政策的优点：留存收益优先满足再投资需要的权益资金，有助于降低再投资的资金成本，保持最佳的资本结构，实现企业价值的长期最大化。

4.2【答案】AB

【解析】选项 AB 正确，固定或稳定增长的股利政策优点：①向市场传递公司正常发展的信息，有利于树立良好的公司形象，增强投资者对公司的信心，稳定股票价格。②有助于投资者安排股利收入和支出，有利于吸引那些打算进行长期投资并对股利有很高依赖性的股东。③股票市场受多种因素影响，为了将股利或股利增长率维持在稳定的水平上，即使推迟某些投资方案或暂时偏离目标资本结构，也可能比降低股利或股利增长率更为有利。选项 C，稳定的股利使股利与公司盈余相脱节。选项 D，稳定的股利不利于优化资本结构。

4.3【答案】ABD

【解析】固定股利支付率的缺点：①年度间股利额的波动较大，给投资者带来经营状况不稳定、投资风险较大的不良印象，成为影响股价的不利因素（选项 AD）。②容易使公司面临较大的财务压力。因为公司盈利多并不代表公司有足够的现金流用来支付较多的股利额。③合适的固定股利支付率的确定难度比较大（选项 B）。选项 C 是固定或稳定增长的股利政策的缺点。
固定股利支付率政策：股利波动，股利与盈余紧密配合；固定或稳定增长的股利政策：股利稳定，股利支付与盈余脱节。

4.4【答案】正确

【解析】剩余股利政策是公司在有良好投资机会时，根据目标资本结构，测算出投资所需的权益资本额，先从盈余中留用，然后将剩余的盈余作为股利发放。剩余股利政策的依据是股利无关论。

4.5【答案】正确

【解析】低正常股利加额外股利政策下，公司可根据每年的具体情况，选择不同的股利发放水平，所以赋予了公司较大的灵活性。

4.6【答案】正确

【解析】采用固定股利支付率政策，由于大多数公司每年的收益很难保持稳定不变，所以年度间的股利额波动较大，由于股利的信号传递作用，波动的股利很容易给投资者带来经营状况不稳定、投资风险较大的不良印象，成为影响股价的不利因素。

5.1【答案】A

【解析】2020 年可发放的现金股利 = 净利润 − 预计投资额 × 权益资金占比 = 2 500 − 3 000 × 55% = 850（万元）。

剩余股利政策是指公司在有良好投资机会时，根据目标资本结构，测算出投资所需的权益资本额，先从盈余中留用，然后将剩余的盈余作为股利发放。

5.2 【答案】B

【解析】财产股利是以现金以外的其他资产支付的股利，主要是以公司所拥有的其他公司的有价证券，如债券、股票等，作为股利支付给股东。

5.3 【答案】ACD

【解析】选项A正确，发放股票股利不需要向股东支付现金，在再投资机会较多的情况下，公司就可以为再投资提供成本较低的资金，从而有利于公司的发展。选项B错误，选项D正确，发放股票股利可以降低公司股票的市场价格，既有利于促进股票的交易和流通，又有利于吸引更多的投资者成为公司股东，进而使股权更为分散，有效地防止公司被恶意控制。选项C正确，股票股利的发放可以传递公司未来发展前景良好的信息，从而增强投资者的信心，在一定程度上稳定股票价格。

5.4 【答案】正确

【解析】可发放的现金股利 = 2 000 − 1 000×60% = 1 400（万元）

5.5 【答案】错误

【解析】在除息日当天或是以后购买股票的股东，不能参与本次股利的分配。

5.6 【答案】D

【解析】财产股利是以现金以外的其他资产支付的股利，主要是以公司所拥有的其他公司的有价证券，如债券、股票等，作为股利支付给股东。现金股利是以现金支付的股利，是股利支付最常见的方式；现金充足与否往往会成为公司发放现金股利的主要制约因素。负债股利是以负债方式支付的股利，通常以公司的应付票据支付给股东，有时也以发放公司债券的方式支付股利。在我国公司实务中很少使用。股票股利是公司以增发股票的方式所支付的股利，我国实务中通常也称其为"红股"。

6.1 【答案】C

【解析】股票分割与股票股利，都是在不增加股东权益的情况下增加了股份的数量，不同的是，股票股利虽不会引起股东权益总额的改变，但股东权益的内部结构会发生变化，而股票分割之后，股东权益总额及其内部结构都不会发生任何变化，变化的只是股票面值。

6.2 【答案】A

【解析】股票分割，是将一股股票拆分成多股股票的行为。股票分割会改变股票面值，增加发行在外的股票总数，但不会改变所有者权益总额、所有者权益内部结构以及公司的资本结构。

6.3 【答案】BD

【解析】选项A错误，股票分割和股票股利都会导致股票数量增加。选项BD正确，股票分割和股票股利都不改变资本结构和股东权益总额。选项C错误，股票分割不改变股东权益结构，而股票股利会改变股东权益内部结构。

6.4 【答案】CD

【解析】股票分割之后，股东权益总额及其内部结构都不会发生任何变化。因为股数增加，股东权益总额不变，所以每股净资产下降。

6.5 【答案】错误

【解析】股票分割不会改变股东权益内部结构。

7.1【答案】A

【解析】选项A正确,股票回购,股东权益减少,资本结构会发生改变。选项BCD错误,股票股利、股票分割和股票合并都不会改变股东权益总额,因此不会改变资本结构。

7.2【答案】D

【解析】选项A错误,股票回购若用大量资金支付回购成本,容易造成资金短缺,降低偿债能力,不利于保护债权人的利益。选项B错误,股票回购减少股份供应量,集中控股股东的控制权。选项C错误,选项D正确,股票回购造成资金紧张,降低资产的流动性,增加公司的财务风险。

7.3【答案】C

【解析】选项C错误,发放现金股利会降低公司股票市场价格,而股票回购使流通在外的股份数变少,会提高公司股票市场价格。

7.4【答案】错误

【解析】由于信息不对称和预期差异,证券市场上的公司股票价格可能被低估,而过低的股价将会对公司产生负面影响。一般情况下,投资者会认为股票回购意味着公司认为其股票价格被低估而采取的应对措施。

7.5【答案】正确

【解析】股票分割之后,变化的只是股票面值和股票总数,股东权益总额及其内部结构与资本结构都不会发生任何变化。

7.6【答案】BCD

【解析】选项A错误,回购股票会提高公司的财务杠杆水平。

8.1【答案】A

【解析】选项A正确,股票期权模式是指上市公司授予激励对象在未来一定期限内,以预先确定的条件购买本公司一定数量股份的权利。

8.2【答案】D

【解析】限制性股票指公司为了实现某一特定目标,公司先将一定数量的股票赠与或以较低价格售予激励对象。只有当实现预定目标后,激励对象才可将限制性股票抛售从中获利;若预定目标没有实现,公司有权将免费赠与的限制性股票收回或者将售出股票以激励对象购买时的价格回购。

8.3【答案】错误

【解析】公司采用股票期权激励高管,在行权期内,如果股价高于行权价格,激励对象可以通过行权获得市场价与行权价格差带来的收益。股价高于行权价格,低价行权赚取收益,对投资者来说才有利。

必会主观题

【主观题 1 · 2023 计算分析题】 甲公司是一家上市公司，2021 年度实现净利润 10 000 万元，分配现金股利 3 000 万元；2022 年度实现净利润 12 000 万元。公司计划在 2023 年投资一个新项目，投资所需资金为 8 000 万元。

要求：

（1）如果甲公司一直采用固定股利政策，计算 2022 年度的股利支付率。

（2）如果甲公司一直采用固定股利支付率政策，计算 2022 年度的股利支付率。

（3）如果甲公司采用剩余股利政策，其目标资本结构债务资本占 40%，权益资本占 60%，计算 2022 年度的股利支付率。

（4）如果公司采用低正常股利加额外股利政策，低正常股利为 2 000 万元，额外股利为 2022 年度净利润扣除低正常股利后余额的 25%，计算 2022 年度的股利支付率。

【主观题 2 · 2022 计算分析题】 甲公司生产销售 A 产品，生产能力 150 万件/年，本年度计划生产并销售 120 万件，预计单位变动成本 200 元，年固定成本费用总额 3 000 万元，该产品适用消费税税率 5%。甲公司对计划内产品采取全部成本费用加成定价法，对计划外产品则采取变动成本加成定价法，相应成本利润率均要求达到 30%。假定公司本年度接到一项计划外订单，客户要求订购 10 万件 A 产品，报价 300 元/件。

要求：

（1）计算甲公司计划内 A 产品单位价格。

（2）计算甲公司计划外 A 产品单位价格。

（3）判断甲公司是否应当接受这项计划外订单，并说明理由。

【主观题 3 · 2020 计算分析题】 甲公司发放股票股利前，投资者张某持有甲公司普通股 20 万股，甲公司的股东权益账户情况如下，股本为 2 000 万元（发行在外的普通股为 2 000 万股，面值 1 元），资本公积为 3 000 万元，盈余公积为 2 000 万元，未分配利润为 3 000 万元。公司每 10 股发放 2 股股票股利，按市值确定的股票股利总额为 2 000 万元。

要求：

（1）计算股票股利发放后的"未分配利润"项目金额。

（2）计算股票股利发放后的"股本"项目金额。

（3）计算股票股利发放后的"资本公积"项目金额。

（4）计算股票股利发放后张某持有公司股份的比例。

【主观题 4 · 2023 计算分析题】 甲公司生产销售 A 产品，产销平衡。2023 年度有关资料如下：

（1）A 产品年设计生产能力为 15 000 件，2023 年计划销售 12 000 件，预计单位变动成本为 199.5 元/件，年固定成本总额为 684 000 元。A 产品的消费税税率为 5%。

（2）公司接到一个额外订单，订购 A 产品 2 000 件，报价为 290 元/件。

要求：

（1）不考虑额外订单，若公司要求的成本利润率为20%，运用全部成本费用加成定价法计算计划内A产品的单价。

（2）不考虑额外订单，若公司要求至少达到盈亏平衡点，运用保本点定价法计算计划内A产品的最低销售单价。

（3）对于额外订单，公司要求其利润达到A产品变动成本的25%，运用变动成本加成定价法计算计划外A产品的单价。判断公司是否应接受这个额外订单，并说明理由。

本章必会主观题答案解析

1.【答案】

（1）固定股利政策下，2022年分配的股利＝3 000（万元），股利支付率＝3 000/12 000＝25%

（2）固定股利支付率政策下，2022年股利支付率＝3 000/10 000＝30%

（3）剩余股利支付政策下，2022年分配的股利＝12 000－8 000×60%＝7 200（万元），股利支付率＝7 200/12 000＝60%

（4）额外股利＝（12 000－2 000）×25%＝2 500（万元）

2022年度的股利支付率＝（2 000＋2 500）/12 000＝37.5%

2.【答案】

（1）甲公司计划内A产品单位价格＝（200＋3 000/120）×（1＋30%）/（1－5%）＝307.89（元/件）

（2）甲公司计划外A产品单位价格＝200×（1＋30%）/（1－5%）＝273.68（元/件）

（3）甲公司应当接受这项计划外订单。理由：接受计划外订单不增加固定成本费用，计划外订单的报价高于计划外A产品单位价格，接受计划外订单会提高成本利润率。

3.【答案】

（1）发放股票股利后的未分配利润＝未分配利润－分配的股票股利＝3 000－2 000＝1 000（万元）

（2）股本增加＝2 000×2/10×1＝400（万元）

发放股票股利后的股本＝2 000＋400＝2 400（万元）

（3）股票股利发放后的资本公积＝3 000＋（2 000－400）＝4 600（万元）

（4）发放股票股利不影响投资人的持股比例，因此张某的持股比例仍然是1%（20/2 000）。

4.【答案】

（1）单位固定成本＝684 000/12 000＝57（元/件）

单价＝（199.5＋57）×（1＋20%）/（1－5%）＝324（元/件）

（2）单价＝（199.5＋684 000/12 000）/（1－5%）＝270（元/件）

（3）单价＝199.5×（1＋25%）/（1－5%）＝262.5（元/件）

额外订单的单价290元/件大于按变动成本计算的单价262.5元/件，因此应该接受该订单。

进阶篇 板块 2
财务分析与评价

★ **财务管理 进阶篇 板块 2 财务分析与评价 主要内容**

本章介绍了财务分析与评价概述、基本的财务报表分析、上市公司财务分析与财务评价与考核四个方面的内容。本章既可考查客观题，也可以出计算分析题或综合题。

★ **学习进度解锁** 97%

母题大做 1：短期偿债能力分析

【2018 单选题】下列财务指标中，最能反映企业即时偿付短期债务能力的是（ ）。
A. 资产负债率　　　　B. 流动比率　　　　C. 权益乘数　　　　D. 现金比率
【答案】D
【解析】现金比率剔除了应收账款对偿债能力的影响，最能反映企业直接偿付流动负债的能力，表明每 1 元流动负债有多少现金资产作为偿债保障。

【西木指引】短期偿债能力分析

指标及计算	含义/意义	备注
营运资金 = 流动资产 − 流动负债	①营运资金 >0：财务状况稳定，不能偿债的风险较小。 ②营运资金 <0：不能偿债的风险较大	绝对数指标，<u>不便于不同企业之间</u>的比较
流动比率 = 流动资产 ÷ 流动负债	①每 1 元流动负债有多少流动资产作为保障，流动比率越大通常短期偿债能力越强。 ②流动比率高并不意味着短期偿债能力一定很强（资产变现能力不同，如存货积压、应收账款呆账等）。 ③流动比率只有和<u>同行业平均水平、本企业历史水平</u>对比，才能判断其高低	①生产企业合理的最低流动比率 = 2。 ②营业周期短，应收账款和存货周转速度快的企业，其合理的流动比率偏低
速动比率 = 速动资产 ÷ 流动负债	①速动比率越大通常短期偿债能力越强。 注：速动资产 = 流动资产 − 变现慢的（存货、预付）− 偶然的（1 年内到期非流动、其他）= <u>货币资金 + 交易性金融资产 + 衍生金融资产 + 各种应收款项</u> ②速动比率因行业而异	①应收账款的变现能力（周转速度）影响速动比率的可信性。 ②速动比率过高，会因占用现金及应收账款过多增加机会成本
现金比率 = （货币资金 + 交易性金融资产）÷ 流动负债	①<u>最能反映企业直接偿付流动负债的能力。</u> ②过高影响企业的盈利能力（现金盈利能力较低）	0.2 的现金比率就可以接受

子题速练

【子题 1.1 · 2021 单选题】某公司当前的速动比率大于 1，若用现金偿还应付账款，则对流动比率与速动比率的影响是（ ）。
A. 流动比率变小，速动比率变小　　　　　　B. 流动比率变大，速动比率不变
C. 流动比率变大，速动比率变大　　　　　　D. 流动比率不变，速动比率变大

【子题 1.2 · 2021 单选题】下列各项中，既不影响现金比率又不影响速动比率的是（ ）。
A. 交易性金融资产　　B. 应收票据　　C. 短期借款　　D. 存货

【子题 1.3 · 2021 单选题】某公司流动比率为 1.8，如果赊购一批原材料，则流动比率的变化方向是（ ）。
A. 不变　　B. 变小　　C. 变大　　D. 以上都有可能

【子题 1.4 · 2022 单选题】某企业目前的速动比率大于 1，若其他条件不变，下列措施中，能够提高该企业速动比率的是（ ）。
A. 以银行存款偿还长期借款
B. 以银行存款购买原材料
C. 收回应收账款
D. 以银行存款偿还短期借款

【子题 1.5 · 2018 单选题】在计算速动比率指标时，下列各项中，不属于速动资产的是（ ）。
A. 存货　　B. 货币资金　　C. 应收账款　　D. 应收票据

【子题 1.6 · 2024 多选题】下列各项中，不会提高公司流动比率的有（ ）。
A. 公司用银行存款购置新生产线
B. 公司从商业银行取得长期借款
C. 公司收到客户上期所欠货款
D. 公司向供应商预付原材料采购款

母题大做 2：长期偿债能力分析

难易程度 ★★☆

【2019 单选题】关于产权比率指标和权益乘数指标之间的数量关系，下列表达式中正确的是（ ）。
A. 权益乘数 × 产权比率 = 1
B. 权益乘数 − 产权比率 = 1
C. 权益乘数 + 产权比率 = 1
D. 权益乘数 ÷ 产权比率 = 1

【答案】B

【解析】产权比率＝负债总额÷所有者权益＝（总资产－所有者权益）÷所有者权益＝总资产÷所有者权益－所有者权益÷所有者权益＝权益乘数－1，即权益乘数－产权比率＝1。

【西木指引】长期偿债能力　　考查频次●●●●●

指标及计算	含义/意义	备注
资产负债率＝负债总额÷资产总额×100%	①债权人：越低越好，偿债有保证。 ②股东：资本利润率＞借款利率时，负债比率越大越好（利用财务杠杆作用提高盈利能力）。 ③经营者：取决于经营者的风险偏好	①营业周期短，资产周转速度快，可以适当提高资产负债率。 ②流动资产比重大、经营兴旺期间可适当提高资产负债率
产权比率＝负债总额÷所有者权益×100%	①产权比率、资产负债率、权益乘数变动方向一致。 ②一般来说，该指标越低，表明企业长期偿债能力就越强	产权比率侧重揭示财务结构稳健程度及自有资金对偿债风险的承受能力

续表

指标及计算	含义/意义	备注
权益乘数＝总资产÷股东权益	①表明股东每投入1元钱可实际拥有和控制的（资产）金额，也就是资产总额相当于所有者权益的倍数。 ②企业负债比率越高，权益乘数越大	权益乘数＝产权比率＋1＝1/(1－资产负债率)
利息保障倍数＝息税前利润÷应付利息	①分母＝本期发生的全部应付利息（含资本化利息）。 ②该指标重点衡量企业的利息支付能力；该指标越高则长期偿债能力就越强	①长期：至少大于1，国际公认为3。 ②短期：可小于1

【避坑图鉴】产权比率与资产负债率的比较

1. 资产负债率侧重于分析债务偿付安全性的物质保障程度；
2. 产权比率侧重于揭示财务结构的稳健程度以及自有资金对偿债风险的承受能力。

 子题速练

【子题2.1·2023 单选题】某公司2022年年末发行在外的普通股股数为250万股，每股净资产为30元，负债总额为5 000万元，该公司2022年年末的资产负债率为（　　）。
A.50%　　　　　B.40%　　　　　C.33.33%　　　　　D.66.67%

【子题2.2·2023 单选题】某公司2022年实现净利润6 600万元，所得税费用为2 200万元，全年应付利息为800万元。其中计入财务费用200万元，其余为资本化利息支出，不考虑其他因素，2022年利息保障倍数为（　　）。
A.11.25　　　　B.8.25　　　　C.12　　　　D.11

【子题2.3·2020 单选题】某企业2019年利润总额为700万元，财务费用中的利息支出金额为50万元，计入固定资产成本的资本化利息金额为30万元，则2019年利息保障倍数为（　　）。
A.9.375　　　　B.15　　　　C.8.75　　　　D.9.75

【子题2.4·2020 多选题】下列财务指标中，可以用来反映公司资本结构的有（　　）。
A. 资产负债率　　B. 产权比率　　C. 营业净利率　　D. 总资产周转率

【子题2.5·2021 判断题】在资产负债率、产权比率和权益乘数三个指标中，已知其中一个指标值，就可以推算出另外两个指标值。（　　）

【子题2.6·2021 判断题】计算利息保障倍数时，"应付利息"指的是计入财务费用中的利息支出，不包括资本化利息。（　　）

【子题2.7·2023 判断题】利息保障倍数反映支付利息的利润来源与利息支出之间的关系，该比率越高，一般反映企业的长期偿债能力越强。（　　）

【子题2.8·2023 判断题】在财务指标分析中，资产负债率越高，权益乘数越大。（　　）

【子题2.9·2024 单选题】下列指标中，其数值大小与偿债能力大小同方向变动的是（　　）。
A. 产权比率　　B. 资产负债率　　C. 利息保障倍数　　D. 权益乘数

母题大做 3：营运能力

难易程度 ★ ☆ ☆

【2022 单选题】某公司 2021 年度营业收入为 9 000 万元，营业成本为 7 000 万元，年初存货为 2 000 万元，年末存货为 1 500 万元，则该公司 2021 年的存货周转次数为（　　）。
A.3.5 次　　　　　　B.4.5 次　　　　　　C.5.14 次　　　　　　D.4 次
【答案】D
【解析】存货周转次数 = 7 000/[（2 000 + 1 500）/2] = 4（次），注意计算存货周转次数要用营业成本，而不是营业收入。

【西木指引】营运能力分析

营运能力（应收账款、存货、流动资产、固定资产、总资产的周转率（次数）和周转天数）；
营运能力主要指资产运用、循环的效率高低。一般而言，资金周转速度越快，说明企业的资金管理水平越高，资金利用效率越高，企业可以以较少的投入获得较多的收益。
主要包括流动资产营运能力分析、固定资产营运能力分析和总资产营运能力分析。

通用公式	①XX 周转率（次数）= 营业收入 /XX 平均余额 注：XX 平均余额 =（XX 期初 + XX 期末）/2，但计算总资产时，若资金占用额波动性较大，则应按照更详细的资料计算平均资产总额，即年平均余额 =（1/2 年年初 + 第一季季末 + 第二季季末 + 第三季季末 + 1/2 年年末）/4，计算季平均余额同理。 ②XX 周转天数 = 计算期天数 /XX 周转次数 注：总资产周转天数 = ∑各资产周转天数
相关注意事项	①应收账款周转率（次数）：分子理论上为赊销额；分母使用未计提坏账的应收账款计算。 ②上述通用公式的例外：计算存货周转次数，分子为营业成本，原因在于主要考核存货管理

子题速练

【子题 3.1·2020 多选题】下列各项财务指标中，可用于企业营运能力分析的有（　　）。
A. 速动比率　　　　B. 应收账款周转天数　　　　C. 存货周转次数　　　　D. 流动比率

【子题 3.2·2023 多选题】在其他条件不变的情况下，下列各项中，会引起总资产周转率指标上升的有（　　）。
A. 用银行存款支付广告费　　　　　　　　B. 用现金偿还应付账款
C. 用银行存款购买设备　　　　　　　　　D. 借入短期借款

【子题 3.3·2020 判断题】在计算应收账款周转次数指标时，不应将应收票据考虑在内。（　　）

【子题 3.4·2023 判断题】应收账款周转率是一定期间的应收账款总额和营业收入总额的比值。（　　）

母题大做 4：发展能力分析

 难易程度 ★☆☆

【2020 单选题】某公司上期营业收入为 1 000 万元，本期期初应收账款为 120 万元，本期期末应收账款为 180 万元，本期应收账款周转率为 8 次，则本期的营业收入增长率为（　　）。
A.20%　　　　　　B.12%　　　　　　C.18%　　　　　　D.50%
【答案】A
【解析】营业收入增长率 =（本期营业收入 - 上期营业收入）/ 上期营业收入
应收账款周转率 = 营业收入 / 平均应收账款，求解营业收入
应收账款周转率 = 本期营业收入 / 平均应收账款，即 $8 = \dfrac{本期营业收入}{(120+180)/2}$
解得，本期营业收入 = 1 200（万元），本期的营业收入增长率 =（1 200 - 1 000）/ 1 000 = 20%

【西木指引】发展能力分析

 考查频次 ●●●○○

通用公式	XX 增长率 = ΔXX 增长 / 上年 XX 或年初 XX（保值增值率除外）
具体公式	营业收入增长率 = 本年营业收入增长额 / 上年营业收入 ×100% 总资产增长率 = 本年资产增长额 / 年初资产总额 ×100%（年初数 = 上年年末数） 营业利润增长率 = 本年营业利润增长额 / 上年营业利润总额 ×100% 所有者权益增长率 = 本年所有者权益增长额 / 年初所有者权益 ×100%
特殊	资本保值增值率 =（期初所有者权益 + 本期利润）/ 期初所有者权益 ×100% 客观因素对所有者权益的影响（包括但不限于）： ①追加投资； ②资本溢价、资本折算； ③接受捐赠、评估增值； ④利润分配。 严格意义上的资本保值增值应当与上述因素无关，仅取决于当期净利润

【拓展延伸】盈利能力分析

营业毛利率	营业毛利率 = 营业毛利 / 营业收入 ×100% =（营业收入 - 营业成本）/ 营业收入 ×100%
营业净利率	营业净利率 = 净利润 / 营业收入 ×100%
总资产净利率	总资产净利率 = 净利润 / 平均总资产 ×100%
净资产收益率	净资产收益率 = 净利润 / 平均所有者权益 ×100%（杜邦财务指标体系的核心）

子题速练

【子题 4.1 · 2018 单选题】 下列各项财务分析指标中，能反映企业发展能力的是（　　）。
A. 权益乘数
B. 资本保值增值率
C. 现金营运指数
D. 净资产收益率

【子题 4.2 · 2022 判断题】 总资产周转率可用于衡量企业全部资产赚取收入的能力，故根据该指标可以全面评价企业的盈利能力。（　　）

【子题 4.3 · 2023 判断题】 总资产增长率是指本年资产增长额与年初资产总额的比例关系，反映企业本期资产规模的增长情况。（　　）

【子题 4.4 · 2024 判断题】 所有者权益增长率越高，资本积累越多。（　　）

母题大做 5：现金流量分析

难易程度 ★★★

【2022 单选题】 下列各项中，不属于获取现金能力分析指标的是（　　）。
A. 全部资产现金回收率
B. 现金比率
C. 营业现金比率
D. 每股营业现金净流量

【答案】 B

【解析】 选项 B 不属于，现金比率属于短期偿债能力指标。获取现金能力分析指标包括营业现金比率、每股营业现金净流量、全部资产现金回收率。
短期偿债能力指标包括流动比率、速动比率和现金比率。

【西木指引】现金流量分析　　考查频次 ●●●●●

获取现金能力	①营业现金比率＝经营活动现金流量净额 ÷ 营业收入 ②每股营业现金净流量＝经营活动现金流量净额 ÷ 普通股股数（反映企业最大的分派股利能力） ③全部资产现金回收率＝经营活动现金流量净额 ÷ 平均总资产 ×100%
收益质量	①净收益营运指数＝经营净收益/净利润＝（净利润－非经营收益）/净利润 结论：净收益营运指数越小，非经营收益所占比重越大，收益质量越差。 ②现金营运指数＝经营活动现金流量净额 ÷ 经营所得现金 其中：经营所得现金＝经营净收益＋非付现费用 结论：现金营运指数 <1，说明收益质量不好

子题速练

【子题 5.1·2021 单选题】 已知利润总额为 6 000 万元，所得税为 1 500 万元，非经营净收益为 450 万元，净收益营运指数是（　　）。

A.0.9　　　　　　　　　　　　　　　B.1

C.4　　　　　　　　　　　　　　　　D.0.1

【子题 5.2·2018 单选题】 下列财务分析指标中，能够反映收益质量的是（　　）。

A. 营业毛利率

B. 每股收益

C. 现金营运指数

D. 净资产收益率

【子题 5.3·2019 单选题】 关于获取现金能力的有关财务指标，下列表述正确的是（　　）。

A. 每股营业现金净流量是经营活动现金流量净额与普通股股数之比

B. 用长期借款方式购买固定资产会影响营业现金比率

C. 全部资产现金回收率指标不能反映公司获取现金的能力

D. 公司将销售政策由赊销调整为现销方式后，不会对营业现金比率产生影响

【子题 5.4·2019 判断题】 净收益营运指数作为一个能够反映公司收益质量的指标，可以揭示净收益与现金流量之间的关系。（　　）

【子题 5.5·2024 单选题】 下列各项指标当中，反映资产收益质量的指标是（　　）。

A. 净收益营运指数

B. 净资产收益率

C. 营业净利率

D. 总资产净利率

母题大做 6：每股收益、每股股利

难易程度 ★☆☆

【2020 单选题】 计算稀释每股收益时，需考虑潜在普通股影响，下列不属于潜在普通股的是（　　）。

A. 认股权证　　　　　　　　　　　　B. 股份期权

C. 库存股　　　　　　　　　　　　　D. 可转换公司债券

【答案】C

【解析】选项 C 不属于，潜在普通股主要包括：可转换公司债券、认股权证和股份期权等，不包括库存股。"潜在"是指未来有可能会转换成股票。

【西木指引】每股收益、每股股利

 考查频次 ●●●○○

每股收益多并不意味着每股股利多，每股收益不能反映股票的风险水平。

每股收益 EPS	基本每股收益 EPS	EPS＝归属于公司普通股股东的净利润／期末发行在外的<u>普通股加权平均数</u> 其中：期末发行在外普通股的加权平均数＝期初发行在外普通股股数＋当期新发普通股股数×已发行时间／报告期时间－当期回购普通股股数×已回购时间／报告期时间
	稀释每股收益	稀释性潜在普通股包括可转换公司债券、认股权证和股份期权等 ①可转换公司债券：a.分子加回可转换公司债券当期<u>确认为费用的税后利息</u>；b.分母加上可转换债券转股数的<u>加权平均数</u>。这里的分子分母指计算 EPS 的公式中的分子分母。 ②认股权证和股份期权：a.分子一般不变；b.分母加上增加的普通股加权平均数。认股权证或股权期权行权增加的普通股股数＝行权认购的股数×(1－行权价格／普通股平均市价)
每股股利		每股股利＝普通股股利总额／期末发行在外的普通股股数 ①影响因素：盈利能力、股利分配政策和投资机会等； ②股利发放率＝每股股利／每股收益，反映每 1 元净利润有多少用于普通股股东的现金股利发放，反映普通股股东的当期收益水平

子题速练

【子题 6.1·2018 单选题】计算稀释每股收益时，不属于应当考虑的稀释性潜在的普通股的是(　　)。

A. 认股权证　　　　　　　　　　　B. 优先股
C. 可转换公司债券　　　　　　　　D. 股份期权

【子题 6.2·2017 单选题】甲公司 2017 年实现的归属于普通股股东的净利润为 5 600 万元。该公司 2017 年 1 月 1 日发行在外的普通股为 10 000 万股，6 月 30 日定向增发 1 200 万股普通股，9 月 30 日自公开市场回购 240 万股拟用于高层管理人员股权激励。该公司 2017 年基本每股收益为(　　)元／股。

A.0.50　　　　　　　　　　　　　B.0.51
C.0.53　　　　　　　　　　　　　D.0.56

【子题 6.3·2022 判断题】在计算稀释每股收益时，当认股权证的行权价格低于当期普通股平均市场价格，应当考虑稀释性。(　　)

【子题 6.4·2024 判断题】对于稳定发展盈利的企业，回购普通股将导致每股收益变大。(　　)

母题大做 7：杜邦分析体系

难易程度★★★

【2020 多选题】杜邦分析体系中所涉及的主要财务指标有（ ）。
A. 营业现金比率　　　B. 权益乘数　　　C. 营业净利率　　　D. 总资产周转率
【答案】BCD
【解析】杜邦分析体系下，净资产收益率＝营业净利率×总资产周转率×权益乘数，所以选项 BCD 正确。净资产收益率是一个综合性最强的财务分析指标，是杜邦分析体系的起点。净资产收益率的决定因素有三个：营业净利率、总资产周转率、权益乘数。

【西木指引】杜邦分析法

考查频次●●●●●

核心公式	净资产收益率＝营业净利率（盈利能力）× 总资产周转率（营运能力）× 权益乘数（偿债能力）
应用	①净资产收益率是一个综合性最强的财务分析指标(衡量三能力)，是杜邦分析体系的起点； ②营业净利率反映企业净利润与销售收入的关系； ③资产总额：衡量偿债能力和变现能力、经营规模和发展潜力； ④权益乘数受资产负债率的影响，反映资本结构：负债高，杠杆利益显著，风险大

【拓展延伸】沃尔评分法

七大指标	流动比率、净资产/负债、资产/固定资产、营业成本/存货、营业收入/应收账款、营业收入/固定资产、营业收入/净资产	
局限	①未能证明为什么要选择这七个指标，以及每个指标所占比重的合理性； ②当某一个指标严重异常时，会对综合指数产生不合逻辑的重大影响	
现代企业财务评价体系	指标体系	盈利能力、偿债能力、成长能力（比重为5：3：2）
	评价方法	标准比率以本行业平均数为基础，在给每个指标评分时，应规定其上限和下限（设定上下限目的：减少个别指标异常对总分造成不合理的影响；上限可定为正常评分值的 1.5 倍，下限可定为正常评分值的 0.5 倍）

 子题速练

【子题 7.1·2018 单选题】关于杜邦分析体系所涉及的财务指标，下列表述错误的是（ ）。
A. 营业净利率可以反映企业的盈利能力
B. 权益乘数可以反映企业的偿债能力
C. 总资产周转率可以反映企业的营运能力
D. 总资产收益率是杜邦分析体系的起点

【子题 7.2 · 2018 判断题】净资产收益率是一个综合性比较强的财务分析指标，是杜邦财务分析体系的起点。（　　）

母题大做 8：经济增加值法

【2022 单选题】关于经济增加值绩效评价方法，下列表述错误的是（　　）。
A. 经济增加值的计算主要基于财务指标，无法对企业进行综合评价
B. 同时考虑了债务资本成本和股权资本成本
C. 适用于对不同规模的企业绩效进行横向比较
D. 有助于实现经营者利益与企业利益的统一
【答案】C
【解析】选项 C 错误，由于不同行业、不同规模、不同成长阶段等的公司，其会计调整项和加权平均资本成本各不相同，所以经济增加值的可比性较差。
经济增加值为绝对数指标，一般不适合用于比较，选项 C 很容易能作出判断。

【西木指引】经济增加值法　　 考查频次 ●●○○○

核心公式	经济增加值＝税后净营业利润－平均资本占用 × 加权平均资本成本
应用	经济增加值为正，表明经营者在为企业创造价值； 经济增加值为负，表明经营者在损毁企业价值
作用	①提供了更好的业绩评估标准； ②帮助企业实现了决策与股东财富一致
优点	①考虑了所有资本的成本，更真实地反映了企业的价值创造能力； ②实现了企业利益、经营者利益和员工利益的统一
缺点	①经济增加值仅对当期或未来 1~3 年价值创造情况进行衡量和预判，无法衡量长远发展战略的价值创造情况； ②经济增加值主要基于财务指标，无法对企业进行综合评价； ③不同行业、不同阶段、不同规模等的企业，其会计调整项和加权平均资本成本各不相同，该指标比较性差； ④如何计算存在争议，这些争议不利于建立一个统一的规范

 子题速练

【子题 8.1 · 2023 多选题】关于经济增加值指标，下列表述正确的有（　　）。
A. 不同企业之间经济增加值指标的可比性较强

B. 考虑了股东投入资本的机会成本

C. 有助于实现企业经营决策与股东财富最大化目标一致

D. 能够衡量企业长期发展战略的价值创造

【子题 8.2 · 2021 判断题】与净资产收益率相比，经济增加值绩效评价方法考虑了全部资本的机会成本，能更真实地反映企业的价值创造。（　　）

本章子题速练答案解析

1.1【答案】C

【解析】选项 C 正确，使用现金偿还应付账款，会使速动资产、流动负债减少相同的金额。速动比率大于 1，分子、分母减少相同的数值后速动比率变大；速动比率大于 1，则流动比率也大于 1，使用现金偿还应付账款，也会使得流动资产、流动负债减少相同数值，流动比率变大。对于这种题目我们就用举例法，假设速动比率＝3/2，流动比率＝5/2，若用现金偿还应付账款，假设份额为 1，则速动比率＝（3－1）/（2－1）＝2，流动比率＝（5－1）/（2－1）＝4，综上，流动比率和速动比率都变大。

1.2【答案】D

【解析】存货既不属于速动资产，也不属于现金资产，因此既不影响现金比率又不影响速动比率。

1.3【答案】B

【解析】流动比率＝流动资产/流动负债，赊购原材料，说明流动资产增加（原材料增加）、流动负债增加（应付账款增加），且增加的金额一样。换句话说，分子、分母增加的数额一样，但因为流动比率＞1，因此，分母的变动幅度更大，流动比率变小，选项 B 正确。或者，可以通过代入具体数值的方式直接判断，赊购原材料，会使流动资产、流动负债等额增加，通过下表中流动比率结果可知选项 B 正确。

相关事项	流动资产/万元	流动负债/万元	流动比率
赊购前	180	100	1.8
赊购原材料	＋20	＋20	—
赊购后	200	120	1.67

1.4【答案】D

【解析】速动比率＝速动资产÷流动负债。选项 A 银行存款是速动资产，偿还后速动资产减少，速动比率降低。选项 B 银行存款减少，速动资产减少，速动比率降低。选项 C 银行存款增加，应收账款减少，速动比率不变。

从公式出发，提高速动比率→分子增大/分母减小，由此判断各选项对分式的影响。

1.5【答案】A

【解析】货币资金、以公允价值计量且其变动计入当期损益的金融资产和各种应收款项，可以在较短时间内变现，称为速动资产；另外的流动资产，包括存货、预付款项、一年内到期的非流动资产和其他流动资产等，属于非速动资产。

1.6【答案】ACD

【解析】流动比率＝流动资产／流动负债。用银行存款购置新生产线，银行存款是流动资产，新生产线是长期资产，流动资产减少，流动负债不变，流动比率降低，选项 A 正确。从商业银行取得长期借款，银行存款增加导致流动资产增加，长期借款是长期负债，流动负债不变，故流动比率提高，选项 B 错误。收到客户上期所欠货款，银行存款增加，应收账款减少，流动资产内部一增一减，流动负债不变，故流动比率保持不变，选项 C 正确。向供应商预付原材料采购款，银行存款减少，预付账款增加，流动资产内部一增一减，流动负债不变，故流动比率保持不变，选项 D 正确。

2.1【答案】B

【解析】股东权益总额＝30×250＝7 500（万元），资产总额＝7 500＋5 000＝12 500（万元），资产负债率＝5 000/12 500＝40%。

2.2【答案】A

【解析】2022 年息税前利润＝6 600＋2 200＋200＝9 000（万元）

2022 年利息保障倍数＝9 000/800＝11.25

2.3【答案】A

【解析】选项 A 正确，在没有特殊说明的情况下，财务费用 50 万元默认全部为利息费用，利息保障倍数＝息税前利润／应付利息＝（利润总额＋利润表中的利息费用）／（利润表中的利息费用＋资本化利息）＝（700＋50）/（50＋30）＝9.375，息税前利润＝净利润＋利息总额＋所得税费用。

2.4【答案】AB

【解析】广义的资本结构通常是指全部债务与股东权益的构成比例，资产负债率、产权比率、权益乘数均可以反映公司资本结构。选项 C 反映企业盈利能力，选项 D 反映企业营运能力。

2.5【答案】正确

【解析】权益乘数＝1／（1－资产负债率）＝1＋产权比率，因此已知其中一个指标值，就可以推算出另外两个指标值。

2.6【答案】错误

【解析】计算利息保障倍数时，公式中的分母"应付利息"是指本期发生的全部应付利息，不仅包括的利息费用，还应包括计入固定资产成本的资本化利息。

2.7【答案】正确

2.8【答案】正确

【解析】权益乘数＝资产／股东权益＝资产／（资产－负债）＝1／（1－资产负债率），权益乘数和资产负债率同向变动，因此资产负债率越高，权益乘数越大。

2.9【答案】C

【解析】选项 C 正确，利息保障倍数＝息税前利润／应付利息，该指标越大，说明企业偿债能力越强。产权比率=负债总额/所有者权益,资产负债率=负债总额/资产总额,权益乘数=1/(1-资产负债率),选项ABD三个指标均为数值越高,偿债能力越弱的指标。

3.1 【答案】BC

【解析】选项BC正确,营运能力主要指资产运用、循环的效率高低,主要衡量指标为资产的周转天数和资产的周转次数。选项AD错误,速动比率和流动比率属于分析偿债能力的财务指标。

3.2 【答案】AB

【解析】总资产周转率=营业收入/平均资产总额,选项A会使资产总额降低,营业收入不变,总资产周转率上升。选项B会使资产总额降低,营业收入不变,总资产周转率上升。选项C是资产内部的此增彼减,总资产周转率不变。选项D会使资产增加,营业收入不变,总资产周转率下降。

3.3 【答案】错误

【解析】因为应收票据是销售形成的应收账款的另一种形式,因此在计算应收账款周转次数时,应收票据的数据应包含在内。

3.4 【答案】错误

【解析】应收账款周转率,是一定时期内商品或产品营业收入与应收账款平均余额的比值。

4.1 【答案】B

【解析】选项A不符合题意,权益乘数是企业长期偿债能力分析的指标,企业负债比例越高,权益乘数越大。选项B符合题意,资本保值增值率是指扣除客观因素影响后的所有者权益的期末余额与期初总额之比,是衡量企业发展能力和盈利能力的重要指标。选项C不符合题意,现金营运指数=经营活动现金流量净额/经营所得现金,是衡量企业收益质量的指标,现金营运指数小于1,说明收益质量不够好。选项D不符合题意,净资产收益率表示每1元权益资本赚取的净利润,反映权益资本经营的盈利能力。

4.2 【答案】错误

【解析】总资产的周转率指标用于衡量各项资产赚取收入的能力,经常与企业盈利能力的指标结合在一起,以全面评价企业的盈利能力。

总资产净利率=营业净利率(盈利能力)×总资产周转率(营运能力)

4.3 【答案】正确

4.4 【答案】正确

【解析】所有者权益增长率=所有者权益增长额/年初所有者权益,所有者权益增长率越高表明企业积累越多,应对风险、持续发展的能力越强。

5.1 【答案】A

【解析】净收益营运指数=经营净收益÷净利润=(净利润-非经营净收益)÷净利润=(6 000-1 500-450)/(6 000-1 500)=0.9

现金营运指数=经营活动现金流量净额÷经营所得现金;经营所得现金=经营净收益+非付现费用。

5.2 【答案】C

【解析】收益质量是指会计收益与公司业绩之间的相关性。如果会计收益能如实反映公司业绩,则其收益质量高；反之，则收益质量不高。收益质量分析，主要包括净收益营运指数分析与现金营运指数分析（选项C）。营业毛利率（选项A）、净资产收益率（选项D）是反映盈利能力的指标；每股收益（选项B）是综合反映企业盈利能力的重要指标，可以用来判断和评价管理层的经营业绩。

5.3【答案】A

【解析】选项A表述正确，每股营业现金净流量＝经营活动现金流量净额÷普通股股数。选项B表述错误，营业现金比率＝经营活动现金流量净额÷营业收入，用长期借款购买固定资产，影响投资活动现金流量净额，不影响经营活动现金流量净额。选项C表述错误，全部资产现金回收率＝经营活动现金流量净额÷平均总资产，它说明企业全部资产产生现金的能力。选项D表述错误，企业将销售政策由赊销调整为现销，会影响经营活动现金流量金额，进而会影响营业现金比率。

5.4【答案】错误

【解析】净收益营运指数是指经营净收益与净利润之比，揭示经营净收益与净利润之间的关系。
净收益营运指数＝经营净收益/净利润＝（净利润－非经营净收益）/净利润
现金营运指数＝经营活动现金流量净额/经营所得现金，其中：经营所得现金＝经营净收益＋非付现费用。

5.5【答案】A

【解析】收益质量分析的指标有净收益营运指数和现金营运指数。净资产收益率、营业净利率和总资产净利率是盈利能力分析指标。

6.1【答案】B

【解析】企业存在稀释性潜在普通股的，应当计算稀释每股收益。稀释性潜在普通股指假设当期转换为普通股会减少每股收益的潜在普通股。潜在普通股主要包括：可转换公司债券（选项C）、认股权证（选项A）和股份期权（选项D）。

6.2【答案】C

【解析】发行在外普通股的加权平均数＝期初发行在外普通股股数＋当期新发普通股股数×（已发行时间÷报告期时间）－当期回购普通股股数×（已回购时间÷报告期时间）＝10 000＋1 200×6／12－240×3／12＝10 540（万股），基本每股收益＝5 600／10 540＝0.53（元／股）

6.3【答案】正确

【解析】当认股权证的行权价格低于当期普通股平均市场价格，计算稀释每股收益时，应当考虑稀释性。

6.4【答案】正确

【解析】股票回购会导致普通股股数减少，净利润不变，普通股股数减少，每股收益会变大。

7.1【答案】D

【解析】选项D错误，杜邦分析体系的起点是净资产收益率。

7.2【答案】正确

【解析】净资产收益率是净利润与平均所有者权益的比值，该指标是企业盈利能力的核心，是一个综合性比较强的财务分析指标,是杜邦财务分析体系的起点。

8.1【答案】BC

【解析】由于不同行业、不同规模、不同成长阶段等的公司,其会计调整项和加权平均资本成本各不相同,故该指标的可比性较差,选项 A 错误。经济增加值仅能衡量企业当期或预判未来 1~3 年的价值创造情况,无法衡量企业长远发展战略的价值创造,选项 D 错误。

8.2【答案】正确

【解析】经济增加值=税后净营业利润-平均资本占用×加权平均资本成本。其中,平均资本占用反映的是企业持续投入的各种债务资本和股权资本;加权平均资本成本反映的是企业各种资本的平均成本率。因此经济增加值绩效评价方法考虑了全部资本的机会成本,能更真实地反映企业的价值创造。

①经济增加值为正,表明经营者在为企业创造价值;经济增加值为负,表明经营者在损毁企业价值。

②在计算经济增加值时,需进行相应的会计科目调整,如营业外收支、递延税金等都要从税后净营业利润中扣除,以消除财务报表中不能准确反映企业价值创造的部分。

必会主观题

【主观题 1·2020 计算分析题】甲公司生产销售某产品,现将该产品的人工成本分解为产品产量、单位产品消耗人工工时和小时工资率三个影响因素,采用因素分析法对其人工成本变动进行分析,基期、报告期人工成本信息如下:

项目	基期	报告期
产品产量/件	200	220
单位产品消耗人工工时/小时	20	18
小时工资率/(元·小时$^{-1}$)	25	30

要求:

(1)计算该产品报告期与基期人工成本的差额。

(2)使用因素分析法(连环替代法或差额分析法),依次计算下列因素变化对报告期与基期人工成本差额的影响:①产品产量;②单位产品消耗人工工时;③小时工资率。

【主观题 2·2018 计算分析题】丁公司 2017 年年末的资产总额为 60 000 万元,权益资本占资产总额的 60%,当年净利润为 7 200 万元,丁公司认为其股票价格过高,不利于股票流通,于 2017 年年末按照 1∶2 的比例进行股票分割,股票分割前丁公司发行在外的普通股股数为 2 000

万股。根据 2018 年的投资计划，丁公司需要追加 9 000 万元，基于公司目标资本结构，要求追加的投资中权益资本占 60%。

要求：

（1）计算丁公司股票分割后的下列指标：①每股净资产；②净资产收益率。

（2）如果丁公司针对 2017 年度净利润采用固定股利支付率政策分配股利，股利支付率为 40%，计算应支付的股利总额。

（3）如果丁公司针对 2017 年度净利润采用剩余股利政策分配股利。计算下列指标：① 2018 年追加投资所需要的权益资本额；②可发放的股利总额。

【主观题 3 · 2018 综合题】己公司和庚公司是同一行业，规模相近的两家上市公司。有关资料如下：

资料一：己公司 2017 年普通股股数为 10 000 万股，每股收益为 2.31 元。部分财务信息如下：

单位：万元

项目	2017 年年末数据	项目	2017 年度数据
负债合计	184 800	营业收入	200 000
股东权益合计	154 000	净利润	23 100
资产合计	338 800	经营活动现金流量净额	15 000

资料二：己公司股票的 β 系数为 1.2，无风险收益率为 4%，证券市场平均收益率为 9%，己公司按每年每股 3 元发放固定现金股利。目前该公司的股票市价为 46.20 元。

资料三：己公司和庚公司 2017 年的部分财务指标如下表所示：

项目	己公司	庚公司
产权比率	（A）	1
净资产收益率（按期末数计算）	（B）	20%
总资产周转率（按期末数计算）	（C）	0.85
营业现金比率	（D）	15%
每股营业现金净流量/元	（E）	*
市盈率/倍	（F）	*

注：表内"*"表示省略的数据。

资料四：庚公司股票的必要收益率为 11%。该公司 2017 年度股利分配方案是每股现金股利 1.5 元（即 $D_0 = 1.5$），预计未来各年的股利年增长率为 6%。目前庚公司的股票市价为 25 元。

要求：

（1）根据资料一和资料二，确定上述表格中字母 A、B、C、D、E、F 所代表的数值（不需要列示计算过程）。

（2）根据要求（1）的计算结果和资料三，回答下列问题：①判断己公司和庚公司谁的财务结构更加稳健，并说明理由；②判断己公司和庚公司获取现金的能力哪个更强，并说明理由。

（3）根据资料二，计算并回答下列问题：①运用资本资产定价模型计算己公司股票的必要收益率；②计算己公司股票的价值；③给出"增持"或"减持"该股票的投资建议，并说明理由。

（4）根据资料四，计算并回答如下问题：①计算庚公司股票的内部收益率；②给出"增持"或"减持"该股票的投资建议，并说明理由。

【主观题 4·2018 计算分析题】丁公司 2017 年年末的资产负债表（简表）如下：

单位：万元

资产	年末数	负债和所有者权益	年末数
货币资金	450	短期借款	A
应收账款	250	应付账款	280
存货	400	长期借款	700
非流动资产	1 300	所有者权益合计	B
资产总计	2 400	负债与所有者权益总计	2 400

2017 年营业收入为 1 650 万元，营业成本为 990 万元，净利润为 220 万元，非经营净收益为 -55 万元，应收账款年初余额为 150 万元，存货年初余额为 260 万元，所有者权益年初余额为 1 000 万元。该公司年末流动比率为 2.2。

要求：

（1）计算上表中字母 A 和 B 所代表的项目金额。

（2）每年按 360 天计算，计算应收账款周转次数、存货周转天数。

（3）计算净收益营运指数。

【主观题 5·2021 计算分析题】某公司 2020 年报表数据如下表所示，1 年按 360 天计算。

单位：万元

	资产负债表		利润表	
项目	期初金额	期末金额	项目	金额
货币资金	150	150	营业收入	8 000
交易性金融资产	50	50	营业成本	6 400
应收账款	600	1 400		
存货	800	2 400		
流动资产合计	1 600	4 000		
流动负债合计	1 000	1 600		

要求：

（1）计算2020年营业毛利率、应收账款周转率、存货周转天数。

（2）计算2020年营运资金增加额。

（3）计算2020年年末现金比率。

【主观题6·2019计算分析题】甲公司近年来受宏观经济形势的影响，努力加强资产负债管理，不断降低杠杆水平，争取在2018年年末将资产负债率控制在55%以内。为考察降杠杆对公司财务绩效的影响，现基于杜邦分析体系，将净资产收益率指标依次分解为营业净利率、总资产周转率和权益乘数三个因素，采用连环替代法予以分析。近几年有关财务指标如下表所示。

单位：万元

项目	2016年年末	2017年年末	2018年年末	2017年度	2018年度
资产总额	6 480	6 520	6 980	*	*
负债总额	4 080	3 720	3 780	*	*
所有者权益总额	2 400	2 800	3 200	*	*
营业收入	*	*	*	9 750	16 200
净利润	*	*	*	1 170	1 458

注：*处数据省略。

要求：

（1）计算2018年年末的资产负债率，并据以判断甲公司是否实现了降杠杆目标。

（2）计算2017年和2018年的净资产收益率（涉及的资产、负债、所有者权益均采用平均值计算）。

（3）计算2017年和2018年的权益乘数（涉及的资产、负债、所有者权益均采用平均值计算）。

（4）计算2018年与2017年净资产收益率之间的差额，采用连环替代法，计算权益乘数变化对净资产收益率变化的影响（涉及的资产、负债、所有者权益均采用平均值计算）。

【主观题7·2020计算分析题】甲公司为控制杠杆水平，降低财务风险，争取在2019年年末将资产负债率控制在65%以内。公司2019年年末的资产总额为4 000万元，其中流动资产为1 800万元；公司2019年年末的负债总额为3 000万元，其中流动负债为1 200万元。

要求：

（1）计算2019年年末的流动比率和营运资金。

（2）计算2019年年末的产权比率和权益乘数。

（3）计算2019年年末的资产负债率，并据此判断公司是否实现了控制杠杆水平的目标。

本章必会主观题答案解析

1.【答案】

（1）报告期人工成本 = 220×18×30 = 118 800（元）

基期人工成本 = 200×20×25 = 100 000（元）

报告期与基期人工成本的差额 = 118 800 − 100 000 = 18 800（元）

（2）基期人工成本 = 200×20×25 = 100 000（元）

第一次替代：220×20×25 = 110 000（元）

第二次替代：220×18×25 = 99 000（元）

第三次替代：220×18×30 = 118 800（元）

产品产量增加对人工成本的影响 = 110 000 − 100 000 = 10 000（元）

单位产品耗用人工工时减少对人工成本的影响 = 99 000 − 110 000 = − 11 000（元）

小时工资率提高对人工成本的影响 = 118 800 − 99 000 = 19 800（元）

【解析】 题目说用连环替代法或差额分析法都可以，但是有的题目会明确指定其中一种，就必须按题目要求选择方法。

（1）求报告期与基期的人工成本的差额，应当以基期数据为基础，用报告期减去基期数据。

（2）如果用差额分析法算：

产品产量增加对人工成本的影响 =（220 − 200）×20×25 = 10 000（元）

单位产品耗用人工工时减少对人工成本的影响 = 220×（18 − 20）×25 = − 11 000（元）

小时工资率提高对人工成本的影响 = 220×18×（30 − 25）= 19 800（元）

2.【答案】

（1）每股净资产 = 60 000×60%÷（2 000×2）= 9（元/股）

净资产收益率 = 7 200÷（60 000×60%）= 20%

（2）7 200×40% = 2 880（万元）

（3）2018年追加投资所需要的权益资本额 = 9 000×60% = 5 400（万元）

可发放的股利总额 = 7 200 − 5 400 = 1 800（万元）

【解析】

（1）2017年年末的资产总额为60 000万元，权益资本占资产总额的60%，因此期末普通股净资产 = 60 000×60% = 36 000（万元）。2017年年末按1:2的比例进行股票分割，股票分割前丁公司发行在外的普通股股数为2 000万股，期末发行在外的普通股股数 = 2 000×2 = 4 000（万股），根据公式：每股净资产 = 期末普通股净资产÷期末发行在外的普通股股数，得出：36 000÷4 000 = 9（元）。分割后净资产收益率 = 净利润÷期末普通股净资产×100% = 7 200÷36 000×100% = 20%。

（2）固定股利支付率是指公司将每年净利润的某一固定百分比作为股利分派给股东，因为本题净利润采取固定股利支付率政策分配股利，所以应支付的股利总额 = 净利润×股利支付率。

（3）由于2017年度净利润采用剩余股利政策分配股利，而丁公司2018年计划追加9 000万元，因此2018年追加投资所需要的权益资本额 = 追加资金×权益比重 = 9 000×60% = 5 400（万元）。留存收益在满足公司权益资本增加需求后，若还有剩余再用来发放股利。那么可发放股利总额 = 7 200 − 5 400 = 1 800（万元）。

3. 【答案】

（1）产权比率（A）= 184 800/154 000 = 1.2

净资产收益率（B）= 23 100/154 000 × 100% = 15%

总资产周转率（C）= 200 000/338 800 = 0.59

营业现金比率（D）= 15 000/200 000 = 7.5%

每股营业现金净流量（E）= 15 000/10 000 = 1.5（元）

市盈率（F）= 46.2/（23 100/10 000）= 20（倍）

（2）①庚公司更加稳健。产权比率是企业财务结构稳健与否的重要标志。产权比率反映了由债权人提供的资本与所有者提供的资本的相对关系，即企业财务结构是否稳定。由于己公司的产权比率大于庚公司的产权比率，所以庚公司的财务结构更加稳健。

②庚公司获取现金的能力更强。获取现金的能力可通过经营活动现金流量净额与投入资源之比来反映。投入资源可以是营业收入、资产总额等。由于己公司的营业现金比率小于庚公司的营业现金比率，所以庚公司获取现金的能力更强。

（3）①必要收益率 = 4% + 1.2 ×（9% − 4%）= 10%

②己公司股票价值 = 3/10% = 30（元/股）

③减持己公司股票。由于己公司股票价值 30 元低于该公司的股票市价 46.20 元，故应该减持己公司股票。

（4）①内部收益率 = 1.5 ×（1 + 6%）÷ 25 + 6% = 12.36%

②增持庚公司股票。由于庚公司股票的内部收益率 12.36% 大于庚公司股票的必要收益率 11%，所以应该增持庚公司股票。

【解析】

（1）产权比率（A）= 负债总额/所有者权益；净资产收益率（B）= 净利润/平均所有者权益 × 100%；总资产周转率（C）= 营业收入/平均资产总额；营业现金比率（D）= 经营活动现金流量净额/营业收入 × 100%；每股营业现金净流量（E）= 经营活动现金流量净额/普通股股数；市盈率（F）= 每股市价/每股收益。

（2）在记忆公式的同时要把握该比率所反映的企业财务状况和能力，要能够根据相应的指标来判断企业的经营、盈利等财务状况。

（3）①必要收益率 = 无风险收益率 + β ×（证券市场平均收益率 − 无风险收益率）；②由于己公司按每年每股 3 元发放固定股利，因此 g = 0，即股票价值 = 3 ÷ 10% = 30（元）；③因为己公司股票价值是 30 元，而股票市价是 46.20 元，股票价值小于股票市价，所以该减持。

（4）①通过题干可知，庚公司的股票符合股利增长模型，所以通过股利增长模型来计算公司股票的内部收益率：内部收益率 = 本期支付股利 ×（1 + 股利增长率）÷ 股票市价 + 股利增长率 = 1.5 ×（1 + 6%）÷ 25 + 6% = 12.36%；②增持庚公司股票。由于庚公司股票的内部收益率 12.36% 大于庚公司股票的必要收益率 11%，所以应该增持庚公司股票。

4. 【答案】

(1) (450+250+400)/(280+A) = 2.2，则 A = 220

B = 2 400 - 220 - 280 - 700 = 1 200

(2) 应收账款周转次数 = 1 650/[(150+250)/2] = 8.25（次）

存货周转次数 = 990/[(260+400)/2] = 3（次）

存货周转天数 = 360/3 = 120（天）

(3) 经营净收益 = 220 - (-55) = 275（万元）

净收益营运指数 = 275/220 = 1.25

【解析】（1）流动比率 = 流动资产 ÷ 流动负债

（2）存货周转次数 = 营业成本/存货平均余额；存货周转天数 = 360/存货周转次数。

（3）经营净收益 = 净利润 - 非经营净收益；净收益营运指数 = 经营净收益/净利润。

5.【答案】

（1）营业毛利 = 8 000 - 6 400 = 1 600（万元）

营业毛利率 = 1 600/8 000 × 100% = 20%

应收账款周转率 = 8 000/[(600+1 400)/2] = 8（次）

存货周转率 = 6 400/[(800+2 400)/2] = 4（次）

存货周转天数 = 360/4 = 90（天）

（2）营运资金增加额 = (4 000-1 600) - (1 600-1 000) = 1 800（万元）

（3）年末现金比率 = (150+50)/1 600 = 0.125

【解析】

（1）营业毛利 = 营业收入 - 营业成本

营业毛利率 = 营业毛利/营业收入 × 100%

应收账款周转率 = 营业收入/应收账款平均余额

存货周转率 = 营业成本/存货平均余额

存货周转天数 = 360天/存货周转率

（2）营运资金增加额 = 流动资产增加额 - 流动负债增加额

（3）年末现金比率 = （货币资金 + 交易性金融资产）/流动负债

6.【答案】

（1）资产负债率 = 3 780 ÷ 6 980 = 54.15% < 55%，实现了降低杠杆目标。

（2）2017年的净资产收益率 = 1 170 ÷ [(2 800+2 400) ÷ 2] = 45%

2018年的净资产收益率 = 1 458 ÷ [(2 800+3 200) ÷ 2] = 48.6%

（3）2017年的权益乘数 = [(6 480+6 520) ÷ 2] ÷ [(2 800+2 400) ÷ 2] = 2.5

2018年的权益乘数 = [(6 980+6 520) ÷ 2] ÷ [(2 800+3 200) ÷ 2] = 2.25

（4）2018年与2017年净资产收益率的差额 = 48.6% - 45% = 3.6%

2018年营业净利率 = 1 458 ÷ 16 200 × 100% = 9%

2018年总资产周转率 = 16 200 ÷ [(6 980+6 520) ÷ 2] = 2.4

2017年净资产收益率 = 1 170 ÷ 9 750 × 9 750 ÷ [(6 480+6 520) ÷ 2] × [(6 480+6 520) ÷ 2] ÷ [(2 400+2 800) ÷ 2] = 12% × 1.5 × 2.5 = 45%

替代营业净利率：9%×1.5×2.5＝33.75%

替代总资产周转率：9%×2.4×2.5＝54%

替代权益乘数：9%×2.4×2.25＝48.6%

权益乘数变化对净资产收益率变化的影响＝48.6%－54%＝－5.4%

【解析】

（1）计算2018年年末的资产负债率时，用年末时点数。

（2）计算净资产收益率时，题目要求用的是资产负债表数据中的平均数值。

（3）对于连环替代法的基期选择问题，一般情况下，前后两年分析时，上年数为基期数据；题干是企业与其他企业比较，或与行业情况比较来分析自身情况时，选择其他行业数据为基期数据。

①资产负债率＝负债总额÷资产总额

②净资产收益率＝净利润÷平均所有者权益

③权益乘数＝资产总额÷所有者权益，注意题目要求用平均值计算。

④净资产收益率＝营业净利率×总资产周转率×权益乘数。连环替代法，将分析指标分解为各个可以计量的因素，并根据各个因素之间的依存关系，顺次用各因素的比较值（通常为实际值）替代基准值（通常为标准值或计划值），据以测定各因素对分析指标的影响。

7.【答案】（1）2019年年末的流动比率＝1 800/1 200＝1.5

2019年年末的营运资金＝1 800－1 200＝600（万元）

（2）2019年年末的产权比率＝3 000/（4 000－3 000）＝3

2019年年末的权益乘数＝4 000/（4 000－3 000）＝4

（3）2019年年末的资产负债率＝3 000/4 000＝75%

因为2019年年末的资产负债率75%大于65%，因此公司没有实现控制杠杆水平的目标。

【解析】（1）流动比率＝流动资产/流动负债；营运资金＝流动资产－流动负债

（2）产权比率＝负债总额/权益总额；权益乘数＝资产总额/权益总额

（3）资产负债率＝负债总额/资产总额

财务管理 必会综合题

* **财务管理 必会综合题 主要内容**

  本部分包含计算分析题和综合题题型,结合各章节内容综合出题,考查各项知识融合的学习情况。

* **学习进度解锁**　100%

必会综合题

第1题：收入与分配管理 + 财务分析与评价

【2023 综合题】甲公司是一家上市公司，全部股东权益均归属于普通股股东。有关资料如下：

（1）2022年年初公司发行在外的普通股股数为8 000万股（每股面值1元）。2022年3月31日分配2021年度的利润，分配政策为向全体股东每10股送红股2股，每股股利按面值计算。送股前公司的股本为8 000万元，未分配利润为16 000万元。2022年6月30日公司增发普通股1 000万股。除上述事项外2022年度公司没有其他股份变动。

（2）2022年年初公司的股东权益为50 000万元，本年营业收入200 000万元，净利润为10 000万元，年末资产负债表（简表）如下表所示（单位：万元）：

资产	年末余额	负债和股东权益	年末余额
货币资金	4 000	流动负债合计	20 000
应收账款	16 000	非流动负债合计	20 000
存货	10 000	负债合计	40 000
流动资产合计	30 000	股东权益合计	60 000
非流动资产合计	70 000	—	—
资产总计	100 000	负债和股东权益合计	100 000

（3）2023年1月31日，公司按1∶2的比例进行股票分割。分割前公司的股本为10 600万元。

要求：

（1）①计算2022年3月31日送股后公司的股本和未分配利润。②计算2022年12月31日公司发行在外的普通股股数。

（2）计算2022年年末公司的如下指标：①流动比率；②权益乘数。

（3）计算2022年度公司的如下指标：①营业净利率；②净资产收益率；③基本每股收益。

（4）计算2023年1月31日股票分割后的如下指标：①每股面值；②公司发行在外的普通股股数；③股本。

第2题：筹资管理 + 投资管理

【2023 综合题】甲公司是一家上市公司，企业所得税税率为25%，有关资料如下：

（1）2022年年末公司资本结构为：债务资本的市场价值为16 000万元，资本成本率为6%，普通股的市场价值为20 000万元（每股价格为5元，股数为4 000万股）。2022年公司的现金股利为每股0.2元（D_0），预期每年股利增长率为10%。

（2）为应对市场需求的不断上涨，2023年年初公司拟购置新的生产线，有A、B两种投资方案可供选择，公司对新生产线要求的最低投资收益率为12%。

A方案：生产线购置成本为7 000万元，于购入时一次性支付，生产线购入后可立即投入使用，预计可使用 5 年，按直线法计提折旧，预计净残值为 700 万元，会计处理与税法对该生产线使用年限、折旧方法以及净残值的规定一致。生产线投产时需垫支营运资金 1 000 万元，运营期满时全部收回，投产后每年新增营业收入 12 000 万元，每年新增付现成本 8 000 万元。

B 方案：生产线购置成本为 10 000 万元，预计可使用 8 年，经测算，B 方案的年金净流量为 1 204.56 万元。

（3）公司购置生产线所需资金中有 6 000 万元需从外部筹措。有以下两种方案：

方案一：增发普通股，发行价格为 4.8 元/股。方案二：平价发行债券，债券年利率为 9%，每年年末付息一次，到期一次还本。不考虑筹资费用，筹资前公司年利息费用为 1 280 万元。筹资后预计年息税前利润为 4 500 万元。

有关货币时间价值系数为（P/F, 12%, 5）= 0.567 4，（P/A, 12%, 4）= 3.037 3，（P/A, 12%, 5）= 3.604 8。要求：

（1）计算 2022 年年末公司的如下指标：①普通股资本成本率；②加权平均资本成本率（按市场价值权数计算）。

（2）计算 A 方案的如下指标：①第 0 年现金净流量；②第 1 年现金净流量；③第 5 年现金净流量；④净现值。

（3）计算 A 方案的年金净流量，据此判断公司应选择哪种方案，并说明理由。

（4）计算筹资方案一和筹资方案二的每股收益无差别点（以息税前利润表示）及每股收益无差别点的每股收益，据此判断应选择哪种筹资方案。

第 3 题：筹资管理 + 投资管理 + 成本管理

【2022 综合题】甲公司是一家制造企业，企业所得税税率为 25%。公司计划购置一条生产线，用于生产一种新产品，现有 A、B 两个互斥投资方案可供选择，有关资料如下：

（1）A 方案需要一次性投资 2 000 万元，建设期为 0，该生产线可用 4 年，按直线法计提折旧，预计净残值为 0，折旧政策与税法保持一致。生产线投产后每年可获得营业收入 1 500 万元，每年付现成本为 330 万元，假定付现成本均为变动成本，固定成本仅包括生产线折旧费。在生产期初需垫支营运资金 300 万元，项目期满时一次性收回。在需要计算方案的利润或现金流时，不考虑利息费用及其对所得税的影响。

（2）B 方案需要一次性投资 3 000 万元，建设期为 0，该生产线可用 5 年，按直线法计提折旧，预计净残值为 120 万元，折旧政策与税法保持一致，生产线投产后每年获得营业收入 1 800 万元，第一年付现成本为 400 万元，随着设备老化，设备维修费将逐年递增 20 万元。在投产期初需垫支营运资金 400 万元，项目期满时一次性收回。在需要计算方案的利润或现金流时，不考虑利息费用及其对所得税的影响。

（3）甲公司要求的最低投资收益率为 10%，有关货币时间价值系数如下：（P/F, 10%, 1）= 0.909 1；（P/F, 10%, 2）= 0.826 4；（P/F, 10%, 3）= 0.751 3；（P/F, 10%, 4）= 0.683 0；（P/F, 10%, 5）= 0.620 9；（P/A, 10%, 4）= 3.169 9；（P/A, 10%, 5）= 3.790 8。

（4）对于投资所需资金，其中有一部分计划通过长期借款予以筹集，借款年利率为 6%，每年付息一次，到期一次还本，借款手续费率为 0.3%。

要求：
（1）计算 A 方案的下列指标：①边际贡献率；②盈亏平衡点的销售额。
（2）计算 A 方案的下列指标：①静态回收期；②现值指数。
（3）计算 B 方案的下列指标：①第 1~4 年的营业现金净流量；②第 5 年的现金净流量；③净现值。
（4）计算 A 方案和 B 方案的年金净流量并判断甲公司应选择哪个方案。
（5）计算银行借款的资本成本率（不考虑货币时间价值）。

第 4 题：筹资管理 + 财务分析与评价

【2022 综合题】甲公司为上市公司，适用的企业所得税税率为 25%，相关资料如下：
（1）甲公司 2020 年年末的普通股股数为 6 000 万股。2021 年 3 月 31 日，该公司股东大会决议以 2020 年年末公司普通股股数为基础，向全体股东每 10 股送红股 2 股。2021 年 9 月 30 日，增发普通股 300 万股。除以上情况外，公司 2021 年没有其他股份变动事宜。
（2）甲公司 2021 年平均资产总额为 80 000 万元，平均负债总额为 20 000 万元，净利润为 12 000 万元，公司 2021 年度股利支付率为 50%，并假设在 2021 年年末以普通股股利形式分配给股东。
（3）2022 年年初，某投资者拟购买甲公司股票，甲公司股票的市场价格为 10 元 / 股，预计未来两年的每股股利均为 1 元，第三年起每年的股利增长保持 6% 不变，甲公司股票 β 系数为 1.5，当前无风险收益率为 4%，市场组合收益率 12%，公司采用资本资产定价模型计算资本成本率，即投资者要求达到的必要收益率。
（4）复利现值系数表如下：

利率	14%	16%	18%	20%
1 年	0.877 2	0.862 1	0.847 5	0.833 3
2 年	0.769 5	0.743 2	0.718 2	0.694 4
3 年	0.675 0	0.640 7	0.608 6	0.578 7

要求：
（1）计算甲公司的如下指标：① 2021 年净资产收益率；② 2021 年支付的普通股股利。
（2）计算 2021 年基本每股收益、每股股利。
（3）基于资本资产定价模型，计算 2022 年年初的如下指标：①市场组合的风险收益率；②甲公司股票的资本成本率；③甲公司股票的每股价值，并判断投资者是否应该购买该公司股票。

第 5 题：投资管理 + 财务分析与评价

【2022 综合题】甲公司是一家制造企业，下设一个 M 分厂，专营一条特种零配件生产线，有关资料如下：

（1）至2020年年末，M分厂的生产线已使用6年，技术相对落后，公司决定由总部出资对该生产线进行更新改造，建设期为0，相关固定资产和营运资金均于更新改造时一次性投入，且垫支的营运资金在生产线使用期满时一次性收回。在2020年年末作出更新改造投资决策时，有关资本支出预算和其他资料如下表所示：

项目	旧生产线	新生产线
原价	7 000万元	8 000万元
当前变现价值	2 300万元	8 000万元
税法残值（预计报废残值）	200万元	400万元
使用年限（会计与税法一致）	10年	8年
尚可使用年限	4年	8年
垫支营运资金	300万元	600万元
每年折旧费（会计与税法一致）	680万元	950万元
每年税后营业利润	160万元	1 300万元

（2）M分厂适用的企业所得税税率为25%，生产线更新决策方案的折现率为12%，有关货币时间价值系数如下：

年数（n）	1	2	3	4	5	6	7	8
（P/F，12%，n）	0.892 9	0.797 2	0.711 8	0.635 5	0.567 4	0.506 6	0.452 3	0.403 9
（P/A，12%，n）	0.892 9	1.690 1	2.401 8	3.037 3	3.604 8	4.111 4	4.563 8	4.967 6

（3）新生产线于2021年年初正式投入运营，甲公司将M分厂作为利润中心进行绩效评价，该分厂不能自主决定固定资产的处置及其折旧问题，2021年M分厂的实际经营数据（与上述资本支出预算数据不同）如下：销售收入为4 400万元，付现成本为1 700万元（其中变动成本为1 320万元，固定成本为380万元），付现成本均属于M分厂负责人可控成本，非现付成本仅包括新生产线的折旧费950万元，假定对M分厂进行业绩考核时不考虑利息、所得税等其他因素。

要求：
（1）计算如果继续使用旧生产线的下列指标（要求考虑所得税的影响）：①初始（2020年年末）现金净流量（旧生产线变卖对税收的影响计入继续使用旧生产线方案的现金流量）；②第2年的营业现金净流量；③第4年的现金净流量；④净现值。
（2）计算新生产线方案的下列指标（要求考虑所得税的影响）：①初始现金净流量；②年营业现金净流量；③第8年的现金净流量；④净现值；⑤年金净流量。
（3）计算2021年M分厂的下列绩效考核指标：①边际贡献；②可控边际贡献；③部门边际贡献。

第 6 题：投资管理 + 财务分析与评价

【2021 综合题】甲公司计划在 2021 年年初构建一条新生产线，现有 A、B 两个互斥投资方案，有关资料如下：

资料一：A 方案需要一次性投资 30 000 000 元，建设期为 0 年，该生产线可用 3 年，按直线法计提折旧，净残值为 0，第 1 年可取得税后营业利润 10 000 000 元，以后每年递增 20%。

资料二：B 方案需要一次性投资 50 000 000 元，建设期为 0 年，该生产线可用 5 年，按直线法计提折旧，净残值为 0，投产后每年可获得营业收入 35 000 000 元，每年付现成本为 8 000 000 元。在投产期初需垫支营运资金 5 000 000 元，并于营业期满时一次性收回。

资料三：甲公司适用的企业所得税税率为 25%，项目折现率为 8%。

有关货币时间价值系数如下：

（P/A，8%，3）= 2.577 1，（P/A，8%，4）= 3.312 1，（P/A，8%，5）= 3.992 7；（P/F，8%，1）= 0.925 9，（P/F，8%，2）= 0.857 3，（P/F，8%，3）= 0.793 8，（P/F，8%，5）= 0.680 6。

资料四：为筹集投资所需资金，甲公司在 2021 年 1 月 1 日按面值发行可转换债券，每张面值 100 元，票面利率为 1%，按年计息，每年年末支付一次利息，一年后可以转换为公司股票，转换价格为每股 20 元。如果按面值发行相同期限、相同付息方式的普通债券，票面利率需要设定为 5%。

要求：

（1）根据资料一和资料三，计算 A 方案的下列指标：①第 1 年的营业现金净流量；②净现值；③现值指数。（西木指引：项目现金流量、净现值、现值指数）

（2）根据资料二和资料三，不考虑利息费用及其影响，计算 B 方案的下列指标：①投资时点的现金净流量；②第 1～4 年的营业现金净流量；③第 5 年的现金净流量；④净现值。（西木指引：项目现金流量、净现值）

（3）根据资料一、资料二和资料三，计算 A 方案和 B 方案的年金净流量，据此进行投资方案选择，并给出理由。（西木指引：年金净流量、互斥投资方案的决策）

（4）根据资料四和要求（3）的计算选择结果，计算：①可转换债券在发行当年比一般债券节约的利息支出；②可转换债券的转换比率。（西木指引：可转换债券）

第 7 题：投资管理 + 财务分析与评价

【2021 综合题】甲公司是一家制造企业，计划在 2021 年年初新增一套设备，用于生产一种新产品。相关资料如下：

资料一：公司拟通过外部筹资购置新设备，根据目标资本结构设计的筹资组合方案如下：银行借款筹资占 40%，资本成本为 7%；发行普通股筹资占 60%，资本成本为 12%。

资料二：设备投资额为 30 000 000 元，建设期为 0，运营期为 5 年，采用直线法计提折旧，预计净残值为 1 500 000 元。设备投入运营之初，需垫支营运资金 5 000 000 元，该营运资金在运营期满时全额收回。公司以筹资组合的资本成本率为项目折现率，适用的企业所得税税率为 25%。

资料三：设备运营期间，预计年产销量为 40 000 件，单价为 1 000 元 / 件，单位变动成本为 600

元/件，变动成本均为付现成本，固定成本仅包括设备折旧费。

资料四：货币时间价值系数表如下。

期数	年金现值系数					复利现值系数				
	7%	8%	9%	10%	12%	7%	8%	9%	10%	12%
4	3.387 2	3.312 1	3.239 7	3.169 9	3.037 3	0.762 9	0.735 0	0.708 4	0.683 0	0.635 5
5	4.100 2	3.992 7	3.889 7	3.790 8	3.604 8	0.713 0	0.680 6	0.649 9	0.620 9	0.567 4

要求：

（1）根据资料一，计算筹资组合的平均资本成本率。

（2）根据资料二和资料三，计算：①边际贡献率；②盈亏平衡点的产销量；③安全边际额；④盈亏平衡作业率。

（3）根据资料二、资料三和资料四，不考虑利息费用及其影响，计算：①年营业现金净流量；②净现值；③年金净流量；④静态回收期。

第 8 题：筹资管理 + 营运资金管理 + 财务分析与评价

【2021 综合题】甲公司是一家制造企业，有关资料如下：

资料一：甲公司 2020 年 12 月 31 日资产负债表（单位：万元）如下。

资产	年初数	年末数	负债与股东权益	年初数	年末数
货币资金	4 400	4 000	短期借款	5 700	5 500
应收账款	4 000	6 000	应付账款	3 500	4 500
存货	4 500	5 500	长期借款	8 300	7 400
固定资产	17 900	17 400	股本	20 000	20 000
无形资产	8 000	8 000	留存收益	1 300	3 500
资产总计	38 800	40 900	负债与股东权益总计	38 800	40 900

资料二：公司 2020 年度营业收入（即销售额，下同）为 50 000 万元，营业成本为 40 000 万元。

资料三：公司 2020 年应付账款周转期为 36 天，一年按 360 天计算。

资料四：公司预计 2021 年度的营业收入将达到 70 000 万元，净利润预计为 7 000 万元，利润留存率为 40%。假定公司 2020 年年末的货币资金、应收账款、存货、应付账款项目与营业收入的比例关系在 2021 年度保持不变。此外，因销售额增长，现有生产能力不足，公司需要在 2021 年追加固定资产投资 6 000 万元。

资料五：对于外部资金需求，公司选择按面值发行债券，期限为 5 年，票面利率为 9%，每年付息一次，到期一次性还本，筹资费用率为 2%。公司适用的企业所得税税率为 25%。

要求：

（1）根据资料一，计算2020年年末下列指标：①流动比率；②速动比率；③现金比率。

（2）根据资料一和资料二，计算：① 2020年总资产周转率；② 2020年年末权益乘数。

（3）根据资料一、资料二和资料三，计算2020年下列指标：①应收账款周转期；②存货周转期；③经营周期；④现金周转期。

（4）根据资料一、资料二和资料四，计算2021年的外部融资需求量。

（5）根据资料五，计算债券的资本成本率（不考虑货币时间价值）。

第9题：筹资管理 + 成本管理

【2021综合题】甲公司生产销售A产品，具体资料如下：

资料一：2020年生产销售A产品45 000件，单价是240元/件，单位变动成本是200元/件，固定成本总额是1 200 000元。

资料二：2020年负债总额是4 000 000元，平均利息率是5%，发行在外的普通股股数是800 000股，企业适用的所得税税率是25%。

资料三：公司拟在2021年年初对生产线进行更新，更新之后原有的销售量和单价不变，单位变动成本降低到150元/件，固定成本总额增加到1 800 000元。

资料四：生产线的投资需要融资6 000 000元，现提供两个方案，方案一是向银行借款6 000 000元，新增借款利息率是6%。方案二是增发普通股200 000股，每股发行价格是30元。

要求：

（1）根据资料一，计算2020年的息税前利润和盈亏平衡点的销售额。

（2）根据资料一、资料二，以2020年为基期计算经营杠杆系数、财务杠杆系数、总杠杆系数。

（3）根据资料一、资料二，计算2020年每股收益。

（4）根据资料一、资料二和资料三，计算更新生产线之后的息税前利润、盈亏平衡点销售量与销售额、安全边际率。

（5）根据资料一至资料四，按照每股收益分析法计算出每股收益无差别点的息税前利润，并选择适当的方案。

第10题：筹资管理 + 投资管理

【2021综合题】甲是制造业股份有限公司，投资新生产线：

资料一：生产线需要于建设起点一次性投入资金2 500 000元，建设期为0。生产线预计使用5年，用直线法计提折旧，预计净残值为0。

资料二：运营初期需要垫支营运资金1 000 000元，运营期满全额收回。新产品预计年产销量100 000件，单价为50元/件，单位变动成本为20元/件，均为付现成本，每年付现固定成本为700 000元，非付现固定成本仅包括折旧费，不考虑利息，公司适用企业所得税税率25%。

资料三：生产线折现率10%，有关货币时间价值系数：（P/F，10%，5）= 0.620 9，（P/A，10%，5）= 3.790 8。

资料四：对于生产线投资所需资金，如果通过发行新股筹集，公司资产负债率将调为60%，负债资本成本为5%，股东权益资本成本根据资本资产定价模型确定，股票β系数为1.5，市场平均收益率10%，无风险收益率4%。

要求：

（1）根据材料一、二，计算生产线投产后每年产生的息税前利润和净利润。（西木指引：本量利分析）

（2）根据资料二，计算：①投资时点的现金净流量；②第1～4年的营业现金净流量；③第5年的现金净流量。（西木指引：项目现金流量）

（3）根据资料一、二、三，计算生产线项目的净现值，并判断是否具有财务可行性。（西木指引：净现值）

（4）根据资料四，计算：①股东权益资本成本率；②加权平均资本成本率。（西木指引：个别资本成本的计算，平均资本成本的计算）

第 11 题：筹资管理 + 财务分析与评价

【2021 综合题】甲公司采用杜邦分析法进行绩效评价，并通过因素分析法寻求绩效改进思路。有关资料如下：

资料一：2020 年销售量 90 000 件，单价 200 元/件，净利润 5 400 000 元。

资料二：2020 年公司和行业财务指标：

财务指标	甲公司	行业平均水平
营业净利率	?	25%
总资产周转率	?	0.5
资产负债率	60%	?
净资产收益率	15%	25%

假定有关资产负债项目年末余额均代表全年平均水平。

资料三：净资产收益率指标：营业净利率、总资产周转率和权益乘数，用因素分析法对公司净资产收益率与行业平均水平的差异进行分析。

资料四：经测算，公司产品需求价格弹性系数为 -3，为缩小净资产收益率与行业平均水平的差距，公司决定 2021 年将价格下降 10%，预计销售量与销售额都将增加，鉴于部分资产、负债与销售额存在稳定的百分比关系，预计 2021 年资产增加额和负债增加额分别为当年销售额的 18% 和 8%。

资料五：预计公司 2021 年销售净利率 22%，利润留存率 30%。

要求：

（1）根据资料一、二，计算：①营业净利率；②权益乘数；③总资产周转率。（西木指引：杜邦分析法）

（2）根据资料二，计算行业平均水平的权益乘数和资产负债率。（西木指引：杜邦分析法）

（3）根据资料一、二、三，用差额分析法分别计算三个因素对甲公司净资产收益率与行业平均水平的差异影响数，并指出造成该差异的最主要影响因素。（西木指引：因素分析法）

（4）根据资料四，计算：① 2021 年销售额增长百分比；② 2021 年总资产周转率，并判断公司资产运营效率是否改善。（西木指引：销售定价管理——需求价格弹性系数，营运能力分析）

（5）根据资料四、五，利用销售百分比法测算 2021 年外部融资需求量。（西木指引：销售百分比法）

第 12 题：筹资管理 + 投资管理

【2020 综合题】甲公司是一家上市公司，企业所得税税率为 25%，相关资料如下：

资料一：公司为扩大生产经营准备购置一条新生产线，计划于 2020 年年初一次性投入资金 6 000 万元，全部形成固定资产并立即投入使用，建设期为 0，使用年限为 6 年，新生产线每年增加营业收入 3 000 万元，增加付现成本 1 000 万元。新生产线开始投产时需垫支营运资金 700 万元，在项目终结时一次性收回。固定资产采用直线法计提折旧，预计净残值为 1 200 万元。公司所要求的最低投资收益率为 8%，相关资金时间价值系数为：（P/A，8%，5）= 3.992 7，（P/F，8%，6）= 0.630 2。

资料二：为满足购置生产线的资金需求，公司设计了两个筹资方案。方案一为向银行借款 6 000 万元，期限为 6 年，年利率为 6%，每年年末付息一次，到期还本。方案二为发行普通股 1 000 万股，每股发行价为 6 元。公司将持续执行稳定增长的股利政策，每年股利增长率为 3%。预计公司 2020 年每股股利（D_1）为 0.48 元。

资料三：已知筹资方案实施前，公司发行在外的普通股股数为 3 000 万股，年利息费用为 500 万元。经测算，追加筹资后预计年息税前利润可达到 2 200 万元。

要求：

（1）根据资料一，计算新生产线项目的下列指标：①第 0 年的现金净流量；②第 1~5 年每年的现金净流量；③第 6 年的现金净流量；④现值指数。

（2）根据现值指数指标，判断公司是否应该进行新生产线投资，并说明理由。

（3）根据资料二，计算：①银行借款的资本成本率；②发行股票的资本成本率。

（4）根据资料二、资料三，计算两个筹资方案的每股收益无差别点，判断公司应该选择哪个筹资方案，并说明理由。

第 13 题：营运资金管理 + 成本管理

【2020 综合题】甲公司是一家制造业企业集团，生产耗费的原材料为 L 零部件。有关资料如下：

资料一：L 零部件的年正常需要量为 54 000 个，2018 年及以前年度，一直从乙公司进货，单位购买价格 100 元/个，单位变动储存成本为 6 元/个，每次订货变动成本为 2 000 元，一年按 360 天计算。

资料二：2018 年，甲公司全年应付账款平均余额为 450 000 元，假定应付账款全部为应向乙公司支付的 L 零部件的价款。

资料三：2019 年年初，乙公司为鼓励甲公司尽早还款，向甲公司开出的现金折扣条件为 "2/10，N/30"。目前甲公司用于支付账款的资金需要在 30 天时才能周转回来，30 天以内的资金需求要通过银行借款筹集，借款利率为 4.8%，甲公司综合考虑借款成本与折扣收益，决定在第 10 天付款方案和第 30 天付款方案中作出选择。

资料四：受经济环境的影响，甲公司决定自 2020 年将零部件从外购转为自行生产，计划建立一个专门生产 L 零部件的 A 分厂。该分厂投入运行后的有关数据估算如下，零部件的年产量为

54 000 个，单位直接材料为 30 元/个，单位直接人工为 20 元/个，其他成本全部为固定成本，金额为 1 900 000 元。

资料五：甲公司将 A 分厂作为一个利润中心予以考核，内部结算价格为 100 元/个，该分厂全部固定成本 1 900 000 元中，该分厂负责人可控的部分占 700 000 元。

要求：

（1）根据资料一，按照经济订货基本模型计算：

①零部件的经济订货量；

②全年最佳订货次数；

③最佳订货周期（要求用天数表示）；

④经济订货量下的变动储存成本总额。

（2）根据资料一和资料二，计算 2018 年度的应付账款周转期（要求用天数表示）。

（3）根据资料一和资料三，分别计算甲公司 2019 年度两个付款方案的净收益，并判断甲公司应选择哪个付款方案。

（4）根据资料四，计算 A 分厂投入运营后预计年产品成本总额。

（5）根据资料四和资料五，计算 A 分厂作为利润中心的如下业绩考核指标：

①边际贡献；

②可控边际贡献；

③部门边际贡献。

第 14 题：筹资管理 + 财务分析与评价

【2020 综合题】甲公司生产销售 A 产品，有关资料如下。

资料一：公司 2019 年 12 月 31 日资产负债表（单位：万元）如下。

资产	年末余额	负债与股东权益	年末余额
货币资金	200	应付账款	600
应收账款	400	长期借款	2 400
存货	900	股本	4 000
固定资产	6 500	留存收益	1 000
资产总计	8 000	负债与股东权益总计	8 000

资料二：公司 2019 年销售收入为 6 000 万元，净利润为 600 万元，股利支付率为 70%。

资料三：预计 2020 年销售收入将增长到 9 000 万元，公司流动资产和流动负债占销售收入的比例一直保持稳定不变。此外，随销售增长而需要追加设备投资 1 500 万元。2020 年销售净利率和股利支付率与 2019 年相同。

资料四：因销售增长而需要添置的设备有 X 和 Y 两种型号可供选择，二者具有同样的功用，报价均为 1 500 万元。X 型设备可用 5 年，最终报废残值为 300 万元，每年发生付现成本 1 000 万元；Y 型设备可用 8 年，经测算年金成本为 1 400 万元。公司计算年金成本时不考虑所得税的影响，折现率为10%，有关时间价值系数如下：（P/A，10%，5）= 3.7908，（P/F，10%，5）= 0.6209。

要求：

（1）根据资料一，计算2019年年末的流动比率、速动比率与产权比率。

（2）根据资料二，计算2019年销售净利率。

（3）根据资料一、资料二和资料三，计算：

① 2020年增加的流动资产；

② 2020年增加的流动负债；

③ 2020年留存收益增加额；

④ 2020年的外部融资需求量。

（4）根据资料四，计算X型设备的年金成本，并判断甲公司应选择哪种设备。

第15题：营运资金管理 + 财务分析与评价

【2020 综合题】甲公司是一家制造业公司，两年来经营状况稳定，并且产销平衡，相关资料如下：

资料一：公司2019年度资产负债表和利润表简表，如下表所示。

单位：万元

资产	2019年年末余额	负债和股东权益	2019年年末余额	项目	2019年发生额
货币资金	1 000	应付账款	2 100	营业收入	30 000
应收账款	5 000	短期借款	3 100	营业成本	18 000
存货	2 000	长期借款	4 800	期间费用	6 000
固定资产	12 000	股东权益	10 000	利润总额	6 000
资产合计	20 000	负债与股东权益合计	20 000	净利润	4 500

注：假定2019年年末各资产负债表项目余额均能代表全年平均水平。

资料二：2019年公司全年购货成本9 450万元，一年按360天计算。

资料三：2019年公司全部流动资产中，波动性流动资产占用水平为5 500万元。

资料四：为加强应收账款管理，公司拟在2020年收紧信用政策，销售额预计减少6 000万元，已知变动成本率为70%，坏账损失预计减少500万元，应收账款占用资金的机会成本预计减少200万元。假定改变信用政策对其他方面的影响均可忽略不计。

要求：

（1）根据资料一，计算2019年年末营运资金数额。

（2）根据资料一，计算：①营业毛利率；②总资产周转率；③净资产收益率。

（3）根据资料一、资料二，计算：①存货周转期；②应收账款周转期；③应付账款周转期；④现金周转期（以上计算结果均用天数表示）。

（4）根据资料一、资料三，依据公司资产与资金来源期限结构的匹配情况，判断该公司流动资产融资策略属于哪种类型，并说明理由。

（5）根据资料四，计算公司收缩信用政策对税前利润的影响额（税前利润增加用正数，减少用负数），判断是否应收缩信用政策。

第 16 题：预算管理 + 成本管理

【2020 综合题】甲公司生产 A 产品，有关产品成本和预算的信息如下：

资料一：A 产品成本由直接材料、直接人工、制造费用三部分构成，其中制造费用属于混合成本。2019 年第一至第四季度 A 产品的产量与制造费用数据如下所示。

项目	第一季度	第二季度	第三季度	第四季度
产量/件	5 000	4 500	5 500	4 750
制造费用/元	50 500	48 000	54 000	48 900

资料二：根据甲公司 2020 年预算，2020 年第一季度 A 产品预计生产量为 5 160 件。

资料三：2020 年第一至第四季度 A 产品的生产预算如下表（单位：件）所示，每季度末 A 产品的产成品存货量按下一季度销售量的 10% 确定。

项目	第一季度	第二季度	第三季度	第四季度	合计
预计销售量	5 200	4 800	6 000	5 000	*
预计期末产成品存货	480	a	d	*	*
预计期初产成品存货	520	b	e	*	*
预计生产量	5 160	c	f	*	*

注：表内的"*"为省略的数值。

资料四：2020 年 A 产品预算单价为 200 元，各季度销售收入有 70% 在本季度收回现金，30% 在下一季度收回现金。

要求：

（1）根据资料一，按照高低点法对制造费用进行分解，计算 2019 年制造费用中单位变动制造费用和固定制造费用总额。

（2）根据要求（1）的计算结果和资料二，计算 2020 年第一季度 A 产品的预计制造费用总额。

（3）根据资料三，分别计算表格中 a、b、c、d、e、f 所代表的数值。

（4）根据资料三和资料四，计算：① 2020 年第二季度的销售收入预算总额；② 2020 年第二季度的相关现金收入预算总额。

第 17 题：投资管理 + 成本管理

【2020 综合题】甲公司是一家制造企业，企业所得税税率为 25%。公司考虑用效率更高的新生产线来代替现有旧生产线。有关资料如下。

资料一：旧生产线原价为 5 000 万元，预计使用年限为 10 年，已经使用 5 年。采用直线法计提折旧，使用期满无残值。每年生产的产品销售收入为 3 000 万元，变动成本总额为 1 350 万元，固定成本总额为 650 万元。

资料二：旧生产线每年的全部成本中，除折旧外均为付现成本。

资料三：如果采用新生产线取代旧生产线。相关固定资产投资和垫支营运资金均于开始时一次性投入（建设期为 0），垫支营运资金于营业期结束时一次性收回。新生产线使用直线法计提折旧，使用期满无残值。有关资料如下表所示。

项目	固定资产投资	垫支营运资金	使用年限	年营业收入	年营运成本
数额	2 400 万元	600 万元	8 年	1 800 万元	500 万元

资料四：公司进行生产线更新投资决策时采用的折现率为 15%。

有关货币时间价值系数如下：（P/F，15%，8）= 0.326 9，（P/A，15%，7）= 4.160 4，（P/A，15%，8）= 4.487 3。

资料五：经测算，新生产线的净现值大于旧生产线的净现值，而其年金净流量小于旧生产线的年金净流量。

要求：

（1）根据资料一，计算旧生产线的边际贡献总额和边际贡献率。

（2）根据资料一和资料二，计算旧生产线的年营运成本（即付现成本）和年营业现金净流量。

（3）根据资料三，计算新生产线的如下指标：①投资时点（第 0 年）的现金流量；②第 1 年到第 7 年营业现金净流量；③第 8 年的现金净流量。

（4）根据资料三和资料四，计算新生产线的净现值和年金净流量。

（5）根据资料五，判断公司是否采用新生产线替换旧生产线，并说明理由。

第 18 题：投资管理 + 收入与分配管理

【2019 综合题】甲公司是一家上市公司，适用的企业所得税税率为 25%，公司现阶段基于发展需要，将实施新的投资计划，有关资料如下：

资料一：公司项目投资的必要收益率为 15%，有关货币时间价值系数如下：

（P/A，15%，2）= 1.625 7；（P/A，15%，3）= 2.283 2；（P/A，15%，6）= 3.784 5；（P/F，15%，3）= 0.657 5；（P/F，15%，6）= 0.432 3。

资料二：公司的资本支出预算为 5 000 万元。有 A、B 两种互斥投资方案可供选择，A 方案的建设期为 0 年，需于建设起点一次性投入资金 5 000 万元，运营期为 3 年，无残值。现金净流量每年均为 2 800 万元。B 方案的建设期为 0 年，需于建设起点一次性投入资金 5 000 万元，其中，固定资产投资 4 200 万元，采用直线法计提折旧，使用年限为 6 年，无残值；垫支营运资金 800 万元，第 6 年年末收回垫支的营运资金。预计投产后第 1～6 年每年营业收入 2 700 万元，每年付现成本 700 万元。

资料三：经测算，A 方案的年金净流量 610.09 万元。

资料四：针对上述 5 000 万元的资本支出预算所产生的融资需求，公司为保持合理的资本结构，决定调整股利分配政策，公司当前的净利润为 4 500 万元。过去长期以来一直采用固定股利支付率政策进行股利分配，股利支付率为 20%。如果改用剩余股利政策，所需权益资金应占资本支出预算金额的 70%。

要求：

（1）根据资料一和资料二，计算 A 方案的静态回收期、动态回收期、净现值、现值指数。

（2）根据资料一和资料二，计算 B 方案的净现值、年金净流量。

（3）根据资料二，判断公司在选择 A、B 两种方案时，应采用净现值法还是年金净流量法。

（4）根据要求（1）、要求（2）、要求（3）的结果和资料三，判断公司应选择 A 方案还是 B 方案。

（5）根据资料四，如果继续执行固定股利支付率政策，计算公司的收益留存额。

（6）根据资料四，如果改用剩余股利政策，计算公司的收益留存额与可发放股利额。

第 19 题：成本管理 + 财务分析与评价

【2019 综合题】甲公司是一家制造企业，近几年公司生产经营比较稳定，并假定产销平衡，公司结合自身发展和资本市场环境，以利润最大化为目标，并以每股收益作为主要评价指标。有关资料如下：

资料一：2016 年度公司产品产销量为 2 000 万件，产品销售单价为 50 元，单位变动成本为 30 元，固定成本总额为 20 000 万元，假定单价、单位变动成本和固定成本总额在 2017 年保持不变。

资料二：2016 年度公司全部债务资金均为长期借款，借款本金为 200 000 万元，年利率为 5%，全部利息都计入当期费用，假定债务资金和利息水平在 2017 年保持不变。

资料三：公司在 2016 年年末预计 2017 年的产销量将比 2016 年增长 20%。

资料四：2017 年度的实际产销量与上年年末的预计有出入，当年实际归属于普通股股东的净利润为 8 400 万元，2017 年年初，公司发行在外的普通股股数为 3 000 万股，2017 年 9 月 30 日，公司增发普通股 2 000 万股。

资料五：2018 年 7 月 1 日，公司发行可转换债券一批，债券面值为 8 000 万元，期限为 5 年，2 年后可以转换为本公司的普通股，转换价格为每股 10 元，可转换债券当年发生的利息全部计入当期损益，其对于公司当年净利润的影响数为 200 万元。公司当年归属于普通股股东的净利润为 10 600 万元，公司适用的企业所得税税率为 25%。

资料六：2018 年年末，公司普通股的每股市价为 31.8 元，同行业类似可比公司的市盈率均在 25 倍左右（按基本每股收益计算）。

要求：

（1）根据资料一，计算 2016 年边际贡献总额和息税前利润。

（2）根据资料一和资料二，以 2016 年为基期计算经营杠杆系数、财务杠杆系数和总杠杆系数。

（3）根据要求（2）的计算结果和资料三，计算：① 2017 年息税前利润预计增长率；② 2017 年每股收益预计增长率。

（4）根据资料四，计算公司 2017 年的基本每股收益。

（5）根据资料四和资料五，计算公司 2018 年的基本每股收益和稀释每股收益。

（6）根据要求（5）基本每股收益的计算结果和资料六，计算公司 2018 年年末市盈率，并初步判断市场对于该公司股票的评价偏低还是偏高。

第 20 题：预算管理 + 财务分析与评价

【2018 综合题】甲企业是某公司下属的一个独立分厂，该企业仅生产并销售 W 产品，2018 年有关预算与考核分析资料如下：

资料一：W 产品的预计产销量相同，2018 年第一至第四季度的预计产销量分别为 100 件、200 件、300 件和 400 件，预计产品销售单价为 1 000 元 / 件。预计销售收入中，有 60% 在本季度收到现金，40% 在下一季度收到现金。2017 年年末应收账款余额为 80 000 元。不考虑增值税及其他因素的影响。

资料二：2018 年年初材料存货量为 500 千克，每季度末材料存货量按下一季度生产需用量的 10% 确定。单位产品用料标准为 10 千克 / 件，单位材料价格标准为 5 元 / 千克。材料采购款有 50% 在本季度支付现金，另外 50% 在下一季度支付。

资料三：企业在每季度末的理想现金余额是 50 000 元，且不得低于 50 000 元。如果当季度现金不足，则向银行取得短期借款；如果当季度现金溢余，则偿还银行短期借款。短期借款的年利率为 10%，按季度偿付利息。借款和还款的数额须为 1 000 元的整数倍。假设新增借款发生在季度初，归还借款发生在季度末。2018 年第一季度，在未考虑银行借款情况下的现金余额（即现金余缺）为 26 700 元。假设 2018 年年初，企业没有借款。

资料四：2018 年年末，企业对第四季度预算执行情况进行考核分析。第四季度 W 产品的实际产量为 450 件，实际材料耗用量为 3 600 千克，实际材料单价为 6 元 / 千克。备注：每件产品消耗材料 8 千克（3 600/450 = 8）。

要求：

（1）根据资料一，计算：① W 产品的第一季度现金收入；② 资产负债表预算中应收账款的年末数。

（2）根据资料一和资料二，计算：① 第一季度预计材料期末存货量；② 第二季度预计材料采购量；③ 第三季度预计材料采购金额。

（3）根据资料三，计算第一季度现金预算中：① 取得短期借款金额；② 短期借款利息金额；③ 期末现金余额。

（4）根据资料一、资料二和资料四，计算第四季度材料费用总额实际数与预算数之间的差额。

（5）根据资料一、资料二和资料四，使用连环替代法，依次计算第四季度下列因素变化对材料费用总额实际数与预算数之间差额的影响：① 产品产量；② 单位产品材料消耗量；③ 单位材料价格。

第 21 题：筹资管理 + 财务分析与评价

【2019 综合题】甲公司是一家国内中小板上市的制造企业，基于公司持续发展需要，公司决定优化资本结构，并据以调整相关股利分配政策。有关资料如下：

资料一：公司已有的资本结构如下：债务资金账面价值为 600 万元，全部为银行借款本金，年利率为 8%，假设不存在手续费等其他筹资费用；权益资金账面价值为 2 400 万元，权益资本成本率采用资本资产定价模型计算。已知无风险收益率为 6%，市场组合收益率为 10%。公司股票的 β 系数为 2。公司适用的企业所得税税率为 25%。

资料二：公司当前销售收入为 12 000 万元，变动成本率为 60%，固定成本总额 800 万元。上述变动成本和固定成本均不包含利息费用。随着公司所处资本市场环境变化以及持续稳定发展的需要，公司认为已有的资本结构不够合理，决定采用公司价值分析法进行资本结构优化分析。经研究，公司拿出两种资本结构调整方案，两种方案下的债务资金和权益资本的相关情况如下表所示。

调整方案	全部债务市场价值 / 万元	税前债务利息率	公司权益资本成本率
方案 1	2 000	8%	10%
方案 2	3 000	8.4%	12%

假定公司债务市场价值等于其账面价值，且税前债务利息率等于税前债务资本成本率，同时假定公司息税前利润水平保持不变，权益资本市场价值按净利润除以权益资本成本率这种简化方式进行测算。

资料三：公司实现净利润 2 800 万元。为了确保最优资本结构，公司拟采用剩余股利政策。假定投资计划需要资金 2 500 万元，其中权益资金占比应达到 60%。公司发行在外的普通股数量为 2 000 万股。

要求：
（1）根据资料一，计算公司的债务资本成本率、权益资本成本率，并按账面价值权数计算公司的平均资本成本率。
（2）根据资料二，计算公司当前的边际贡献总额、息税前利润。
（3）根据资料二，计算两种方案下的公司市场价值，并据以判断采用何种资本结构优化方案。
（4）根据资料三，计算投资计划所需的权益资本数额以及预计可发放的现金股利。

第 22 题：投资管理 + 收入与分配管理 + 财务分析与评价

【2018 综合题】戊公司是一家设备制造商，公司基于市场发展进行财务规划，有关资料如下：
资料一：戊公司 2017 年 12 月 31 日的资产负债表简表及相关信息如下表所示。

单位：万元

资产	金额	占销售额百分比/%	负债与权益	金额	占销售额百分比/%
现金	1 000	2.5	短期借款	5 000	N
应收票据	8 000	20	应付票据	2 000	5
应收账款	5 000	12.5	应付账款	8 000	20
存货	4 000	10	应付债券	6 000	N
其他流动资产	4 500	N	实收资本	20 000	N
固定资产	23 500	N	留存收益	5 000	N
合计	46 000	45	合计	46 000	25

注：表中"N"表示该项目不随销售额的变动而变动。

资料二：戊公司2017年销售额为40 000万元，销售净利率为10%，利润留存率为40%，预计2018年销售额增长率为30%，销售净利率和利润留存率保持不变。

资料三：戊公司计划于2018年1月1日从租赁公司融资租入一台设备，该设备价值为1 000万元，租期为5年，租赁期满时预计净残值为100万元，归租赁公司所有，年利率为8%，年租赁手续费为2%。租金每年年末支付1次。相关货币时间价值系数为（P/F，8%，5）= 0.680 6，（P/A，8%，5）= 3.992 7，（P/F，10%，5）= 0.620 9，（P/A，10%，5）= 3.790 8。

资料四：经测算，资料三中新增设备投产后每年能为戊公司增加净利润132.5万元，设备年折旧额为180万元。

资料五：戊公司采用以下两种筹资方式：
①利用商业信用，戊公司供应商提供的付款条件为"1/10，N/30"；
②向银行借款：借款年利率为8%。一年按360天计算。戊公司适用的企业所得税税率为25%。
不考虑增值税及其他因素的影响。

要求：
（1）根据资料一和资料二，计算戊公司2018年下列各项金额：
①因销售增加而增加的资产额；
②因销售增加而增加的负债额；
③因销售增加而增加的资金量；
④预计利润的留存额；
⑤外部融资需要量。
（2）根据资料三，计算下列数值：①计算租金时使用的折现率；②该设备的年租金。
（3）根据资料四，计算下列数值：①新设备投产后每年增加的营业现金净流量；②如果公司按1 000万元自行购买而非租赁该设备，计算该设备投资的静态回收期。
（4）根据资料五，计算并回答如下问题：①计算放弃现金折扣的信用成本率；②判断戊公司是否应该放弃现金折扣，并说明理由；③计算银行借款的资本成本。

第 23 题：预算管理 + 成本管理

【2018 综合题】乙公司是一家制造企业，长期以来只生产 A 产品。2018 年有关资料如下：

资料一：8 月份 A 产品月初存货量预计为 180 件，8 月份和 9 月份的预计销售量分别为 2 000 件和 2 500 件。A 产品的预计月末存货量为下月销售量的 12%。

资料二：生产 A 产品需要耗用 X、Y、Z 三种材料，其价格标准和用量标准如下表所示。

A 产品直接材料成本标准

项目	标准		
	X 材料	Y 材料	Z 材料
价格标准	10 元 / 千克	15 元 / 千克	20 元 / 千克
用量标准	3 千克 / 件	2 千克 / 件	2 千克 / 件

资料三：公司利用标准成本信息编制直接人工预算。生产 A 产品的工时标准为 3 小时 / 件，标准工资率为 20 元 / 小时。8 月份 A 产品的实际产量为 2 200 件，实际工时为 7 700 小时，实际发生直接人工成本 146 300 元。

资料四：公司利用标准成本信息，并采用弹性预算法编制制造费用预算，A 产品的单位变动制造费用标准成本为 18 元，每月的固定制造费用预算总额为 31 800 元。

资料五：A 产品的预计销售单价为 200 元 / 件，每月销售收入中，有 40% 在当月收取现金，另外的 60% 在下月收取现金。

资料六：9 月份月初现金余额预计为 60 500 元，本月预计现金支出为 487 500 元。公司理想的月末现金余额为 60 000 元且不低于该水平，现金余额不足时向银行借款，多余时归还银行借款，借入和归还金额均要求为 1 000 元的整数倍。不考虑增值税及其他因素的影响。

要求：

（1）根据资料一，计算 8 月份 A 产品的预计生产量。

（2）根据资料二，计算 A 产品的单位直接材料标准成本。

（3）根据要求（1）的计算结果和资料三，计算 8 月份的直接人工预算金额。

（4）根据资料三，计算下列成本差异：①直接人工成本差异；②直接人工效率差异；③直接人工工资率差异。

（5）根据要求（1）的计算结果和资料四，计算 8 月份制造费用预算总额。

（6）根据要求（1）（2）的计算结果和资料三、资料四，计算 A 产品的单位标准成本。

（7）根据资料一和资料五，计算公司 9 月份的预计现金收入。

（8）根据要求（7）的计算结果和资料六，计算 9 月份的预计现金余缺，并判断为保持所需现金余额，是否需要向银行借款，如果需要，指出应借入多少款项。

第 24 题：筹资管理 + 财务分析与评价

【2018 综合题】甲公司是一家生产经营比较稳定的制造企业，长期以来仅生产 A 产品。公司 2017 年和 2018 年的有关资料如下：

资料一：公司采用指数平滑法对销售量进行预测，平滑指数为 0.6。2017 年 A 产品的预测销售量为 50 万吨，实际销售量为 45 万吨，A 产品的销售单价为 3 300 元／吨。

资料二：由于市场环境发生变化，公司对原销售预测结果进行修正，将预计销售额调整为 180 000 万元。

公司通过资金习性分析，采用高低点法对 2018 年度资金需要量进行预测。有关历史数据如下表所示。

资金与销售额变化情况表   单位：万元

年度	2017 年	2016 年	2015 年	2014 年	2013 年	2012 年
销售额	148 500	150 000	129 000	120 000	105 000	100 000
资金占用	54 000	55 000	50 000	49 000	48 500	47 500

资料三：公司在 2017 年度实现净利润 50 000 万元，现根据 2018 年度的预计资金需求量来筹集资金，为了维持目标资本结构，要求所需资金中，负债资金占 40%，权益资金占 60%，按照剩余股利政策分配现金股利。公司发行在外的普通股股数为 2 000 万股。

资料四：公司在 2018 年有计划地进行外部融资，其部分资金的融资方案如下：溢价发行 5 年期公司债券，面值总额为 900 万元，票面利率为 9%，发行总价为 1 000 万元，发行费用率为 2%；另向银行借款 4 200 万元，年利率为 6%。公司适用的企业所得税税率为 25%。

要求：

（1）根据资料一，计算：① 2018 年 A 产品的预计销售量；② 2018 年 A 产品的预计销售额。

（2）根据资料二，计算如下指标：①单位变动资金；②不变资金总额；③ 2018 年度预计资金需求量。

（3）根据要求（2）的计算结果、资料二和资料三，计算：① 2018 年增加的资金总需求中的权益资本数额；②发放的现金股利总额。

（4）根据资料四，不考虑货币时间价值，计算下列指标：①债券的资本成本率；②银行借款的资本成本率。

第 25 题：投资管理 + 成本管理

【2024 综合题】甲企业是制造业企业，生产销售产品，企业所得税税率 25%，新设备提高产能的同时可以降低单位变动成本，假设不存在债务利息，变动成本均为付现成本，固定成本仅包括折旧费，相关资料如下：

（1）目前设备经济使用寿命为 5 年，已使用 2 年，尚可使用 3 年，预计净残值 0，税法和会计相关规定一致。设备原值 9 000 万元，目前变现价值与账面价值均为 5 400 万元。产品销售量

60万件，单价100元/件，单位变动成本50元/件。

（2）新设备初始投资12 000万元，可立即投入使用，使用寿命5年，预计净残值0，税法和会计相关规定一致。销售量增长至72万件，单位变动成本降低至45元/件，单价不变。

（3）旧设备为方案一，新设备为方案二，旧设备变现价格作为方案一的原始投资额处理。投资人所要求的必要报酬率10%。

已知：$(P/F, 10\%, 3)=0.7513$，$(P/F, 10\%, 5)=0.6209$，$(P/A, 10\%, 3)=2.4869$，$(P/A, 10\%, 5)=3.7908$。

要求：

（1）计算以下指标：①单位边际贡献；②边际贡献总额；③盈亏平衡点销售量；④安全边际率。

（2）计算方案一：① $NCF_{1\sim3}$；②净现值；③年金净流量。

（3）计算方案二：① NCF_0；② $NCF_{1\sim5}$；③净现值；④年金净流量。

（4）应选择哪种方案？说明理由。

第26题：财务分析与评价 + 筹资管理

【2024综合题】甲企业是制造业企业，企业所得税率25%。

（1）资产负债表2023年数据如下：

单位：万元

项目	年末余额	占销售额的百分比	项目	年末余额	占销售额的百分比
现金	2 000	10%	短期借款	2 000	N
应收账款	1 800	9%	应付账款	1 000	5%
存货	3 000	15%	长期借款	3 000	N
固定资产	9 200	N	股本	8 000	N
			留存收益	2 000	N
资产总额	16 000	N	负债和所有者权益总额	16 000	N

（2）2023年度销售收入20 000万元，净利润2 500万元，分配现金股利1 500万元。公司2023年年初资产总额14 000万元（其中应收账款2 200万元），年初负债总额5 000万元。2023年存货周转期60天，应付账款周转期45天，一年按360天计算。

（3）现产品供不应求，但生产能力不足，拟2024年年初投资3 000万元购买新设备。增加新设备后，预计2024年销售收入增加到30 000万元，净利增加到3 600万元。假设现金、应收账款、存货、应付账款占销售收入的百分比保持不变，2024年利润留存率与2023年相同。

（4）为满足2024年外部融资需求，现存在两种方案，所需资金的40%来自方案一，60%来自方案二。

方案一：按面值发行5年期债券，票面年利率6%，每年付息一次，到期一次还本，筹资费率2%；

方案二：发行普通股，无风险收益率3%，市场组合收益率8%，β系数1.2。

要求：
（1）计算2023年①总资产周转率；②净资产收益率；③营业净利率；④年末权益乘数。
（2）计算2023年①应收账款周转期；②经营周期；③现金周转期。
（3）计算2024年①利润留存额；②外部融资需求量（基于销售百分比法）。
（4）计算2024年①发行债券资本成本率（一般模式）；②发行股票资本成本率。
（5）2024年拟追加筹资平均资本成本率。

必会综合题答案解析

1.【答案】

（1）①送股后的股本 = 8 000 + 8 000/10×2×1 = 9 600（万元）

送股后的未分配利润 = 16 000 − 8 000/10×2×1 = 14 400（万元）

②2022年12月31日公司发行在外的普通股股数 = 8 000 + 8 000/10×2 + 1 000 = 10 600（万股）

（2）①流动比率 = 30 000/20 000 = 1.5

②权益乘数 = 100 000/60 000 = 1.67

（3）①营业净利率 = 10 000/200 000 = 5%

②净资产收益率 = 10 000/[（60 000 + 50 000）/2] = 18.18%

③2022年加权平均普通股股数 = 8 000 + 8 000/10×2 + 1 000×6/12 = 10 100（万股）

基本每股收益 = 10 000/10 100 = 0.99（元/股）

（4）①每股面值 = 1/2 = 0.5（元）

②公司发行在外的普通股股数 = 10 600×2 = 21 200（万股）

③股本 = 21 200×0.5 = 10 600（万元）

2.【答案】

（1）普通股资本成本率 = 0.2×（1 + 10%）/5 + 10% = 14.4%

加权平均资本成本率 = 14.4%×20 000/（20 000 + 16 000）+ 6%×16 000/（20 000 + 16 000）= 10.67%

（2）NCF_0 = − 7 000 − 1 000 = − 8 000（万元）

每年折旧金额 = （7 000 − 700）/5 = 1 260（万元）

NCF_1 = （12 000 − 8 000）×（1 − 25%）+ 1 260×25% = 3 315（万元）

NCF_5 = 3 315 + 700 + 1 000 = 5 015（万元）

净现值 = − 8 000 + 3 315×（P/A，12%，4）+ 5 015×（P/F，12%，5）= − 8 000 + 3 315×3.037 3 + 5 015×0.567 4 = 4 914.16（万元）

（3）A方案年金净流量 = 4 914.16/（P/A，12%，5）= 4 914.16/3.604 8 = 1 363.23（万元）

由于A方案的年金净流量大于B方案的年金净流量，所以应选择A方案。

（4）公司筹资前已经存在的年利息 = 16 000×6%/（1 − 25%）= 1 280（万元）

方案1增加的股数 = 6 000/4.8 = 1 250（万股）

方案2增加的利息=6 000×9%=540（万元）

假设，每股收益无差别点为$\overline{EBIT}$：

根据（$\overline{EBIT}$-1 280）×（1-25%）/（4 000+1 250）=（$\overline{EBIT}$-1 280-540）×（1-25%）/4 000

解得$\overline{EBIT}$=3 548（万元）

每股收益无差别点的每股收益=（3 548-1 280）×（1-25%）/（4 000+1 250）=0.32（元/股）

由于筹资后预计年息税前利润4 500万元大于每股收益无差别点的息税前利润3 548万元，因此应该选择债务筹资方案，即选择方案二。

3.【答案】

（1）①边际贡献率=（1 500-330）/1 500×100%=78%

年固定成本=2 000÷4=500（万元）

②盈亏平衡点销售额=500÷78%=641.03（万元）

（2）①原始投资额=2 000+300=2 300（万元）

$NCF_{1\sim3}$=（1 500-330）×（1-25%）+500×25%=1 002.50（万元）

或$NCF_{1\sim3}$=（1 500-330-500）×（1-25%）+500=1 002.50（万元）

NCF_4=1 002.50+300=1 302.50（万元）

静态回收期=2 300/1 002.5=2.29（年）

或者：静态回收期=2+（2 300-1 002.5×2）/1 002.5=2.29（年）

②现值指数=[1 002.5×（P/A，10%，4）+300×（P/F，10%，4）]/2 300=

（1 002.5×3.169 9+300×0.683 0）/2 300=1.47

（3）年折旧额=（3 000-120）/5=576（万元）

NCF_1=（1 800-400）×（1-25%）+576×25%=1 194（万元）

NCF_2=1 194-20×（1-25%）=1 179（万元）

NCF_3=1 179-20×（1-25%）=1 164（万元）

NCF_4=1 164-20×（1-25%）=1 149（万元）

NCF_5=1 149-20×（1-25%）+120+400=1 654（万元）

NPV=1 194×（P/F，10%，1）+1 179×（P/F，10%，2）+1 164×（P/F，10%，3）+1 149×（P/F，10%，4）+1 654×（P/F，10%，5）-3 000-400=1 346.04（万元）

（4）A方案的净现值=[1 002.5×（P/A，10%，4）+300×（P/F，10%，4）]-2 300=1 082.72（万元）

A方案的年金净流量=1 082.72/（P/A，10%，4）=341.56（万元）

B方案的年金净流量=1 346.04/（P/A，10%，5）=355.08（万元）

甲公司应该选择B方案。

（5）银行借款的资本成本率=6%×（1-25%）/（1-0.3%）=4.51%

4.【答案】

（1）2021年净资产收益率=12 000/（80 000-20 000）×100%=20%

2021年支付的普通股股利=12 000×50%=6 000（万元）

（2）2021年基本每股收益 = 12 000/（6 000 + 6 000×2/10 + 300×3/12）= 1.65（元/股）

2021年每股股利 = 6 000/（6 000 + 6 000×2/10 + 300）= 0.80（元/股）

（3）市场组合的风险收益率 = 12% − 4% = 8%

甲公司股票的资本成本率 = 4% + 1.5×8% = 16%

甲公司的每股价值 = 1×0.862 1 + 1×0.743 2 + 1×（1 + 6%）/（16% − 6%）×0.743 2 = 9.48（元）低于每股价格10元，所以投资者不应该购买该公司股票。

5. 【答案】

（1）①旧生产线目前的账面价值 = 7 000 − 680×6 = 2 920（万元）

变现净损失抵税 =（2 920 − 2 300）×25% = 155（万元）

继续使用旧生产线初始（2020年年末）现金净流量 = −（2 300 + 155 + 300）= −2 755（万元）

②第2年的营业现金净流量 = 160 + 680 = 840（万元）

③第4年的现金净流量 = 840 + 200 + 300 = 1 340（万元）

④净现值 = 840×（P/A，12%，3）+ 1 340×（P/F，12%，4）− 2 755 = 114.08（万元）

（2）①初始现金净流量 = −（8 000 + 600）= −8 600（万元）

②年营业现金净流量 = 1 300 + 950 = 2 250（万元）

③第8年的现金净流量 = 2 250 + 400 + 600 = 3 250（万元）

④净现值 = 2 250×（P/A，12%，7）+ 3 250×（P/F，12%，8）− 8 600 = 2 981.23（万元）

⑤年金净流量 = 2 981.23/（P/A，12%，8）= 2 981.23/4.967 6 = 600.13（万元）

（3）①边际贡献 = 4 400 − 1 320 = 3 080（万元）

②可控边际贡献 = 3 080 − 380 = 2 700（万元）

③部门边际贡献 = 2 700 − 950 = 1 750（万元）

6. 【答案】

（1）①年折旧额 = 30 000 000/3 = 10 000 000（元）

第1年的营业现金净流量 = 税后营业利润 + 年折旧额 = 10 000 000 + 10 000 000 = 20 000 000（元）

②第2年的营业现金净流量 = 10 000 000×（1 + 20%）+ 10 000 000 = 22 000 000（元）

第3年的营业现金净流量 = 10 000 000×（1 + 20%）^{2} + 10 000 000 = 24 400 000（元）

净现值 = 20 000 000×（P/F，8%，1）+ 22 000 000×（P/F，8%，2）+ 24 400 000×（P/F，8%，3）− 30 000 000 = 26 747 320（元）

③现值指数 = [20 000 000×（P/F，8%，1）+ 22 000 000×（P/F，8%，2）+ 24 400 000×（P/F，8%，3）]/30 000 000 = 1.89

（2）①投资时点的现金净流量 = −50 000 000 − 5 000 000 = −55 000 000（元）

②年折旧额 = 50 000 000/5 = 10 000 000（元）

第1～4年的营业现金净流量 = 35 000 000×（1 − 25%）− 8 000 000×（1 − 25%）+ 10 000 000×25% = 22 750 000（元）

③第5年的现金净流量 = 22 750 000 + 5 000 000 = 27 750 000（元）

④净现值 = 22 750 000×（P/A，8%，4）+ 27 750 000×（P/F，8%，5）− 55 000 000 =

22 750 000×3.312 1 + 27 750 000×0.680 6 − 55 000 000 = 39 236 925（元）

（3）A方案年金净流量 = 26 747 320/（P/A，8%，3）= 26 747 320/2.577 1 = 10 378 844.44（元）

B方案年金净流量 = 39 236 925/（P/A，8%，5）= 39 236 925/3.992 7 = 9 827 165.83（元）

A方案年金净流量大于B方案年金净流量，所以选择A方案。

（4）①可转换债券在发行当年比一般债券节约的利息支出 = 30 000 000×（5% − 1%）= 1 200 000（元）

②可转换债券的转换比率 = 100/20 = 5。

7.【答案】

（1）筹资组合的平均资本成本率 = 40%×7% + 60%×12% = 10%

（2）①边际贡献率 = 单位边际贡献/单价 = （1 000 − 600）/1 000 = 40%

②年折旧额 = （30 000 000 − 1 500 000）/5 = 5 700 000（元）

盈亏平衡点的产销量 = 固定成本/（单价 − 单位变动成本）= 5 700 000/（1 000 − 600）= 14 250（件）

③安全边际额 = 安全边际量×单价 = （40 000 − 14 250）×1 000 = 25 750 000（元）

④盈亏平衡作业率 = 盈亏平衡点的产销量/正常销售量 = 14 250/40 000 = 35.63%

（3）①年营业现金净流量 = 税后收入 − 税后付现成本 + 折旧×所得税税率 = 1 000×40 000×（1 − 25%）− 600×40 000×（1 − 25%）+ 5 700 000×25% = 13 425 000（元）

②投资期现金净流量 = −（长期资产投资 + 垫支营运资金）= −（30 000 000 + 5 000 000）= − 35 000 000（元）

终结期现金净流量 = 固定资产处置现金流量 + 收回的垫支营运资金 = 1 500 000 + 5 000 000 = 6 500 000（元）

净现值 = − 35 000 000 + 13 425 000×（P/A，10%，5）+ 6 500 000×（P/F，10%，5）= 19 927 340（元）

③年金净流量 = 净现值/年金现值系数 = 19 927 340/（P/A，10%，5）= 5 256 763.74（元）

静态回收期 = （30 000 000 + 5 000 000）/13 425 000 = 2.61（年）

8.【答案】

（1）①流动比率 = 流动资产/流动负债 = （4 000 + 6 000 + 5 500）/（5 500 + 4 500）= 1.55

②速动比率 = 速动资产/流动负债 = （4 000 + 6 000）/（5 500 + 4 500）= 1

③现金比率 = 现金资产/流动负债 = 4 000/（5 500 + 4 500）= 0.4

（2）①总资产周转率 = 营业收入/总资产平均余额 = 50 000/[（38 800 + 40 900）/2] = 1.25（次）

②权益乘数 = 资产/股东权益 = 40 900/（20 000 + 3 500）= 1.74

（3）①应收账款周转率 = 营业收入/应收账款平均余额 = 50 000/[（4 000 + 6 000）/2] = 10（次）

应收账款周转期 = 360/10 = 36（天）

②存货周转率 = 营业成本/存货平均余额 = 40 000/[（4 500 + 5 500）/2] = 8（次）

存货周转期 = 360/8 = 45（天）

③经营周期 = 存货周转期 + 应收账款周转期 = 36 + 45 = 81（天）

④现金周转期 = 经营周期 − 应付账款周转期 = 81 − 36 = 45（天）

（4）2021年的外部融资需求量＝Δ营业收入×（经营性资产占营业收入百分比－经营性负债占营业收入百分比）－预计净利润×利润留存率＋非敏感项目增加＝（70 000－50 000）×（4 000＋6 000＋5 500－4 500）/50 000－7 000×40%＋6 000＝7 600（万元）

（5）债券资本成本率＝9%×（1－25%）/（1－2%）＝6.89%。

9.【答案】

（1）2020年的息税前利润＝45 000×（240－200）－1 200 000＝600 000（元）

盈亏平衡点的销售额＝1 200 000/（240－200）×240＝7 200 000（元）

（2）经营杠杆系数＝45 000×（240－200）/600 000＝3

财务杠杆系数＝600 000/（600 000－4 000 000×5%）＝1.5

总杠杆系数＝3×1.5＝4.5，或

总杠杆系数＝45 000×（240－200）/（600 000－4 000 000×5%）＝4.5

（3）2020年每股收益＝（600 000－4 000 000×5%）×（1－25%）/800 000＝0.375（元）

（4）更新生产线之后的息税前利润＝45 000×（240－150）－1 800 000＝2 250 000（元）

盈亏平衡点销售量＝1 800 000/（240－150）＝20 000（件）

盈亏平衡点销售额＝20 000×240＝4 800 000（元）

安全边际率＝（45 000－20 000）/45 000＝55.56%

（5）（$\overline{EBIT}$－4 000 000×5%－6 000 000×6%）×（1－25%）/800 000＝（$\overline{EBIT}$－4 000 000×5%）×（1－25%）/（800 000＋200 000），解得：$\overline{EBIT}$＝2 000 000（元）。

更新生产线之后的息税前利润2 250 000元＞2 000 000元，应该选择负债筹资方式即方案一。

【解析】

（1）息税前利润＝销售量×（单价－单位变动成本）－固定成本

盈亏平衡点的销售额＝固定成本/单位边际贡献×单价＝盈亏平衡点的销售量×单价

（2）经营杠杆系数＝基期边际贡献/基期息税前利润

财务杠杆系数＝基期息税前利润/（基期息税前利润－利息）

总杠杆系数＝经营杠杆系数×财务杠杆系数

或总杠杆系数＝基期边际贡献/（基期息税前利润－利息）

（3）更新生产线之后的息税前利润＝销售量×（单价－单位变动成本）－固定成本

盈亏平衡点的销售量＝固定成本/单位边际贡献

盈亏平衡点的销售额＝盈亏平衡点的销售量×单价

安全边际率＝（实际销售量－盈亏平衡点的销售量）/实际销售量

10.【答案】

（1）折旧＝2 500 000/5＝500 000（元）

息税前利润＝100 000×（50－20）－700 000－500 000＝1 800 000（元）

净利润＝1 800 000×（1－25%）＝1 350 000（元）

（2）①投资时点的现金净流量＝－2 500 000－1 000 000＝－3 500 000（元）

②第1~4年的营业现金净流量＝1 350 000＋500 000＝1 850 000（元）

③第5年的现金净流量＝1 850 000＋1 000 000＝2 850 000（元）

（3）净现值 = -3 500 000 + 1 850 000 × (P/A, 10%, 5) + 1 000 000 × (P/F, 10%, 5) = 4 133 880（元）

因为净现值大于0，所以项目具有财务可行性。

（4）①股东权益资本成本率 = 4% + 1.5 × (10% - 4%) = 13%

②加权平均资本成本率 = 5% × 60% + 13% × 40% = 8.2%

11.【答案】

（1）①营业净利率 = 5 400 000/(90 000 × 200) = 30%

②权益乘数 = 1/(1 - 60%) = 2.5

③总资产周转率 = 15%/(2.5 × 30%) = 0.2（次）

（2）权益乘数 = 25%/(25% × 0.5) = 2

资产负债率 = 1 - 1/2 = 50%

财务指标	甲公司	行业平均水平
营业净利率	30%	25%
总资产周转率	0.2	0.5
权益乘数	2.5	2
净资产收益率	15%	25%

（3）营业净利率变动对净资产收益率的影响 = (30% - 25%) × 0.5 × 2 = 5%

总资产周转率变动对净资产收益率的影响 = 30% × (0.2 - 0.5) × 2 = -18%

权益乘数变动对净资产收益率的影响 = 30% × 0.2 × (2.5 - 2) = 3%

造成该差异的最主要影响因素是总资产周转率。

（4）①销售量增长率 = -3 × (-10%) = 30%

2021年销售额 = 200 × (1 - 10%) × 90 000 × (1 + 30%) = 21 060 000（元）

2021年销售额增长比 = (21 060 000 - 200 × 90 000)/(200 × 90 000) = 17%

②2021年总资产周转率 = 21 060 000/(21 060 000 × 18% + 200 × 90 000/0.2) = 0.22（次）

2021年总资产周转率比2020年总资产周转率提高，所以资产运营效率得到改善。

（5）2021年外部融资需求量 = (18% - 8%) × 21 060 000 - 200 × (1 - 10%) × 90 000 × (1 + 30%) × 22% × 30% = 716 040（元）

12.【答案】

（1）①第0年的现金净流量 = -(6 000 + 700) = -6 700（万元）

②年折旧额 = (6 000 - 1 200)/6 = 800（万元）

第1~5年每年的现金净流量 = 3 000 × (1 - 25%) - 1 000 × (1 - 25%) + 800 × 25% = 1 700（万元）

③第6年的现金净流量 = 1 700 + 700 + 1 200 = 3 600（万元）

④现值指数 = [1 700 × (P/A, 8%, 5) + 3 600 × (P/F, 8%, 6)]/6 700 = (1 700 × 3.992 7 + 3 600 × 0.630 2)/6 700 = 1.35

（2）由于现值指数大于1，所以应该进行新生产线投资。

（3）①银行借款的资本成本率＝6%×（1－25%）＝4.5%

②发行股票的资本成本率＝0.48/6＋3%＝11%

（4）根据（$\overline{EBIT}$－500－6 000×6%）×（1－25%）/3 000＝（$\overline{EBIT}$－500）×（1－25%）/（3 000＋1 000）

可知：（$\overline{EBIT}$－860）×（1－25%）/3 000＝（$\overline{EBIT}$－500）×（1－25%）/4 000

$\overline{EBIT}$＝1 940（万元）

由于筹资后预计年息税前利润可达到2 200万元大于1 940万元，所以应该选择方案一。

【解析】

（1）①投资期现金流主要包括原始投资6 000万元和垫支的营运资金700万元；②年折旧额＝（固定资产原值－预计净残值）/折旧年限，营业期现金流量＝税后营业收入－税后付现成本＋折旧抵税；③终结期现金流量＝营业期现金流量＋垫支营运资金收回＋净残值；④现值指数＝（净现值＋原始投资额现值）/原始投资额现值。

（2）现值指数大于1时，项目可行；反之不可行。

（3）①银行借款的资本成本率＝借款年利率×（1－所得税税率）；②发行股票的资本成本率＝D_1/P＋g。如果没有特殊说明，计算资本成本率都用一般模式。

（4）大股数＝3 000＋1 000＝4 000（股），小股数＝3 000（股），大利息＝500＋6 000×6%＝860（万元），小利息＝500（万元）。

每股收益无差别点＝（4 000×860－3 000×500）/（4 000－3 000）＝1 940（万元）

13.【答案】

（1）①零部件的经济订货量$Q=\sqrt{\dfrac{2\times 年总需求\times 每次订货变动成本}{单位变动储存成本}}=\sqrt{\dfrac{2\times 54\,000\times 2\,000}{6}}=$6 000（个）

②全年最佳订货次数＝54 000/6 000＝9（次）

③最佳订货周期＝360/9＝40（天）

④经济订货量下的变动储存成本总额＝6 000/2×6＝18 000（元）

（2）应付账款周转期＝$\dfrac{应付账款平均余额}{日购货成本}=\dfrac{450\,000}{54\,000\times 100/360}=$30（天）

（3）在第10天付款的净收益＝享受的现金折扣－（应付账款－现金折扣）×日利率×借款期限＝54 000×100×2%－54 000×100×（1－2%）×4.8%/360×（30－10）＝93 888（元）

在第30天付款无法享受现金折扣，净收益＝0

在第10天付款的净收益大，所以甲公司应选择在第10天付款。

（4）预计产品成本总额＝变动成本＋固定成本＝（30＋20）×54 000＋1 900 000＝4 600 000（元）

（5）①单位变动成本＝30＋20＝50（元）

边际贡献＝部门销售收入－变动成本＝（100－50）×54 000＝2 700 000（元）

②可控边际贡献＝边际贡献－可控固定成本＝2 700 000－700 000＝2 000 000（元）

③部门边际贡献＝可控边际贡献－不可控固定成本＝2 000 000－（1 900 000－700 000）＝800 000（元）

14. 【答案】

（1）流动比率＝流动资产/流动负债＝（200＋400＋900）/600＝2.5

速动比率＝（货币资金＋应收账款）/流动负债＝（200＋400）/600＝1

产权比率＝负债/股东权益＝（600＋2 400）/（4 000＋1 000）＝0.6

（2）销售净利率＝净利润/销售收入＝600/6 000＝10%

（3）销售收入增长率＝（9 000－6 000）/6 000＝50%

①2020年增加的流动资产＝（200＋400＋900）×50%＝750（万元）

②2020年增加的流动负债＝600×50%＝300（万元）

③2020年留存收益增加额＝预计收入×预计销售净利率×（1－预计股利支付率）＝9 000×10%×（1－70%）＝270（万元）

④2020年的外部融资需求量＝增加的流动资产－增加的流动负债－留存收益增加额＋增加的设备投资＝750－300－270＋1 500＝1 680（万元）

（4）0时点现金流量＝－1 500（万元）

第1~5年的营业现金净流量＝－税后付现成本＝－1 000（万元）

终结期现金流量＝300（万元）

X型设备的年金净流量＝$\dfrac{-1\,500-1\,000\times(P/A,\,10\%,\,5)+300\times(P/F,\,10\%,\,5)}{(P/A,\,10\%,\,5)}$＝－1 346.56（万元）

X型设备的年金成本＝－X型设备的年金净流量＝1 346.56（万元）

X型设备的年金成本1 346.56万元小于Y型设备的年金成本1 400万元，甲公司应该选择X型设备。

15. 【答案】

（1）2019年年末营运资金数额＝（1 000＋2 000＋5 000）－（2 100＋3 100）＝2 800（万元）

（2）①营业毛利率＝（30 000－18 000）/30 000×100%＝40%

②总资产周转率＝30 000/20 000＝1.5（次）

③净资产收益率＝4 500/10 000×100%＝45%

（3）①存货周转期＝360/（18 000/2 000）＝40（天）

②应收账款周转期＝360/（30 000/5 000）＝60（天）

③应付账款周转期＝360/（9 450/2 100）＝80（天）

④现金周转期＝40＋60－80＝20（天）

（4）公司采用的是保守型融资策略。因为波动性流动资产为5 500万元，短期来源为3 100万元，即波动性流动资产大于短期来源。因此公司采取的是保守型的融资策略。

（5）盈利减少＝6 000×（1－70%）＝1 800（万元），成本费用减少700万元，税前损益增加＝－1 800＋700＝－1 100（万元），即税前损益减少1 100万元，由于税前损益减少，所以不应该收缩信用政策。

16. 【答案】（1）单位变动制造费用＝（54 000－48 000）/（5 500－4 500）＝6（元）

固定制造费用总额＝54 000－5 500×6＝21 000（元）

（2）2020年第一季度A产品的预计制造费用总额＝21 000＋6×5 160＝51 960（元）

（3）$a = 6\,000 \times 10\% = 600$（件）；$b = 480$（件）；$c = 4\,800 + a - b = 4\,800 + 600 - 480 = 4\,920$（件）；$d = 5\,000 \times 10\% = 500$（件）；$e = a = 600$（件）；$f = 6\,000 + d - e = 6\,000 + 500 - 600 = 5\,900$（件）

（4）① 2020年第二季度的销售收入预算总额 $= 4\,800 \times 200 = 960\,000$（元）

② 2020年第二季度的相关现金收入预算总额 $= 960\,000 \times 70\% + 5\,200 \times 200 \times 30\% = 984\,000$（元）

17. 【答案】（1）旧生产线的边际贡献总额 $= 3\,000 - 1\,350 = 1\,650$（万元）

边际贡献率 $= 1\,650/3\,000 = 55\%$

（2）年折旧额 $= 5\,000/10 = 500$（万元）

旧生产线的年营运成本（付现成本）$= 1\,350 + 650 - 500 = 1\,500$（万元）

年营业现金净流量 $=（3\,000 - 1\,500）\times（1 - 25\%）+ 500 \times 25\% = 1\,250$（万元）

（3）①投资时点（第0年）的现金流量 $= -2\,400 - 600 = -3\,000$（万元）

②年折旧额 $= 2\,400/8 = 300$（万元）

第1年到第7年营业现金净流量 $=（1\,800 - 500）\times（1 - 25\%）+ 300 \times 25\% = 1\,050$（万元）

③第8年的现金净流量 $= 1\,050 + 600 = 1\,650$（万元）

（4）净现值 $= -3\,000 + 1\,050 \times（P/A,15\%,7）+ 1\,650 \times（P/F,15\%,8）= 1\,907.81$（万元）

年金净流量 $= 1\,907.81/（P/A,15\%,8）= 425.16$（万元）

（5）不应该采用新生产线替换旧生产线。因为新、旧生产线的期限不同，所以应采用年金净流量法，因为新生产线的年金净流量小于旧生产线的年金净流量，所以不应该采用新生产线替换旧生产线。

18. 【答案】

（1）A方案的静态回收期 $= 5\,000 \div 2\,800 = 1.79$（年）

A方案的动态回收期：假设动态回收期为n年，则：

$2\,800 \times（P/A,15\%,n）= 5\,000$

$（P/A,15\%,n）= 1.79$

由于$（P/A,15\%,2）= 1.625\,7$，$（P/A,15\%,3）= 2.283\,2$

所以可列式：

$(n - 2)/(3 - 2) =（1.79 - 1.625\,7）/（2.283\,2 - 1.625\,7）$

解得：$n = 2.25$（年）

A方案的净现值 $= 2\,800 \times（P/A,15\%,3）- 5\,000 = 1\,392.96$（万元）

A方案的现值指数 $= 2\,800 \times（P/A,15\%,3）\div 5\,000 = 1.28$

（2）B方案的年折旧抵税 $= 4\,200 \div 6 \times 25\% = 175$（万元）

$NCF_{1-5} =（2\,700 - 700）\times（1 - 25\%）+ 175 = 1\,675$（万元）

$NCF_6 = 1\,675 + 800 = 2\,475$（万元）

B方案净现值 $= 1\,675 \times（P/A,15\%,6）+ 800 \times（P/F,15\%,6）- 5\,000 = 1\,684.88$（万元）

B方案年金净流量 $= 1\,684.88 \div（P/A,15\%,6）= 445.21$（万元）

（3）净现值法不能直接用于对寿命期不同的互斥投资方案进行决策，故应选择年金净流量法。

（4）A方案的年金净流量为610.09万元＞B方案的年金净流量445.21万元，故应选择A方案。

（5）继续执行固定股利支付率政策，该公司的收益留存额＝4 500－4 500×20%＝3 600（万元）。

（6）公司的收益留存额＝5 000×70%＝3 500（万元），可发放股利额＝4 500－3 500＝1 000（万元）。

19.【答案】（1）2016年边际贡献总额＝2 000×（50－30）＝40 000（万元）

2016年息税前利润＝40 000－20 000＝20 000（万元）

（2）经营杠杆系数＝40 000/20 000＝2

财务杠杆系数＝20 000/（20 000－200 000×5%）＝2

总杠杆系数＝2×2＝4

（3）①2017年息税前利润预计增长率＝2×20%＝40%

②2017年每股收益预计增长率＝4×20%＝80%

（4）2017年的基本每股收益＝8 400/（3 000＋2 000×3/12）＝2.4（元/股）

（5）2018年的基本每股收益＝10 600/（3 000＋2 000）＝2.12（元/股）

2018年的稀释每股收益＝（10 600＋200）/（3 000＋2 000＋8 000/10×6/12）＝2（元/股）

（6）2018年年末市盈率＝31.8/2.12＝15（倍）

该公司的市盈率15倍低于同行业类似可比公司的市盈率25倍，由此可见，市场对于该公司股票的评价偏低。或：甲公司普通股的每股市价31.8元小于同行业类似可比公司的每股价值53元（即：25×2.12），所以该公司的股价被市场低估。

20.【答案】（1）①W产品的第一季度现金收入＝80 000＋100×1 000×60%＝140 000（元）

②资产负债表预算中应收账款的年末数＝400×1 000×40%＝160 000（元）

（2）①第一季度预计材料期末存货量＝200×10×10%＝200（千克）

②第二季度预计材料采购量＝（200＋300×10%－200×10%）×10＝2 100（千克）

③第三季度预计材料采购金额＝（300＋400×10%－300×10%）×10×5＝15 500（元）

（3）①设取得短期借款金额为X元：

26 700＋X－X×10%/12×3≥50 000；X≥23 897.44（元）

因为借款和还款数额须为1 000元的整数倍，所以，取得短期借款金额＝24 000元。

②短期借款利息金额＝24 000×10%/12×3＝600（元）

③期末现金余额＝26 700＋24 000－600＝50 100（元）

（4）第四季度材料费用总额实际数＝3 600×6＝21 600（元）

第四季度材料费用总额预算数＝400×10×5＝20 000（元）

第四季度材料费用总额实际数与预算数之间的差额＝21 600－20 000＝1 600（元）

（5）第四季度材料费用总额预算数＝400×10×5＝20 000（元）

第四季度材料费用总额实际数＝450×（3 600/450）×6＝21 600（元）

替换产品产量：450×10×5＝22 500（元）

替换单位产品材料消耗量：450×3 600/450×5＝18 000（元）

替换单位产品价格：450×3 600/450×6＝21 600（元）

替换产品产量对材料费用总额实际数与预算数之间差额的影响：22 500 − 20 000 = 2 500（元）

替换单位产品材料消耗量对材料费用总额实际数与预算数之间差额的影响：18 000 − 22 500 = − 4 500（元）

替换单位产品价格对材料费用总额实际数与预算数之间差额的影响：21 600 − 18 000 = 3 600（元）

21．【答案】（1）债务资本成本率 = 8% ×（1 − 25%）= 6%

权益资本成本率 = 6% + 2 ×（10% − 6%）= 14%

平均资本成本率 = 6% × 600/（600 + 2 400）+ 14% × 2 400/（600 + 2 400）= 12.4%

（2）边际贡献总额 = 12 000 ×（1 − 60%）= 4 800（万元）

息税前利润 = 4 800 − 800 = 4 000（万元）

（3）方案1：公司权益市场价值 =（4 000 − 2 000 × 8%）×（1 − 25%）/10% = 28 800（万元）

公司市场价值 = 28 800 + 2 000 = 30 800（万元）

方案2：公司权益市场价值 =（4 000 − 3 000 × 8.4%）×（1 − 25%）/12% = 23 425（万元）

公司市场价值 = 23 425 + 3 000 = 26 425（万元）

方案1的公司市场价值30 800万元高于方案2的公司市场价值26 425万元，故公司应当选择方案1。

（4）投资计划所需要的权益资本数额 = 2 500 × 60% = 1 500（万元）

预计可发放的现金股利 = 2 800 − 1 500 = 1 300（万元）

22．【答案】

（1）

①因销售增加而增加的资产额 = 40 000 × 30% ×（2.5% + 20% + 12.5% + 10%）= 5 400（万元）

②因销售增加而增加的负债额 = 40 000 × 30% ×（5% + 20%）= 3 000（万元）

③因销售增加而增加的资金量 = 5 400 − 3 000 = 2 400（万元）

④预计利润的留存额 = 10% × 40% × 40 000 ×（1 + 30%）= 2 080（万元）

⑤外部融资需要量 = 2 400 − 2 080 = 320（万元）

（2）①折现率 = 8% + 2% = 10%

②设备年租金 = [1 000 − 100 ×（P/F，10%，5）]/（P/A，10%，5）= 247.42（万元）

（3）①每年增加的营业现金净流量 = 132.5 + 180 = 312.5（万元）

②静态回收期 = 1 000 ÷ 312.5 = 3.2（年）

（4）①放弃现金折扣的信用成本率 = 1%/（1 − 1%）× [360/（30 − 10）] = 18.18%

②戊公司不应该放弃现金折扣。理由：放弃现金折扣的信用成本率18.18%大于银行借款利息率8%。因此不应该放弃现金折扣。

③银行借款的资本成本 = 8% ×（1 − 25%）= 6%

23．【答案】

（1）8月份A产品的预计生产量 = 2 000 + 2 500 × 12% − 180 = 2 120（件）

（2）A产品的单位直接材料标准成本 = 10 × 3 + 15 × 2 + 20 × 2 = 100（元/件）

（3）8月份的直接人工预算金额 = 2 120 × 3 × 20 = 127 200（元）

(4)①直接人工成本差异 = 146 300 - 2 200 × 3 × 20 = 14 300（元）

②直接人工效率差异 = (7 700 - 2 200 × 3) × 20 = 22 000（元）

③直接人工工资率差异 = (146 300/7 700 - 20) × 7 700 = -7 700（元）

(5)制造费用预算总额 = 31 800 + 18 × 2 120 = 69 960（元）

注：弹性预算法包括公式法和列表法，本题显然应该是考查公式法 $y = a + bx$，根据资料四 $a = 31\,800$，$b = 18$，则 $y = 31\,800 + 18x$；根据(1)预测的生产量为 2 120 件，代入公式可得 31 800 + 18 × 2 120 = 69 960（元）。

(6) A 产品的单位标准成本 = 100 + 3 × 20 + 69 960/2 120 = 193（元/件）

(7) 9 月份的预计现金收入 = 2 500 × 200 × 40% + 2 000 × 200 × 60% = 440 000（元）

(8) 9 月份的预计现金余缺 = 60 500 + 440 000 - 487 500 = 13 000（元）

预计现金余缺 13 000 元小于理想的月末现金余额 60 000 元，所以需要向银行借款。即 13 000 + 借款 ≥ 60 000，借款 ≥ 47 000 元，借入和归还金额均要求为 1 000 元的整数倍，所以应该借款 47 000 元。

24.【答案】

(1)①2018 年 A 产品的预计销售量 = 0.6 × 45 + (1 - 0.6) × 50 = 47（万吨）

②2018 年 A 产品的预计销售额 = 47 × 3 300 = 155 100（万元）

注：$Y_{n+1} = aX_n + (1-a)Y_n$，式中 Y_{n+1} 表示第 $n+1$ 期预测值；Y_n 表示第 n 期的预测值；X_n 表示第 n 期的实际销售量，a 表示平滑指数。

(2)①单位变动资金 = (55 000 - 47 500)/(150 000 - 100 000) = 0.15（元）

②不变资金总额 = 55 000 - 0.15 × 150 000 = 32 500（万元）

或：不变资金总额 = 47 500 - 0.15 × 100 000 = 32 500（万元）

③2018 年度预计资金需求量 = 32 500 + 0.15 × 180 000 = 59 500（万元）

(3)①2018 年新增资金需求量 = 59 500 - 54 000 = 5 500（万元）

2018 年新增资金需求量中的权益资本数额 = 5 500 × 60% = 3 300（万元）

②发放的现金股利总额 = 50 000 - 3 300 = 46 700（万元）

(4)①债券的资本成本率 = 900 × 9% × (1 - 25%)/[1 000 × (1 - 2%)] = 6.2%

②银行借款的资本成本率 = 6% × (1 - 25%) = 4.5%

25.【答案】

(1)

①单位边际贡献 = 100 - 50 = 50（元）

②边际贡献总额 = (100 - 50) × 60 = 3 000（万元）

③每年的折旧 = 9 000/5 = 1 800（万元）

盈亏平衡点销售量 = 1 800/(100 - 50) = 36（万件）

④安全边际率 = (60 - 36)/60 = 40%

(2) 方案一（旧设备）

年折旧 = 9 000/5 = 1 800（万元）

① $NCF_{1\sim3}$ =（100×60 − 50×60）×（1 − 25%）+ 1 800×25% = 2 700（万元）

②净现值 = 2 700×(P/A, 10%, 3) − 5 400 = 1 314.63（万元）

③年金净流量 = 1 314.63/(P/A, 10%, 3) = 528.62（万元）

（3）新设备

年折旧 = 12 000/5 = 2 400（万元）

① NCF_0 = −12 000（万元）

② $NCF_{1\sim5}$ =（100×72 − 45×72）×（1 − 25%）+ 2 400×25% = 3 570（万元）

③净现值 = 3 570×(P/A, 10%, 5) − 12 000 = 1 533.16（万元）

年金净流量 = 1 533.16/(P/A, 10%, 5) = 404.44（万元）

（4）寿命期不同，比较年金净流量，选择年金净流量大的方案。404<528.62，故继续使用旧设备。

26.【答案】

（1）①总资产周转率 = 20 000/[（14 000 + 16 000）/2] = 1.33

②净资产收益率 = 2 500/{[（14 000 − 5 000）+（8 000 + 2 000）]/2} = 26.32%

③营业净利率 = 2 500/20 000 = 12.5%

④年末权益乘数 = 16 000/（8 000 + 2 000）= 1.6

（2）①应收账款周转率 = 20 000/[（2 200 + 1 800）/2] = 10（次）

应收账款周转期 = 360/10 = 36（天）

②经营周期 = 60 + 36 = 96（天）

③现金周转期 = 36 + 60 − 45 = 51（天）

（3）① 23 年股利支付率 = 1 500/2 500 = 60%

2024 年利润留存额 = 3 600×（1 − 60%）= 1 440（万元）

②外部融资需求量 =（30 000 − 20 000）×[（10% + 9% + 15%）− 5%] + 3 000 − 1 440 = 4 460（万元）

（4）①发行债券资本成本率（一般模式）= 6%×（1 − 25%）/（1 − 2%）= 4.59%

②发行股票资本成本率 = 3% + 1.2×（8% − 3%）= 9%

（5）加权平均资本成本 = 0.4×4.59% + 0.6×9% = 7.24%